北京联合大学规划教材建设项目资助

移动商务

主　编　梁　军　王晓红
副主编　李立威　李　论　张利霞
参　编　詹　静　张建豪

机械工业出版社
CHINA MACHINE PRESS

本书依据移动商务知名企业的业务流程及典型工作任务设置学习项目，以移动商务相关知识及热门的移动平台应用为主线，采用案例教学法组织教学内容。本书主要包括移动商务技术基础、移动商务模式、移动电商、移动支付与安全、新媒体营销、移动商务未来应用等内容。通过移动商务行业案例实践与学习，了解云技术与大数据在移动商务行业相关的应用，理解移动商务的整体架构、典型技术、商业模式、带来的社会变革及新媒体营销策略的核心运作要点，掌握主流移动商务平台应用、移动支付安全与风险防范、新媒体营销等的主要方法。

本书适合本科及高职高专经济、贸易等专业学生学习使用，也可供相关行业从业人员阅读参考。

图书在版编目（CIP）数据

移动商务 / 梁军，王晓红主编 . —北京：机械工业出版社，2019.7
ISBN 978-7-111-63183-5

Ⅰ .①移… Ⅱ .①梁…②王… Ⅲ .①电子商务 – 高等职业教育 – 教材 Ⅳ .① F713.36

中国版本图书馆 CIP 数据核字（2019）第 140703 号

机械工业出版社（北京市百万庄大街 22 号　邮政编码 100037）
策划编辑：孙　鹏　　　　　责任编辑：孙　鹏
责任校对：李　伟　樊钟英　封面设计：陈　沛
责任印制：邹　敏
北京玥实印刷有限公司印刷
2019 年 8 月第 1 版第 1 次印刷
184mm×260mm・13.25 印张・312 千字
0 001—1 500 册
标准书号：ISBN 978-7-111-63183-5
定价：39.90 元

电话服务　　　　　　　　　网络服务
客服电话：010-88361066　　机 工 官 网：www.cmpbook.com
　　　　　010-88379833　　机 工 官 博：weibo.com/cmp1952
　　　　　010-68326294　　金 书 网：www.golden-book.com
封底无防伪标均为盗版　　　机工教育服务网：www.cmpedu.com

Preface 前言

随着无线互联网、云计算、大数据等信息技术的不断创新，智能终端设备的不断普及，以及社会经济的不断发展，信息领域新产品、新服务、新业态大量涌现，催生产业变革，激发新的消费需求，其中移动商务是新型消费、新型业态及新型商业模式的典型代表。移动商务带来的不仅是技术的创新，更是一种商业模式的创新，正是这种创新模式推动着市场更有力地发展。移动商务全面融入企业生产、销售、管理的全过程，服务于生产建设和社会经济生活的各个领域，带动相关产业整合创新，催生围绕移动商务生态圈的新朝阳产业和商业模式。

2015 年《政府工作报告》中明确指出，支持发展移动互联网、集成电路、高端装备制造、新能源汽车等战略性新兴产业快速发展。快速稳健地发展移动商务是大势所趋，越来越多的企业投身移动商务，移动商务的人才需求也快速攀升，因此加速移动商务人才培养势在必行。目前企业迫切需要一批能够熟悉移动商务模式、移动商务营销及移动商务开发技术的移动商务人才。本书依据移动商务知名企业的业务流程及典型工作任务设置学习项目，以移动商务相关知识及热门的移动平台应用为主线，采用案例教学法组织教学内容。本书在编写过程中，立足于循序渐进的学习规律，综合移动商务理论与实践，以移动商务应用型和复合型人才培养为重点，引导学生学习移动商务技术基础、移动商务模式、移动电商、移动支付与安全、新媒体营销、移动商务未来应用等内容。通过移动商务行业案例实践与学习，了解云技术与大数据在移动商务行业相关的应用，理解移动商务的整体架构、典型技术、商业模式、带来的社会变革及新媒体营销策略的核心运作要点，掌握主流移动商务平台应用、移动支付安全与风险防范、新媒体营销等的主要方法。

本书共 7 章。第 1 章由北京联合大学张利霞、李论、王晓红编写；第 2、3、6、7 章由上海商派网络科技有限公司张建豪、詹静，北京联合大学梁军、李立威、王晓红、李论、张利霞编写；第 4 章由北京联合大学梁军、李论、张利霞编写；第 5 章由北京联合大学李立威编写。此外，北京联合大学支芬和教授、徐英俊教授对全书进行了审阅，并提出了许多宝贵意见和建议。本书的编写还得到了北京联合大学电子商务专业诸多老师的大力支持，在此表示衷心的感谢。

由于作者水平有限，书中难免有不妥之处，恳请各位读者和专家批评指正。

编　者

目录 Contents

前言

第 1 章　移动商务概述　　1

1.1　移动商务发展概况 2
    1.1.1　国外移动商务的发展现状 2
    1.1.2　我国移动商务的发展现状 2
1.2　移动商务的基础概念 4
    1.2.1　电子商务的概念 4
    1.2.2　移动商务的概念 5
    1.2.3　移动商务与电子商务的关系 5
1.3　移动商务的类型和特点 6
    1.3.1　移动商务的类型 6
    1.3.2　移动商务的特点 7
1.4　移动商务的安全问题及保障 8
    1.4.1　安全问题 8
    1.4.2　移动商务的安全保障 11
1.5　移动互联网思维 14
    1.5.1　碎片化（Fragment）思维 14
    1.5.2　"粉丝"（Fans）思维 15
    1.5.3　焦点（Focus）思维 15
    1.5.4　快一步（Fast）思维 16
    1.5.5　第一（First）思维 16
1.6　移动互联网时代 5F 思维落地十大法则 16
    1.6.1　LOVE 四大法则——"营造亲人般的爱" 16
    1.6.2　SIMPLE 六大法则——简约到极致 17
1.7　移动商务未来发展 18
    1.7.1　移动商务的发展趋势 18
    1.7.2　移动互联网的发展趋势 20

参考文献 30

第2章 移动商务技术基础　　31

2.1 云计算　　33
2.1.1 云计算的概念　　33
2.1.2 云计算的特点　　34
2.1.3 常用云计算技术架构　　35
2.2 移动商务与云计算　　41
2.2.1 移动商务　　42
2.2.2 移动商务与云计算的关系　　43
2.3 云计算与大数据　　47
2.3.1 大数据　　49
2.3.2 云计算与大数据的关系　　50
2.4 云计算大数据综合营销案例　　54
2.4.1 了解制鞋的8个工艺项目　　54
2.4.2 阅读和分析8个工艺项目的数据图表　　54
2.4.3 综合8项的分析结果得出商品模型　　58
参考文献　　60

第3章 移动电商的发展　　61

3.1 移动电商概述　　62
3.1.1 移动电商的发展　　62
3.1.2 移动电商产业价值链分析　　63
3.1.3 移动电商的主要模式　　64
3.2 微商模式　　74
3.3 移动O2O　　78
参考文献　　82

第4章 移动电商　　83

4.1 移动端的3种访问方式　　84
4.1.1 HTML5访问方式　　87
4.1.2 Web App访问方式　　88
4.1.3 原生App访问方式　　90
4.2 移动商城部署及配置　　92
4.2.1 商城数据报表功能　　94
4.2.2 移动商城首页编辑　　97
4.2.3 移动商城商品编辑　　100
4.2.4 活动信息设置及发布　　102
参考文献　　110

第 5 章 移动支付与安全　　111

5.1 移动支付概述 ... 113
5.1.1 移动支付的概念 ... 113
5.1.2 移动支付的分类 ... 114
5.1.3 移动支付的基本要素 ... 116
5.1.4 移动支付的特点 ... 118
5.1.5 移动支付的流程 ... 119
5.1.6 移动支付的运营模式 ... 121
5.1.7 常见的移动支付方式与技术 ... 126
5.1.8 国外移动支付发展概况 ... 128
5.2 移动支付安全与防范 ... 130
5.2.1 移动支付安全 ... 133
5.2.2 移动支付安全技术与标准 ... 134
5.2.3 移动支付的风险防范 ... 136
5.2.4 我国移动支付的安全监管 ... 138
参考文献 ... 141

第 6 章 新媒体营销　　143

6.1 微信营销 ... 145
6.1.1 微信的概念 ... 146
6.1.2 微信的两种基本营销方式 ... 146
6.1.3 微信公众号营销 ... 148
6.2 微博营销 ... 155
6.2.1 微博的概念 ... 156
6.2.2 微博的 7 个营销功能 ... 156
6.3 LBS 营销 ... 164
6.4 二维码营销 ... 168
6.4.1 二维码营销的概念 ... 169
6.4.2 二维码营销模式 ... 169
6.5 App 品牌营销 ... 174
6.5.1 App 的概念 ... 175
6.5.2 App 营销的概念 ... 176
6.5.3 App 品牌营销的概念 ... 176
6.5.4 App 营销的线上推广渠道 ... 176
参考文献 ... 178

第 7 章 移动商务未来应用　　179

- 7.1 移动商务 3.0 运营模式 180
  - 7.1.1 移动商务现状与发展趋势 180
  - 7.1.2 移动商务运营模式与特点 181
  - 7.1.3 移动商务运营模式与传统电子商务运营模式的对比 182
  - 7.1.4 移动商务的应用——医疗行业的案例分析 183
  - 7.1.5 移动商务的应用——教育行业的案例分析 188
  - 7.1.6 移动商务的应用——游戏行业的案例分析 193
- 7.2 移动商务衍生新兴商业模式 197
  - 7.2.1 网红经济模式 197
  - 7.2.2 共享经济的运行 198
  - 7.2.3 新零售模式 200

参考文献 201

第 1 章
移动商务概述

【本章内容】
- 移动商务发展。
- 移动商务的概念。
- 移动商务的类型、特点。
- 移动商务的安全。
- 移动互联网思维。
- 移动商务未来发展。

【教学重点】
- 理解移动互联网思维。
- 把握移动商务的发展趋势,以便能更好地把握移动商机。

【教学难点】
- 移动互联网思维。

【学习方法】
- 研究型学习:移动商务的安全。
- 合作学习:移动商务的类型。
- 探索学习:移动商务未来发展。

【教学建议】
- 对电子商务与移动商务的概念和特点,采用讲授教学法。
- 对移动商务的安全,采用任务驱动教学法。
- 对移动商务未来发展,采用讨论教学法。

1.1 移动商务发展概况

在 20 世纪 90 年代中后期,移动通信技术快速发展,移动商务逐步进入人们的视野,国内外学术界开始从技术和理论研究角度关注移动商务。

1.1.1 国外移动商务的发展现状

国外对于移动商务的研究始于 2000 年,随着移动商务的发展,研究的人数越来越多,研究成果呈快速增长趋势。移动商务强国是日本,其经济快速发展的关键在于移动商务已经成为其产业经济的重要部分,并且率先定制了更快捷、更便利的移动电话结算系统,成为移动商务的主导潮流。韩国政府一贯大力支持信息产业的发展,其良好的市场环境、产业链上下各方的紧密合作使其移动商务产业得以蓬勃发展。由于欧美信用卡业务普及程度较高,移动支付和购物需求程度不高,移动商务业务发展比较缓慢。近年来,美国作为世界互联网创新的源头,随着移动用户消费习惯的逐步培养,其移动商务发展很快,增长速度远远高于整体电商的增长速度。

1.1.2 我国移动商务的发展现状

随着通信技术的逐步成熟和迅速发展,我国移动互联网进入快速发展时期,智能手机的普及率与手机上网用户数快速增长、移动应用场景日渐完善、移动支付得到普及推广、电商企业加大在移动端布局、App 数量激增,这些都为移动商务在我国的发展奠定了良好的基础。

1. 我国拥有庞大的移动客户群体

中国互联网络信息中心(CNNIC)发布的第 40 次《中国互联网络发展状况统计报告》显示,如图 1-1 所示,截至 2017 年 6 月,我国网民规模达到 7.51 亿,半年共计新增网民

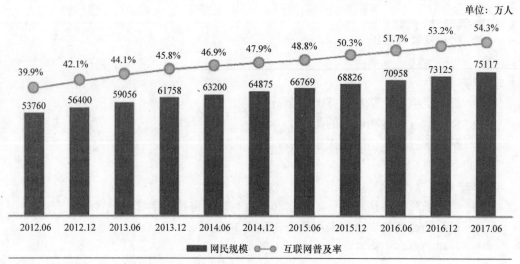

图 1-1 我国网民规模和互联网普及率

1992万人,半年增长率为2.7%。互联网普及率为54.3%,较2016年底提升1.1%。以互联网为代表的数字技术与经济社会各领域正在加速深度融合,成为促进我国消费升级、经济社会转型、构建国家竞争新优势的重要推动力。

如图1-2所示,截至2017年6月,我国手机网民规模达7.24亿,较2016年底增加2830万人。网民使用手机上网的比例由2016年底的95.1%提升至96.3%。手机上网比例持续提升,各类手机应用的用户规模不断上升,场景更加丰富,移动互联网主导地位得到强化。

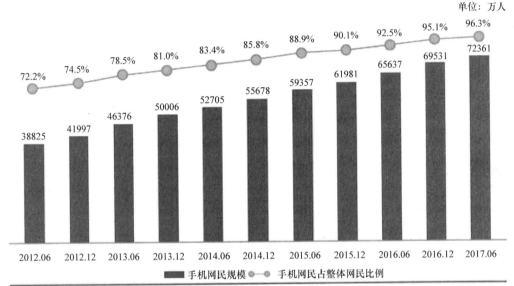

图1-2 我国手机网民规模及其占网民比例

2. 移动智能终端的性能不断提升,给移动商务的发展提供了条件

随着移动智能终端在手持设备领域的快速普及,消费者对于智能终端的选择也已经呈现多样化和个性化,特别是对于智能终端内容的选择已经成为消费者更为看重的一个关键因素。移动设备正逐渐渗透到人们生活、工作的各个领域,手机应用下载、手机视频、手机游戏、社会网络、微博、微信、手机支付、位置服务等丰富多彩的软件不断涌现,伴随手机性能的提升,吸引更多的用户去购买使用。截至2016年12月,我国移动智能终端规模突破13.7亿台,其中女性用户的比例达到46.1%。用户需求和技术发展的相互作用,推动智能终端向着更高速运算、更智能化的方向发展,从而吸引更多的用户使用,使移动服务向纵深处发展和延伸。移动设备和移动互联网应用的快速发展,为移动商务的发展奠定了坚实的基础。

3. 移动商务的应用不断创新,为移动商务发展提供良好平台基础

移动商务在当今社会已经被越来越多的人熟知并使用。三大运营商数据显示,截至2016年12月,我国已经建成的4G基站总数达300万个,随着4G技术的普及,运营商手机上网包月套餐的推出,手机终端功能的提升,以及相关政府部门的高度重视,促进这一产业的高速发展,移动商务业务范围也逐渐扩大,它涵盖了金融、信息、娱乐、旅游和个人信息管理等领域。其主要应用领域包括网上银行业务、网上订票、网络购物、娱乐服务、网络比价、信息推送与分享等。2016 年我国境内用户数量最多的 10 个 App，如图 1-3 所示。

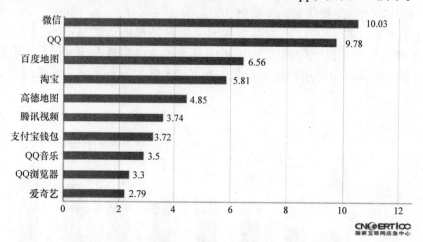

图 1-3　2016 年我国境内用户数量最多的 10 个 App

终端的普及和上网应用的创新是移动商务新一轮增长的重要因素。艾媒咨询数据显示，移动应用格局基本稳定，微信、QQ 和支付宝稳居前三；腾讯视频活跃用户比以往稍有下降，再次被优酷和爱奇艺反超。随着智能手机市场份额的逐步提升和智能手机性能的不断增强，移动上网应用出现创新热潮，同时手机价格不断走低，降低了移动智能终端的使用门槛，从而促成了普通手机用户向手机上网用户的转化。目前，消费者已经基本养成了通过移动智能终端上网的习惯，为移动商务的进一步发展奠定了良好的基础。

4. 移动定位、二维码及移动支付为移动商务发展提供技术支持

通过二维码的识读和被读，引导用户进入商家 Wap 站点，降低用户进入移动商务界面的门槛；移动定位业务基于对用户信息数据库的掌控基础，有效为商家实现精准营销，充分体现了移动商务分众、定向、及时和互动的优势；移动支付则为移动商务的应用提供了安全便捷的支付通道和技术支持。

5. 移动商务产业链分布日趋合理

移动商务的产业链涵盖了电信运营商、软件开发商、终端用户、金融机构和服务提供商等各领域的部门和机构。这些部门和机构共同努力，开发多种无线商务模式，一起推进移动商务的发展。

1.2　移动商务的基础概念

1.2.1　电子商务的概念

电子商务（Electronic Commerce，简称 EC）有广义和狭义两种解释。从广义上讲，电子商务就是通过电子手段进行的商业事务活动。通过使用互联网等电子工具，使公司内部、供应商、客户和合作伙伴之间，利用电子业务共享信息，实现企业间业务流程的电子化，配合企业内部的电子化生产管理系统，提高企业的生产、库存、流通和资金等各个环节的效率。

从狭义上讲，电子商务是指通过使用互联网等电子工具（包括电报、电话、广播、电视、传真、计算机、网络、移动通信等）在全球范围内进行的商务贸易活动。它是以计算机网络为基础所进行的各种商务活动，包括商品和服务的提供者、广告商、消费者、中介商等有关各方行为的总和。人们一般理解的电子商务是指狭义上的电子商务。

1.2.2 移动商务的概念

移动商务（M-Commerce），从广义上讲，是指通过移动设备随时随地获得的一切服务，涉及通信、娱乐、商业广告、旅游、紧急救助、农业、金融、学习等。狭义地讲是利用手机、PAD 及掌上电脑等无线终端设备，连接互联网所进行的电子商务活动。它将因特网、移动通信技术、短距离通信技术及其他信息处理技术完美地结合，使人们可以在任何时间、任何地点进行各种商贸活动，实现随时随地、线上线下的购物与交易、在线电子支付以及各种交易活动、商务活动、金融活动和相关的综合服务活动等。

移动终端是可以接入无线网络的设备，包括移动电话、无线固定电话、PDA 和带有无线 MODEM 的笔记本电脑等。它包括移动支付、无线 CRM、移动股市、移动银行与移动办公等。它能提供以下服务：PIM（个人信息服务）、银行业务、交易、购物、基于位置的服务（Location Based Service，LBS）、娱乐等。

1.2.3 移动商务与电子商务的关系

从互联网角度看，移动商务与电子商务有很多共通之处，但是两者的服务对象和服务方式又有很大不同。正如电子商务不能照搬传统商务的经营模式一样，移动商务也不能完全照搬电子商务的经营模式。

从技术角度看，移动商务是电子商务的扩展，为电子商务的应用提供了新的应用领域；但从应用角度看，它的发展是对有线商务的整合与发展，是电子商务发展的新形态。这种"整合"就是将传统商务与已经发展起来的电子商务整合起来，将各种业务流程从有线网络向无线网络转移，不仅可以保证商务活动的无缝连接，而且还可以有效地利用消费者的时间碎片。

由于电子商务与移动商务拥有不同的特征，移动商务不可能完全替代传统电子商务，两者是相互补充、相辅相成的。移动通信所具有的灵活、便捷等特点决定了移动商务应当定位于大众化的个人消费领域，应当提供大众化的商务应用。

移动商务是移动信息服务和电子商务融合的产物。与电子商务相比，移动商务具有独有的优势。

1. 不受时空限制的移动性

同传统的电子商务相比，移动商务的一个最大优势就是移动用户可随时随地获取所需的服务、应用、信息和娱乐。他们可以在自己方便的时候，使用智能电话或 PDA 查找、选择及购买商品和服务。

2. 提供更好的私密性和个性化服务

移动终端一般都属于个人使用，不会是公用的，移动商务使用的安全技术也比电子商务更先进，因此可以更好地保护用户的个人隐私。移动商务能更好地实现移动用户的个性化服务，移动计算环境能提供更多移动用户的动态信息(如各类位置信息、手机信息)，移动用户能更加灵活地根据自己的需求和喜好来定制服务与信息。

3. 信息的获取将更为及时

移动商务中移动用户可实现信息的随时随地访问，本身就意味着信息获取的及时性。但需要强调的是，与传统的电子商务系统相比，用户终端更加具有专用性。从运营商的角度看，用户终端本身就可以作为用户身份的代表。因此，商务信息可以直接发送给用户终端，这进一步增强了移动用户获取信息的及时性。

4. 基于位置的服务

移动通信网能获取和提供移动终端的位置信息，与位置相关的商务应用成为移动商务领域中的一个重要组成部分，如全球定位卫星服务。电子商务与移动商务的区别见表1-1。

表1-1 电子商务与移动商务的区别

	分析维度	电子商务	移动商务
移动性	可移动	移动不便	方便移动
	场所	家庭、办公等固定场所	外出、移动、旅途中
	人员	支持办公工作人员	支持移动工作者
	场景	应用场景受限	应用场景更丰富
位置	定位	难以定位	可定位，位置是产生商业价值的新维度
	位置相关服务	难以提供	位置相关性服务
时间	在线时间	永远在线 用户在线时间有限	永远在线 用户在线时间更长
	时间价值	摆脱有形商店的时间限制	解决时间紧迫性问题，如紧急事件的处理、临时的需求
	时间利用	集中的时间	碎片化时间

1.3 移动商务的类型和特点

1.3.1 移动商务的类型

移动商务有着丰富的应用内容和多种多样的服务方式。

1. 按照信息流向和交互方式分类

1) 推式（Push）业务：主要通过公共信息发布进行服务，其应用领域包括时事新闻、天气预报、股票行情、彩票中奖公布、交通路况信息、招聘信息和广告等。

2) 拉式（Pull）业务：主要用于信息的个人定制接收。应用领域包括服务账单、电话号码、旅游信息、航班信息、影院节目安排、列车时刻表和行业产品信息等。

3）交互式（Interactive）业务：包括电子购物、彩票、游戏、证券交易和在线竞拍等。

2. 按照面向用户的类型分类

1）面向个人：如通信社交、购物、支付、新闻、理财和视频等。

2）面向企业：如移动办公、移动 CRM、移动 ERP、移动营销、移动审批和移动数据采集等。

3）面向政府：如政府部门（G2G）、政府对公务员（G2E）、政府对企业（G2B）、政府对居民（G2C）等。

此外，还可以按照业务类型划分：通信沟通类、信息类、支付交易类、娱乐类、服务类；按照交易对象的不同分类：C2C、B2C、B2B、C2B、G2C、G2B、O2O 等；按照时空特征分类：位置敏感及时间不紧迫、时间紧迫及位置敏感、时间位置不要求、时间紧迫及位置不敏感等；按照使用频次和综合程度分类：高频综合服务、高频垂直服务、低频垂直服务、低频综合服务等。

1.3.2 移动商务的特点

移动商务是一种与传统电子商务有很大差异的新的交易方式，其主要特点是方便、简单、灵活。消费者不仅可以通过移动商务随时随地进行网上购物，企业也打造出一条全新的销售与促销渠道，移动商务全面支持移动互联网业务，消费者可以通过移动支付进行付款。移动商务可以为消费者提供个性化服务和定制服务，消费者有很大的空间去选择自己所喜爱的产品和服务。通过移动商务，用户可随时随地获取所需的服务、应用、信息和娱乐。通过随身携带的移动终端，用户可以进行各种商务活动，无论何时何地，商务交易可以随时完成，物流信息可以随时查询更新，支付费用也可以选择网银支付、话费支付、第三方支付平台等多种方式。移动商务具有以下特点。

1. 移动商务更具有便利性

随着 4G 网络的大范围覆盖，智能移动终端快速持续地更新换代，移动商务的优势越来越明显，用户只需要利用手中的移动终端就能完成一切商务交易，移动终端不仅是一个通信工具，还是一个移动支付工具，用户所需的信息资料可以通过移动终端进行搜索和获取，消费者可以利用移动终端查找、选择以及购买各种商品和服务。用户可以随时、随地进行电子商务交易和银行业务，包括付款、转账、网上消费。

2. 移动商务不受时空限制

移动商务是从传统的电子商务到现在的借助无线通信技术产生的商务活动的转变，从个人电脑上的商务活动到随时随地的商务交易的延伸。移动电商最大的特点是移动用户获得所需的服务、应用程序、信息和娱乐，并且都是随时随地的，没有时间和空间限制。用户可以使用自己的智能手机或 PDA 搜索、选择和购买商品或服务，来满足自己的消费需求。

3. 移动商务较传统电子商务更具安全性

移动商务的安全性主要体现在，为广大的移动银行业务客户更换成大容量的 SIM 卡，手机 SIM 卡具备身份确认的特殊性，其中存储的信息可以用来确认手机用户的身份的唯一性，这是认证安全的基础。同时使用安全可靠的密钥，对传输的数据信息进行加密，使传输的整个过程都使用安全的密文，防止黑客的攻击和窃取，保证了安全可靠。移动终端本身具有的密码锁认证功能也增加了不少安全性能，用户在支付时也可通过短信认证来确保交易的安全性。

4. 移动商务较传统电子商务更具开放性、包容性

一个开放的系统应该可以与各种技术体系，包括成熟的技术体系和先进的技术体系方便地进行对接。对于开放系统来讲，最重要的是尽可能地遵循一定的统一标准，支持各种传输协议、加密协议，以及如银行、证券等各种应用系统接口。移动商务通过与移动网络接口，实现无线化的接入，任何人都能很容易地上网购物、玩游戏、娱乐、获取信息等，使进入网络世界更加容易，网络的范围越来越广阔开放，与此同时，网络虚拟功能更加让用户身临其境，具有现实性，更具包容性。

5. 移动商务潜在用户规模大

到 2018 年 8 月，我国的移动互联网用户保持在 13.7 亿，拥有世界最多的移动网民。移动设备的使用远远超过了计算机，而且手机用户都倾向于智能手机，可以随时上网购物、玩游戏。就消费者群体来说，大多数是年轻人，他们有用手机支付的能力，因此移动商务潜在用户规模在不断加大，消费能力也在提高。

6. 移动商务较传统电子商务易于推广使用

现代的移动通信网络的便捷性和使用灵活性，使企业进行移动商务的服务行为更加符合大众的消费理念，在人们生活中扮演着重要的角色。例如，自动售货机、停车计时器、超市的收银机、出租车计价器、日常水电费收缴、移动网络支付接入系统等，不但方便了人们的生活，而且推广了商家的业务。电商的应用领域更加广泛，人们很容易就可办理自己所需要的事情，动动手指就可完成日常生活事务。

7. 移动商务更加迅速灵活

移动用户可以依据自己的时间来选择浏览商家，进行交易的选择，同时还可选择支付的方式，设置自己的个性化信息。移动商务提供了更多的服务，服务形式更简单，操作更方便，更具发展前景。就像基于互联网的电子商务一样，人人都可以使用，体验虚拟网络带来的乐趣。

8. 移动商务能够提供个性化服务

企业为客户建立数据库，存储客户相关的信息资料，并通过数据挖掘分析，获得企业所需的结果并以此为参考依据，为客户提供相应的产品和服务。消费者可以根据自身的需要来定制相关的产品和服务。

1.4　移动商务的安全问题及保障

1.4.1　安全问题

移动商务核心技术问题是安全，不同移动软件的应用有着不同的安全管理制度，主要

包括身份的验证、数据的加密、数据的完整性、不可抵赖性等要求。在网络交易中存在的安全风险不仅仅来自手持终端和应用，还可能产生于网络诈骗和网络盗窃。移动互联网是将用户的身份进行虚拟化，人和人之间沟通都是以标签与标签的互动连接，进行沟通和交流。在网络聊天中，尽量不涉及敏感信息，如银行账号、手机号等，培养用户信息安全意识和养成良好的安全支付习惯，不随便点击陌生链接。此外，专家学者还建议，用户最好在网上用户个人管理中设置绑定银行卡的限购额度、消费金额后的手机短信通知等安全等级措施，降低交易过程中可能出现的风险和损失。

与此同时，无线网络自身的开放性特点降低了安全性。在网络通信过程中，如果没有考虑到网络终端之间互联安全性的话，就会存在较为严重的安全隐患。移动终端存储信息资源的有限性，使得潜在的安全隐患更加明显，也易受到攻击，任何用户都可利用破解软件处理接收的无线信号，同时还可对传输的信息进行破解。

在移动终端上动手脚，窃取移动通信的信息等手段，无疑给移动商务活动带来影响，影响着商业模式的顺利发展，有时可能打压了消费者购买的意愿，进而影响商业活动的进展。

在移动终端上的技术问题有很多，例如在软件上写入病毒并进行诈骗等。有些黑客会向用户发送一些链接网址，用户点击后进入他们的网站，他们窃取用户信息，说明网络技术上存在一定的缺陷，并不是无懈可击的，在享受网络便利的同时也可能受到网络攻击，需要技术上进一步完善，建立技术安全机制。

还有人利用微信中的扫码关注公众平台功能，就可获取用户的信息，泄露用户信息，这也是对系统安全的威胁，需要对相关工作人员的职业道德风险进行评估。这同时也是对商务活动中技术的一种考量，必须通过技术手段让信息不被非法窃取和销售，以促进商务活动的顺利开展。2005—2016年移动互联网恶意程序数量统计如图1-4所示。

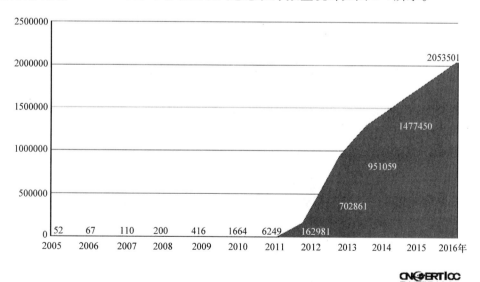

图1-4　2005—2016年移动互联网恶意程序数量统计

1. 技术安全问题

网络技术虽然推动了移动商务的发展，同时也带来了商业模式的创新，但其中也隐藏着各种安全隐患。很多黑客会将无线局域网和移动终端作为主要的攻击对象,通过假借某知名公司给受骗者发送短信进行诈骗,或入侵到软件中,使其像病毒一样传播。有的终端手机上并没有安装功能比较强的杀毒软件,或是用户并没有开启防护措施。这也给在网络交易过程中的移动支付和交易带来了安全问题。

此外,移动设备的多样化和软件平台的多样化,攻击手段和软件应用中的病毒也呈现多样化,这给采取防护措施带来困难。移动商务活动涉及很多无线网络标准,但使用最多的是 WAP 标准。无线局域网中只提供了设备到网关的数据加密,数据要在网关上存在短暂时间即处于明文状态,这个状态正是黑客利用的机会,容易被拦截和窃取,同时传输有害数据,因此存在较大的安全漏洞。

(1)无线网络自身的安全问题

移动网络自身存在一定的安全性问题,在移动商务给使用者带来方便的同时,也隐藏着诸多安全问题,如通信被窃听、通信双方身份欺骗和通信内容被篡改等。由于通信媒介的不同,信息传输与转换也可能造成不安全的隐患。

(2)通信终端的安全问题

目前手持移动设备的安全威胁主要有:移动设备的物理安全,用户身份、账户信息和认证密钥丢失,SIM 卡被复制,RFID 被解密等方面。

(3)软件病毒造成的安全威胁

目前,手机软件病毒呈加速增长的趋势加重了这种安全威胁,软件病毒会传播非法信息,破坏手机软硬件,导致手机无法正常工作。主要安全问题表现在用户信息、银行账号和密码等被窃等方面。2016 年移动互联网恶意程序数量按行为属性统计如图 1-5 所示。

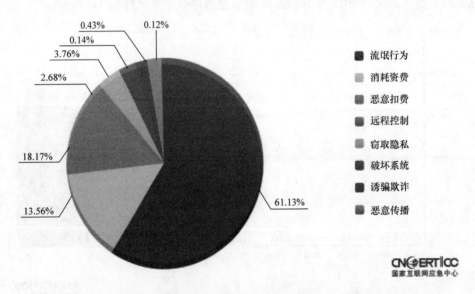

图 1-5 2016 年移动互联网恶意程序数量按行为属性统计

2. 法律与安全管理制度不完善

在网络安全方面,我国没有专门的安全管理法规,因此难以保证移动支付的安全性。移动终端设备实现无线局域网的安全性能很难得到保障。同时有关主管部门也很难对商务活动中所涉及的支付和广告宣传,制定很明确的安全标准规范,这也给移动商务的信息安全审查和管理带来很大的困难。

3. 管理上的漏洞

在移动商务的商业模式发展过程中,对于企业内部人员的管理往往是比较薄弱的。工作人员的素质和保密问题常常被企业忽视,对商业模式安全造成一种威胁。有些人利用员工对企业的了解,窃取对手的商业机密,给企业带来极大的安全隐患。我国很多企业对于员工的安全教育管理还不到位,缺乏行之有效的管理制度。外来的攻击者经常利用各种方式来获取用户信息和企业信息等,只有对员工各个方面进行管理和防范,才能堵住许多安全漏洞。2016年我国境内感染移动恶意程序用户按操作系统分布占比如图1-6所示。

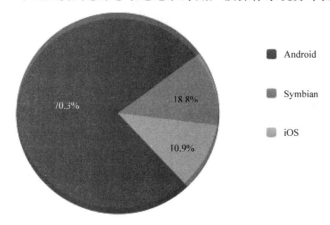

图1-6　2016年我国境内感染移动恶意程序用户按操作系统分布占比

1.4.2　移动商务的安全保障

现有网络安全保护方面,并没有非常完善的安全保护策略,但建立必要的安全策略刻不容缓,针对网站的信用和交易风险进行技术上的监测,且完善其自身的网络信息安全体系,保护用户的信息安全,方可使网络环境得以健康成长。在现代的网络协议中使用HTTPS,来保证网络环境的安全性,这为移动商务提供了基本安全保证。移动设备支持具有更好的图形显示和控制功能的WAP2.0,它是对不同的智能终端做出相应的功能内容优化,克服由终端设备之间的差异所造成的安全隐患。目前市场上比较主流的手机都已经支持WAP2.0版本。WAP2.0充分考虑到端到端的安全保证和无线公钥的基础设施系统,这也为移动商务提供了基本安全保证,同时也使得企业的商业模式顺利发展,降低安全隐患,保障商业模式的安全性。物理设备的技术改革,带来安全保障,为现代网络技术添加新的动力和源泉,不断推动商业模式的发展和安全体系的保障。

为了保障移动商务的安全,需要方方面面的参与和努力。移动商务的安全要从以下4个方面综合考虑,即技术措施、管理措施、法律措施和其他措施。

1. 技术上加强创新研究

面对网络上错综复杂的信息,处理和收集信息离不开技术支持,现在用于网络信息的技术有加密技术、防火墙技术、杀毒软件和数字签名等。因此在网上购物时应该增加保护消费者信息的功能,在填写购物人姓名、电话、地址后系统应提供一个资料库用来存储和保护信息。防火墙技术、防木马软件、杀毒软件不断改进、升级更新,检测出更多病毒,以应对不断出现新的病毒侵害网站安全的犯罪手段,提高用户信息的安全性。CA机构发放数字证书,供双方交换信息之前需要通过CA获取对方的证书,并且将以此识别对方,保证交易双方的利益不受到侵害。

1)无线公共密钥技术(WPKI)。WPKI可以用来管理公开密钥和数字证书,它确保了数据传输路径真正的端到端安全及可信交易,可信的WPKI还能够使企业实施非复制功能,并能保证信息的不可抵赖性。

2)CA认证中心。通过对密钥进行有效管理,根据并发数字证书证明密钥的有效性,将公开密钥与使用移动商务的企业和用户结合,利用数字证书、数字签名和加密算法等加密技术,建立起加解密和认证系统,防止电子交易中一些重要数据在传输过程中被窃取、篡改与欺诈等问题的威胁,确保电子交易安全进行,最终保障支付安全。

3)防病毒技术。防病毒技术主要用于实现病毒查杀、新病毒迅速反应、病毒实时监测、快速方便的升级与系统兼容性等方面,以保证移动设备始终处于较好、较稳定的工作状态。

2. 管理上规范行业标准

国家相关部门应制定相应的行业标准规范,对商家进行相应的信息安全保护能力审核,审核不通过的商家将进行整改直至符合标准规范。国家部门给合格的企业出具相关监管机构的认证证书,鼓励更多的人举报和检举买卖信息行为,并予以处罚条款。目前,相关部门监管力度还不到位,如对电子商务模式下营销的企业监管,由于网上个体小商户数量逐年增多,可以规范他们的行业自律,监管他们并保护消费者信息安全,严格控制用户信息泄露,减少信息泄露风险。同时应搭建信息较安全的、标准的验证管理平台。移动商务安全性的标准化首要解决的是信息安全标准的科学性、合理性和实用性问题,我国需要大量的信息安全标准化的人力、物力和资金投入,尽快展开基础设施建设,创建信息安全标准的测试、研究、验证环境,从其科学性、合理性以及实用性等方面深入开展标准的研究和管理工作,以便更好地实现移动商务的信息安全。

3. 完善相关法律

移动商务的安全不单单是依靠技术创新和加强管理就能解决的,更需要技术、管理、法律等方面多管齐下共同解决。其涉及的主要法律要素如下。

1)有关移动商务交易各方合法身份认证的法律。互联网时代移动商务立法的重中之重是电子身份认证中心的建立,这也是移动商务最根本的保护措施,它负责保证移动商务的安全与公正。国家法律应该规定电子身份认证中心的权限和功能,同时要立法明确规定对电子身份认证中心的监督管理以及违规后的处罚措施。

2)有关保护交易者个人以及交易数据的法律。本着最小限度收集用户个人信息,最大限度保护用户隐私的原则制定法律,除了建立信息收集保护用户的安全规范条例,也要建立泄密追责制度,以消除用户对个人隐私数据无法得到安全保护的担忧,从而吸引更多的人参与移动商务。

3）有关移动商务中合同法及如何进行认证的法律。移动商务的电子合同、电子商务凭证的法律效力，以及电子签名的合法性都需要立法确认，还应该对于窃取、伪造电子商务凭证的违法行为做出相应的处罚规定。

4）有关网络知识产权保护的法律。移动互联网时代电子商务模式的出现对网络知识产权的完善，既是机遇也是挑战，因此对网络知识产权方面的立法是刻不容缓的事情，保护合法网络知识产权，打击仿冒、欺诈等违法行为，对于移动互联网时代电子商务健康发展具有重要意义。

4. 多方协同合作

在移动商务市场上，多方参与协同合作的机会有很多，移动运营商提供网络技术的支持，各大商业服务商提供平台或服务，进行网状模式的营销，共同发展，协同合作，以促进自己的商业发展。企业应鼓励更多的企业加入到合作的模式中来，不断吸收他人的优点，弥补自己的不足。对于一家新兴的电商企业来说，盈利必然有一个时间过程，但要素本身的缺乏会使这个过程更加漫长。O2O 模式需要同时整合线上、线下两种资源，并将这些资源进行重组，因而对企业管理水平有很高的要求，这也是企业的商业模式最后能否成功执行的关键，因此需要多方参与要素来配合，共同盈利。

综上所述，想要拥有安全可靠的移动商务环境，仅仅凭借单一的技术防范略显单薄，需要有更加有效的安全管理策略才能让整个安全体系达到事半功倍的成效。只有技术和管理共同治理，才能让整个移动商务系统的安全防线上升一个新的高度。

◆ 导航案例

大保镖：给华人更多安全感的出境安全互助平台

出国旅游、留学、务工变得越来越容易后，身在国外的国人安全问题更不容忽视，当衣食住行最基本的需求被满足，安全需求也将与互联网连接在一起。

安全事故频发，但是国人还没有树立起在异国防范危险的意识，在旅途中，女士、儿童、老人如果意外受伤，在异国他乡，举目无亲的情况下语言也不通，特别是对第一次出国的人来说难免惊慌失措。

作为连续创业者的曹兆刚，意识到这些问题后，考虑到这部分人的即时需求，便创立了"大保镖"，希望让他们有一个可靠的安全指南和随身"保镖"，如图1-7所示。

简单来说，大保镖不仅可以预防性地避免用户安全问题的发生，还致力于解决用户的紧急安全需求，核心功能包括以下3点。

1）一键求助：遇到紧急情况时，用户可以使用一键求助，收到呼救信息后，大保镖会尽量帮助用户解决，并离开事发地点。

2）每周安全报告：用户出门前可通过大保镖获取安全信息，搜集所在地和目的地的安全信息，排查所有的危险可能性。

3）实时新闻和出国必备：大保镖涵盖25个国家的信息，可供用户出国时提前做功课，了解风土人情，学习目的地习俗禁忌，除此之外还包括应急措施和大使馆地址，帮助用户避开危险，学会自救。

图 1-7 大保镖 App

　　大保镖的 7×24 小时全球客服接到求助信号后，会迅速回拨，在泰国，已经有部分当地的兼职或志愿者保镖提供服务。

　　当用户按下一键求助，15km 内所有使用大保镖的用户都会收到求助信息，此时华人保镖或志愿者便会前往，通过全中文服务，即时处理他们遇到的困境，这也是安全互助的体现。

　　除了呼叫中心服务，大保镖还提供一些证件代办、证件加急、专家咨询、医疗救助和人工预约各国私人保镖等服务。

　　2017 年 12 月大保镖上线，目前有 8 万多出境用户，目的地保镖服务还在扩张当中。谈及未来发展，曹兆刚表示大保镖的模式会和保险一样，通过预存费用来提供一系列的保镖服务，并且还会加入硬件措施，打造成真正的互助平台。

　　纵观安全领域，目前相似的产品大多是工具类型的应用，比如软硬件结合的家庭追踪定位应用 Life360、安全出行 App "怕怕"等，但是提供实质性服务的项目比较少。

　　大保镖的场景定位于异国，服务于国人，并且结合了实际的安全体系，实际落地和标准化服务流程的建立算是目前产品发展的重心。

　　（**案例来源**：猎云网，文/朱珠，编选：中国电子商务研究中心）

1.5　移动互联网思维

1.5.1　碎片化（Fragment）思维

　　移动互联网时代，用户的消费场景发生了巨大变化，消费者进行消费的地点越来越不固定，商家与消费者接触的时间越来越短暂。移动互联网加剧了消费者的三个碎片化趋势：

一是消费者购物地点的碎片化；二是消费者购物时间的碎片化；三是消费者购物需求的碎片化。

伴随着社交平台的多样化，大量的碎片化信息每天铺天盖地地包围着每一个消费者，一方面打搅着人们的生活和工作，另一方面又影响着人们的购物决策，并产生了大量的即时冲动型需求，从而又加剧了消费需求和购物时间的碎片化。如等车时用手机看微博刷微信、乘地铁时用iPad看视频、购物时用移动终端查找店家信息……移动互联网时代，便捷的移动终端已经让我们实现了随时随地随身浏览各种信息，同时信息内容进一步碎片化发展，碎片化内容沿着不同的时间线散落在浩瀚的信息海洋，但每一条碎片化信息都暗藏着消费者的个性化需求。

因此，品牌及媒体就需强化自身的碎片化思维，思考如何能让消费者在碎片化时间里选择需要的内容，并且能让消费者快速喜欢上碎片化内容，乃至品牌。同时要借助更多价值内容和个性化服务来进一步覆盖甚至霸占消费者更多的碎片化时间。

1.5.2 "粉丝"（Fans）思维

移动互联网时代，消费者已经不再是简单的"顾客"。未来的顾客关系将从单向的、静态的、没有情感连接的会员体系走向双向的、动态的、注入每个"粉丝"情感的"粉丝圈"发展。品牌需要与消费者建立更多的情感联系，逐步将消费者发展成自身的忠实顾客，再从忠实顾客进一步发展成品牌"粉丝"。"粉丝"不仅能提升品牌产品销量，还能为品牌带来正向口碑传播，并在品牌出现负面评价甚至是危机公关之时，在第一时间捍卫品牌。

移动互联网时代，每个企业都需要拥有或者构建一个强大的"粉丝团"。每一个企业，每一个品牌都必须开始热情拥抱自己的"粉丝团"，通过真诚的对话建立忠诚的消费部落。

"粉丝"是一群认同企业价值观，对企业的品牌、产品、甚至企业的一切充满期待和热情的用户，是企业品牌的传播者，是品牌的疯狂爱好者，是企业声誉的捍卫者，是企业产品潜在的购买者，是企业忠实的拥趸，是免费的宣传员，是最专业、最热心、最挑剔的用户群体。

企业品牌需要的是"粉丝"，他们不只是用户，因为用户远没有"粉丝"忠诚。"粉丝"是最优质的目标消费者，一旦注入感情因素，有缺陷的产品也会被接受。进入移动互联网时代，每个"粉丝"都拥有自媒体，他们不仅仅是企业品牌忠诚的顾客，也是品牌的传播者和捍卫者。因此，企业需要用多样化的活动来凝聚"粉丝"的力量，激发他们的参与感和热情，持续形成密切强大的联系。

1.5.3 焦点（Focus）思维

移动互联网时代，从顾客焦点到需求焦点，从满足一群人的所有需求到满足一小群人的个别需求，"不做什么"比"做什么"更重要。乔布斯曾在接受《商业周刊》采访时说："专注和简单是我的梵咒。简单比复杂更难，你必须更努力工作来使你的思想干净、简单，但这是值得的，因为一旦你做到了，你就可以移山了。"

消费者在纷杂的媒体信息环境中已经缺乏耐心和精力，因此就要明确自身品牌的焦点性优势和战略方向，一旦明确就要从一而终地坚守下去，做到极致之后自然能让消费者留下深刻的品牌记忆度和好感度。

1.5.4 快一步（Fast）思维

移动互联网时代，企业得到优势的时间和失去优势的时间可能是同样短，创新有时候给企业带来的优势和利益是越来越少，一成不变、简单僵化地看待领导力就不能适应多变的平台。时间将会成为企业的敌人，对于无数初创企业来说，稳定是绝对的坏消息。企业若做决策或布局发展稍慢一步，就会失去先机，后期要付出成倍的代价才能弥补错失时机的劣势。移动互联网时代，不仅品牌信息传播要快，品牌自身的更新升级更是要快人一步。具体来说，快，主要表现在决策要快、产品推出要快、行动要快、产品迭代要快、创新速度要快、变革要快以及具有快速的市场反应能力。互联网公司产品开发要做到小步快跑、快速迭代，节奏是按天或周计算。

1.5.5 第一（First）思维

在如今竞争越发残酷的时代，消费者的碎片化思维直接导致了用户喜新厌旧的态度，在非常短的时间内，用户几乎只会接受同类产品或品牌中的翘楚，所以所谓的"第一思维"是非常重要的，争创一流，就是要求企业内部人员在各个工作上都要以一流的思想去创造。品牌在移动互联网时代要更为勇于做第一个吃螃蟹的人，打破消费者的思维定式，以颠覆式的创新变革来突破刷新行业的新上限，争做第一，抢占先机。5F移动互联网思维如图1-8所示。

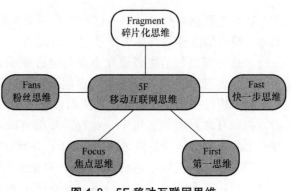

图 1-8　5F 移动互联网思维

1.6 移动互联网时代 5F 思维落地十大法则

要将移动互联网时代的5F思维十大法则落到实处，就得围绕每一个消费者从"营造亲人般的爱"的LOVE四大法则（Listen、Ominichannel、Value、Engagement）到"简约到极致"的SIMPLE六大法则（Scream、Iterative、My favorite、Personalized、Limited、Efficient）。

1.6.1 LOVE 四大法则——"营造亲人般的爱"

1. 倾听（Listen）

企业要善于倾听"粉丝"的心声，鼓励"粉丝"自由表达自己的想法，了解粉丝的心理诉求和消费需求，找到消费者真正的痛点清单，让倾听成为我们的习惯。

倾听是一种责任，是一种态度，是一种追求用敏感的眼睛和心灵，通过观察和分析

"粉丝"的一举一动，读懂粉丝的内心世界，了解他们的真实意图，从而做出正确的判断。多支持、鼓励粉丝，平等地和粉丝做朋友。

2. 全渠道一致体验（Ominichannel）

全渠道是零售业的未来和希望，移动将成为全渠道中电商业务的主流渠道，社交将是全渠道的枢纽位置。大数据是全渠道营销、全媒体传播的基石，是全渠道决战的终极武器。

跟随消费者的脚步，在全渠道、全媒体为顾客提供一致性的体验，持久的情感连接和一致性的顾客体验是全渠道的核心工作。

3. 价值感（Value）

移动互联网颠覆了价值创造的规律，我们必须回归到商业的本质，真正找到用户的痛点，找到用户的普遍需求，为客户创造价值。

企业还必须为"粉丝"创造消费之外的梦想，提供商品之外的人文价值、社交价值和情感价值。

在互联网时代，品牌是所有"粉丝"社交关系的总和，"粉丝"群中领袖客户群的社交价值关系到一个品牌的生死。

4. 参与感（Engagement）

移动互联网颠覆了现有的商业价值坐标体系和参照物。过去，零售商和品牌商习惯了独唱，消费者没有参与其中。参与感是"粉丝"经济的血脉，使消费者得以解放。移动互联网不再是单个企业或单个品牌的个人演唱会，而更像是一场"粉丝"们人人热情参加的周末狂欢舞会。

"粉丝"既是消费者，同时也是产品的价值创造者和参与者。我们可以从整个价值链的各个环节，建立起"以'粉丝'为中心"的企业文化，只有深度理解"粉丝"的偏执狂才能生存。没有"粉丝"的认同，就没有未来。

消费者连接在一个巨大的社交网络上，并极大地发动了每个消费者的参与热情，他们连接在一起，共同传播快乐、希望和爱，影响着每一个人的情绪、选择和行为。

1.6.2 SIMPLE 六大法则——简约到极致

1. 让"粉丝"尖叫（Scream）

企业需要把时间和精力尽可能投入到对"人"的了解上，要从根本上了解"粉丝"心中的渴望，了解"粉丝"需要什么，讨厌什么，什么样的东西能引起"粉丝"的情感波动，什么样的东西又能激发出"粉丝"源自内心深处的好感。

只有把一个东西做到极致，超出预期才叫体验，才会给"粉丝"带来惊喜，让他们尖叫。

2. 快速迭代（Iterative）

企业必须要及时甚至实时关注消费者需求，把握消费者需求的变化，要从细微的用户需求入手，贴近用户心理，在用户参与和反馈中逐步改进。只有快速地对消费者需求做出反应，产品才更容易贴近消费者。

"敏捷开发"是互联网产品开发的典型方法论，是一种以人为核心、迭代、循序渐进的开发方法，允许有所不足，不断试错，在持续迭代中完善产品。

快速迭代要求企业要边"开枪"，边"瞄准"，精益求精。企业要做到快速失败，廉价地失败，同时整个组织要有一种包容失败的文化。

3. 给我想要的（My favorite）

通过移动互联网，加速推进数字化进程，建立对消费者的洞察，无论何时何地，我们都要尽可能及时地、精确地搜集到每个顾客所有购物活动涉及的所有数据，数字化每一个顾客，每一件商品和他们的每一次购物活动，最终还原每个顾客的原貌需求。一切皆可被数据化，企业必须构建自己的大数据平台，这有助于企业进行预测和决策。

根据每个顾客的大数据，我们可以建立自动化的个性化商品推荐系统，为每一个顾客提供精准、少量、非常个性化的商品推荐。

4. 个性化（Personalized）

从需求来看，消费者的需求发生了重大的改变，他们越来越追求个性化，越来越追求自己的消费、自己做主，这是一个新的改变。

这是一个个性化的时代，消费者个性化的消费主张，在移动互联网时代，不仅可以彰显出来，更可以得到尊重。

5. 少就是多（Limited）

消费者的碎片时间有限，停留在你的渠道里的时间很短，你提供的服务、在实体店里陈列的商品、在网店或移动商店陈列的首页商品，如果在这么短的时间里，不能吸引到顾客，不能打动顾客，甚至让顾客尖叫，你就会错过这个宝贵的碎片时间。

建立碎片化思维，利用大数据，听懂顾客，洞察顾客，把消费者在碎片时间产生的点点滴滴的信息收集起来，串联起来，还原出一个真实的顾客需求，为每一个顾客推出个性化的私人货架商品。

6. 高效（Efficient）

简洁比复杂可难多了，简洁是应对复杂世界的武器，越简洁越高效。为顾客设计的一切界面，不仅要讲究内在的逻辑，操作流程更要高效和极简。

消费者的购物时间越来越碎片化，我们的流程设计要简化，在每个顾客与其想要的商品或服务之间要建立最短的路径。顾客无论从哪个渠道进去，在找到顾客所需的商品前，整个操作流程不要超过三步，越短越好。

1.7 移动商务未来发展

1.7.1 移动商务的发展趋势

近年来，在全球经济保持平稳增长和互联网宽带技术迅速普及的背景下，世界主要国家和地区的电子商务市场保持了高速增长态势。以美国为首的发达国家，仍然是世界电子商务的主力军；而中国等发展中国家电子商务异军突起，正成为国际电子商务市场的重要力量。

随着网络技术迅猛发展，人们的需求不断变化，市场的变动也在不断发展。未来移动商务的发展都会处于不断地打破传统的电子商务模式之中，而面对社会上的激烈竞争，只有顺应市场的发展，掌握人们的需求变化，不断创新，不断改革，移动商务才可以更好地发展。具体要从以下6个方向发展。

1. 企业应用将成为移动商务领域的热点

移动商务的快速发展必须基于企业应用的成熟。企业应用的稳定性强、消费水平高，这些特点个人用户无法与之比拟。而移动商务的业务范畴中，有许多业务类型可以让企业用户在提高收入和工作效率上得到很大帮助。企业应用将成为移动商务领域的热点。

2. 获取信息将成为移动商务的主要应用

在移动商务中，虽然主要目的是交易，但是实际上在业务使用过程当中，信息的获取对于带动交易的发生或间接引起交易有非常大的作用，用户可以利用手机，通过信息、邮件、标签读取等方式，获取股票行情、天气、旅行路线、电影、航班、音乐、游戏等各种内容业务的信息，而在这些信息的引导下，有助于诱导客户进行电子商务的业务交易活动。因此，获取信息将成为各大移动商务服务商初期考虑的重点。2009—2016年中国第三方移动支付市场交易规模如图1-9所示。

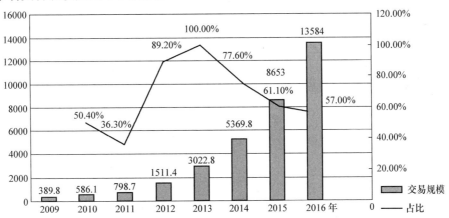

图1-9　2009—2016年中国第三方移动支付市场交易规模（单位：亿元）

3. 安全性问题仍将是移动商务中的巨大机会

由于移动商务依赖于安全性较差的无线通信网络，因此安全性是移动商务中需要重点考虑的因素。与基于个人电脑（PC）终端的电子商务相比，移动商务终端运算能力和存储容量更加不足，如何保证电子交易过程的安全，成为大家最为关心的问题。在这样的大环境下，有关安全性的标准制定和相应法律出台也将成为趋势。

4. 移动终端的机会

移动商务中的信息获取、交易等问题都和终端密切相关。终端的发展机会在于，不仅要带动移动商务上的新风尚，还对价值链上的各方合作是否顺利，对业务开展有着至关重要的影响。

随着终端技术的发展，终端的功能越来越多，而且考虑人性化设计的方面也越来越全面，比如显示屏比过去有了很大的进步，而一些网上交易涉及商品图片信息显示的，可以实现更加接近传统 PC 互联网上的界面显示。智能终端的逐渐普及或成为主流终端，手机升级成为小型 PC，虽然两者不会完全一致，也不会被替代，但是手机可以实现的功能越来越多，对于一些移动商务业务的进行，也更加便利而又方便随身携带的特点，以后终端产品融合趋势会愈加明显。

5. 重视用户体验，为细分用户市场提供个性化服务

我国在移动商务应用方面的发展态势也相当迅猛，通过手机上网的用户越来越多。人们的需求在不断地增加和变化。平台提供商应重视用户体验和业务运营。移动商务平台提供商在加强拓展用户规模的同时，还需加强用户需求、消费行为、消费偏好的研究，从而开拓细分市场，为用户提供个性化服务，实现精准营销。只有提供更加高效、符合人们要求的服务，才能在如此激烈的竞争市场上生存和发展。

6. 改进移动终端的设计

移动商务最大的特点就在于它的自由性和方便性。为了吸引更多的人从事移动商务活动，必须具有方便可靠且具备多种功能的移动设备。移动终端的发展趋势是自身简单、小巧、轻便、成本低。

1.7.2 移动互联网的发展趋势

移动互联网在短短几年时间里，已渗透到社会生活的方方面面，产生了巨大影响，但它仍处在发展初期，"变化"仍是它的主要特征，革新是它的主要趋势。未来其六大发展趋势如下。

1. 移动互联网超越 PC 互联网，引领发展新潮流

有线互联网是互联网的早期形态，移动互联网(无线互联网)是互联网的未来。PC 只是互联网的终端之一，智能手机、平板电脑、电子阅读器已经成为重要的终端，电视机、车载设备正在成为终端，冰箱、微波炉、抽油烟机、照相机，甚至眼镜、手表等穿戴之物，都可能成为泛终端。

2. 移动互联网和传统行业融合，催生新的应用模式

在移动互联网、云计算、物联网等新技术的推动下，传统行业与互联网的融合正在呈现出新的特点，平台和模式都发生了改变。这一方面可以作为业务推广的一种手段，如食品、餐饮、娱乐、航空、汽车、金融、家电等传统行业的 App 和企业推广平台，另一方面也重构了移动端的业务模式，如医疗、教育、旅游、交通、传媒等领域的业务改造。

3. 不同终端的用户体验更受重视，助力移动业务普及扎根

不同大小屏幕的移动终端，其用户体验是不一样的，适应小屏幕的智能手机的网页应该轻便、轻质化，它承载的广告也必须适应这一要求。而目前，大量互联网业务迁移到手机上，为适应平板电脑、智能手机及不同操作系统，开发了不同的 App，HTML5 的自适应较

好地解决了阅读体验问题，但是，还远未实现轻便、轻质、人性化，缺乏良好的用户体验。

4. 移动互联网商业模式多样化，细分市场继续发力

随着移动互联网发展进入快车道，网络、终端、用户等方面已经打好了坚实的基础，不盈利的情况已开始改变，移动互联网已融入主流生活与商业社会。移动游戏、移动广告、移动商务、移动视频等业务模式流量变现能力快速提升。

5. 用户期盼跨平台互通互联，HTML5 技术让人充满期待

目前形成的 iOS、Android、Windows Phone 三大系统各自独立，相对封闭、割裂，应用服务开发者需要进行多个平台的适配开发，这种隔绝有违互联网互联互通的精神。不同品牌的智能手机，甚至不同品牌、类型的移动终端都能互联互通，是用户的期待，也是发展趋势。

6. 大数据挖掘成蓝海，精准营销潜力凸显

随着移动带宽技术的迅速提升，更多的传感设备、移动终端随时随地地接入网络，加之云计算、物联网等技术的带动，中国移动互联网也逐渐步入"大数据"时代。目前的移动互联网领域，仍然是以位置的精准营销为主，但未来随着大数据相关技术的发展，人们对数据挖掘的不断深入，针对用户个性化定制的应用服务和营销方式将成为发展趋势，它将是移动互联网的另一片蓝海。

◇ 新零售案例

【案例一】亚马逊：创新实体店悄悄布局新零售

【关键词】Amazon Go

【案例概述】2016 年 12 月初，亚马逊在西雅图开张了一家革命性的线下便利店——Amazon Go。彻底抛弃了传统超市的收银结账过程。顾客们不再需要提着购物篮等待结账，只需拿起想要的东西就可离开商店。其背后有着强大的科技支撑。购物时，只要用智能手机打开虚拟购物篮，之后，随着在购物架之间转悠，一个超大规模的传感器系统会跟踪定位，识别拿起了什么商品，最终带走了什么。当完成了购物，走出便利店，传感器会自动通知系统，对带走的商品计价。购物单会自动在手机 App 上弹出并完成结算。亚马逊给这个系统取了个很直白的名字"拿了就走"（Just Walk Out）。

【点评】中国电子商务研究中心网络零售部主任、高级分析师莫岱青（微信互动：modaiqing166）表示，便捷的购物方式，舒适的购物体验是商家一直在努力实现的，也是新零售将会带来的。

【案例二】阿里：电商架构调整解决新零售痛点

【关键词】架构重组

【案例概述】2016 年 12 月 2 日，阿里巴巴 CEO 张勇宣布，天猫团队和聚划算团队将全面一体化，天猫将成立三大事业组、营销平台事业部和运营中心，变阵为"三纵两横"网状协同体系和若干独立事业部的全新架构。此次天猫、聚划算组织升级将打通业务、营

销和运营等环节。

【点评】中国电子商务研究中心主任曹磊(微信互动：www-100ec-cn)表示，将聚划算打包进天猫，强化天猫在电商业务的核心地位，有助于集中优势资源对抗来自京东、唯品会等B2C电商的竞争，而在阿里巴巴整个电商业务板块中，天猫也提供了最重要的信誉保障，阿里此举意在"将猫养肥"。

【案例三】阿里：淘品牌集合素型生活玩新零售

【关键词】跨界集合

【案例概述】2016年2月，阿里新零售业务建立，其业务模式是打通线上和线下，建立新零售品牌池（淘品牌），同时线下零售商从品牌池中挑选合作品牌，建立品类跨界+内容立体+复合陈列的实体店，实现线上和线下时时同款同价，每周百款同步上新，全新的消费者购物体验，24小时不打烊。

作为新零售平台业务模式的样板店，2016年9月，素型生活全球首家O+O模式跨界集合店正式在成都开业，与59个互联网品牌产生跨界合作，涉及服饰鞋包、家居家纺、智能家居、数码科技等多品类商品。

【点评】中国电子商务研究中心网络零售部助理分析师陈逸霄（微信互动：LV-totoro）表示，对于纯电商品牌来说，要走新零售模式，与零售商拉近距离，入驻品牌集合店是节约线下布局成本的好方式。

【案例四】银泰：走上云之路借云计算转型新零售

【关键词】云计算、大数据

【案例概述】银泰网通过混合云架构，利用"VPN+专线"打通网络，快速借用公共云的计算力量，充分发挥云计算的弹性伸缩能力。在传统零售转型的路上，立足中国18年、拥有45家大型百货商场和购物中心的银泰一直走在最前列。随着银泰网体量的不断扩大，支撑网站运营的技术架构也迎来了新的挑战，为了保障网站运行的便利、稳定，银泰网选择了用云的方式来解决问题，利用以云计算为代表的新技术、以大数据为代表的新能源探索转型的新思路。

【点评】中国电子商务研究中心主任曹磊表示，大数据是新零售时代下的新能源，而且将是企业发展新零售的重要能源。

【案例五】王府井：全渠道上升重新定位新零售

【关键词】全渠道

【案例概述】2016年11月底，王府井集团宣布成立全渠道中心，将原来的市场部、电商公司和全渠道项目合并重组，升级为直接归属集团总部中的一个重要业务中心。成立全渠道中心是集团总部机构调整的开始，王府井从集团层面重新定义了未来零售的方向。从集团层面，战略上主抓商品端和用户端，做整体的资源整合和规则制订。商品端主要统筹供应商招商；用户端，全渠道中心主要做三件事，第一做触达通道，第二把门店现有的营销数字化，第三在做好前两者的基础上建设数字化的和数据驱动的新零售能力。

【点评】中国电子商务研究中心网络零售部助理分析师陈逸霄表示，新零售下，要将渠道畅通化，用户、营销数据可分析化，场景多样化。

【案例六】国美：揭新零售路径，重零售版图

【关键词】社交

【案例概述】国美新零售战略：以"6+1"为价值创造触点、以供应链为核心竞争力的集互联网、物联网、务联网于一体的新零售生态体。用户为王，是国美重新定义零售的总原则。而"平台为王"，则表示国美将致力于形成门店为基础的线下入口端和以"国美 Plus 超级平台"为主流的线上入口端，将以"社交＋商务＋利益分享"为主导构建开放平台。

【点评】中国电子商务研究中心网络零售部主任、高级分析师莫岱青表示，电商的社交化已是常态，未来零售，无论是从商家还是从消费者角度，都将是自由开放的状态。

【案例七】苏宁：新零售逆袭纯电商

【关键词】场景体验

【案例概述】随着互联网的发展，电商巨头逐步开始向线下沉淀。从阿里牵手苏宁可以看到，线下零售店模式的优势仍是纯电商无法触达的。苏宁云商借助线上线下的多场景体验和感知，线下的核心优势加上成熟的线上运行，有效地把购物体验、导购、物流极致配送等双线结合。

【点评】中国电子商务研究中心网络零售部主任、高级分析师莫岱青表示，场景的构建是新零售时代重要的部分，特定的购物人群、节点，都需要不一样的购物场景，从而带给消费者更好的购物体验。

【案例八】物美："瘦身"转型要做全渠道的新零售商

【关键词】社区服务中心

【案例概述】物美深刻认识到，零售业的变革最终要回归到本质：靠商品本身和服务。物美与"多点(DMALL)" App 战略合作，将物美实体店打造成社区服务中心，同时物美与多点共同启动并实现了在物美店铺 3~5km 商圈，线上下单，两小时极速送达的五环全覆盖配送网络。物美不仅通过店铺商品吸引顾客，而且把渠道打开，走出去与批发商、企事业单位进行联合，用多渠道吸引来客。而这一切能够最终实现，物美通过与多点(B2C+O2O)和链商优供(B2B)的深度协作，将线上和线下通过采购与物流渠道有机结合在一起，满足顾客不同渠道消费需求，主要得益于物美全渠道供应链模式变革。在物美看来，零售已经没有线上和线下之分，只有顾客体验是否更好，流程是否更优，效率是否更高，成本是否更低，速度是否更快之分，物美正在创造中国模式的新零售。

【点评】中国电子商务研究中心主任曹磊表示，新零售时代，零售各端的协作，合理搭配，使未来零售流程更加优化，效率更高，成本更低。

【案例九】爱鲜蜂：披上新零售之衣

【关键词】数据驱动

【案例概述】爱鲜蜂利用了互联网工具、利用了 LBS 信息不对称、电商的运营方法、数据驱动的方式，让小店自己订货更加精准，不仅仅吃到自然流水，还能吃到社区的线上流水，以线上的增量撬动线下的存量，所有的枝蔓都是围绕便利店展开的。

对于爱鲜蜂来说，新零售的思考从去年已经开始进行，其主要包括了三点：

第一，从产业链上，是对上下游全渠道各个环节的打通，提升其配合的效率，而不是针对零售的某一个节点的提升。

第二，立足供应商、合作店铺、用户这种三边获利的模式。

第三，对于渠道力的展现，所见即所得，缩短消费者从接触信息到购买的所需时间，满足其冲动消费。

在爱鲜蜂看来，新零售只是新概念，而非新事物，其本身就是零售业发展到现阶段的一个趋势。

【点评】中国电子商务研究中心网络零售部助理分析师陈逸霄表示，新零售是零售行业发展的一个新阶段，在各基础设施完善后，新零售必然会出现。

【案例十】食得鲜：以智能互联网+生鲜模式升级新零售

【关键词】智能互联网

【案例概述】食得鲜基于智能互联网+生鲜模式构建以生鲜为入口的智趣生活平台。智联宝社区化生鲜电商解决方案以2亿基数的庞大新兴中产阶级为服务对象，以万亿容量生鲜市场为切入口，抢占"三个入口"，即：以平台型智能硬件抢占用户入口，以下午茶抢占CBD业务入口，打造以社区化生鲜为入口的智趣生活平台。

通过"四个维度"开展运营：社区化集中运营、To C业务To B化、3平方公里高密度运营、楼小二运营系统。打造"一个新媒体文化平台"，即：以"智惠、有趣、造星、选秀、巨奖"作为指导方针的全国段子首发平台乐摇秀，吸引用户、黏住用户，向客户电商平台导流。构建"一个超级流量入口"：不同地区的客户平台间流量共生、黏性交互、资源共享，形成超级流量入口——乐摇网智趣生活平台系统，打造以智能互联网为模式的新零售。

【点评】中国电子商务研究中心主任曹磊表示，智能化是未来零售电商的一大趋势，智能化互联网将会给未来零售带来不一样的交易方式，给用户带来不一样的购物体验。

✧ 共享经济案例

最近一年多里，国家对共享经济的支持从鼓励性信号逐步落地为具体的政策扶持。再加上前几年共享经济教育在民众处的普及效应落地利好，2016年共享经济在国内春风拂面，并处处开花结果。

【房屋分享】途家网：构建短租行业新规则

跟随Airbnb的脚步，国内短租业也已探索了近5年历程，小猪短租、蚂蚁短租等一批民宿分享平台浮出水面，其更多是在将房东与房客进行信息撮合。但在2016年，途家网的一系列"大动作"却在搅动这一C2C为主的行业规则，并大获认可。

途家网更进一步的思考是：大力发展个人房源时，要看到国内普遍不高的个人房源质量与房客们较高服务要求之间的矛盾。基于此，途家将一部分精力投向高质量闲置房源共享上。线下，途家网将五星级酒店式管理体系进一步统一推行，并先后收购蚂蚁短租、并购携程和去哪儿公寓民宿业务，整合提升优质房源；线上则推出途立方平台，为开发商和购房业主优化升级住宿分享解决方案。

市场对其的反馈则是，目前民宿市场份额中，途家高居榜首，房源质量认可度也最高，创下了单日订单破56000间的行业最高纪录。更重要的是,途家网带来了"把闲置房屋做成高级酒店"的行业新规则。在Airbnb新模式带来的冲击下,这一更符合本土现状的新规则,或将让国内短租企业与巨头交手时胜算更大。

【知识分享】在行&分答：打破旧有知识传授模式

共享经济在知识域的分享早已不是新鲜事,最值得称道的是将知识分享进一步提升至知识传授的在行和分答,这对线下线上"双胞胎",利用分享经济将知识传授变得更加有趣,也让知识更值钱。

通过在行,任何领域内存有疑惑和未知的人,都可在支付一定费用后,与相关大名鼎鼎的行家大咖面对面真切交谈,听其答疑解惑,传授经验知识。在行的旗下纯线上产品——分答,则首创线上付费语音问答机制,有需求者付费邀约某一行家后,后者以语音形式回答问题。

在行和分答这种打破旧有受时空和社会环境限制的知识传授模式,受到空前热捧。目前,超过一万名行家入驻,每日交易800次,赢得多位知名资方巨额融资;"分答"在一个多月内收获全年最高热议度,吸引各巨星大咖们加入,并传来"上线24天获得过亿美金估值"的市场热议。

【单车分享】摩拜单车："复活"公共自行车

早在滴滴之前,政府就推行过一项共享式出行方式：公共自行车。但使用体验并不好,其尚未火起来就悄然沉寂了。2016年4月,一辆辆橙色的摩拜单车一夜间活跃在一线城市里,8个月后的今天,成为人人点赞的酷炫出行方式：它复活了公共自行车。

摩拜单车的"复活秘诀"是将共享经济理念更进一步：它不设固定桩位,用户只需扫描二维码,就可自动给单车解锁、使用,到达目的地后再手动上锁即可。如此,用户可在任何规定位置内使用并停放单车,且骑行费用仅为半小时1元,用微信或支付宝支付即可,体验流畅便捷。

大受用户欢迎的"小橙车",迅速得到资本市场的青睐,获得了熊猫资本、愉悦资本、创新工场等数轮融资,其最新一轮的估值已达到数亿美金。而依据业内人士分析,摩拜复活公共自行车的非公益商业运营模式,才是值得探索的自行车共享方向,尽管初出茅庐的摩拜需要面对的问题也同样很多,但依旧可以乐观期待,在健康环保的自行车共享领域内,下一个优步或滴滴正在诞生。

【云计算资源分享】网心科技(星域CDN)：以一己之力改变行业格局

几乎每个人都在为4K、AR/VR、AI等酷炫新型应用的到来激动欢呼,但IT科技界的人士却心存一块大石：与纷涌而来的新型应用相伴的是需要无限扩充的计算资源。网心科技想到的是：将共享经济理念引入云计算领域。在过去一年多时间里,它旗下产品——星域CDN,率先在CDN领域将这一理念成功落地,以一己之力改变了国内CDN全行业格局。

在CDN业内,增建IDC节点、贩卖运营商骨干网带宽资源是默认的操作方式,尽管它耗时耗钱、不环保且不可无限持续。星域CDN的解决方案十分大胆而独特,它将眼光投向了总量无限且80%时间处于闲置的个人家庭带宽资源上,通过安放在个人家庭中的智能硬件"赚钱宝",它打破了既往CDN带宽资源的桎梏,寻找到了海量质优价廉的带宽资源。不到传统 CDN 最低价 1/4 的至低售价，和更互联网化的服务让过去无力购买昂贵传统 CDN 服务的众多"互联网+"中小创业企业，受益于星域 CDN 的价廉物美，其中，最受成本和技术之痛的视频直播行业们更是受益巨大。

传统 CDN 独霸一方的局面彻底不再，以星域 CDN 为首的创新型专业 CDN 等已成为一大主流。

据统计，2025 年全球共享经济市场规模将达到 3350 亿美元，年均复合增长率达到 36%，我国的共享经济将在未来 3~5 年内达到全球第一。2016 年国内这些共享经济的成功者们，更增加了这一数据的信服力。(来源：百度百家号/文，庚森编选：中国电子商务研究中心)

◇ 2016 年十大生活服务 O2O 典型投诉案例

图 1-10　2016 年度十大生活服务 O2O 典型投诉案例

(中国电子商务研究中心讯)导读：2016 年，国内知名第三方电商维权平台"中国电子商务投诉与维权公共服务平台"(www.100ec.cn/zt/315) 收到了大量用户对生活服务 O2O 各平台的投诉。据大数据统计显示，"百度糯米"储值卡退款不合理、"美团"预订酒店无法退订、"饿了么"外卖现虫子、"去哪儿"高额退票费、预订酒店被"飞猪"放鸽子、"拉手网"账户被盗刷、"阿卡索外教网"不靠谱、"艺龙网"虚假宣传、"赶集网"信息泄露、

"大众点评"强制消费入选"2016年度十大生活服务O2O典型投诉案例"如图1-10所示。榜单已入选2017年发布的《2016年度中国电子商务用户体验与投诉监测报告》。

【案例一】"百度糯米"储值卡退款不合理

周先生在百度糯米购买一张冰城串吧储值卡,订单号为50001437930。原8月16日到期,但在使用时客户端显示11月16日到期,但10月16日以过期为由,系统自动进行退款,但退款是0。网站说不能按比例退,不予退款。

专家点评:中国电子商务研究中心法律权益部助理分析师刘洁蕾建议,对于此类事件,可与商家协商处理,如协商失败,可进行诉讼。《侵害消费者权益行为处罚办法》中关于预付卡发行和退款有明确规定。该办法明确规定,经营者以预收款方式提供商品或者服务的,应当与消费者明确约定责任、义务等内容。

相关专题:百度糯米成O2O投诉"重灾区",账号冻结、退款迟缓等问题不断(详见:www.100ec.cn/zt/bdnmbg)。

【案例二】多名用户投诉"美团",预订酒店无法退订

2016年,美团因酒店退订问题遭密集投诉。丁女士10月19日在美团下单预订酒店当日入住,订单号为171648777。因临时有事,当天取消订单,并申请退款。但美团客服电话回复订单不退款,原因是与商家协商未能达成一致。经过多次与美团客服和商家协商,双方互相推脱责任,主要原因是美团客服于19日晚没有及时通知商家,导致出现订单纠纷。

专家点评:中国电子商务研究中心法律权益部助理分析师刘洁蕾认为,根据《消费者权益保护法》第44条,消费者通过第三方在线旅游平台购买商品或接受服务,一旦其合法权益受到损害,根据合同的相对性原则可以向销售者、服务者要求赔偿。但如果网络交易平台提供者做出更有利于消费者的承诺的,应当履行承诺,否则应当承担赔偿责任。若协商不成,游客可以向旅游监管部门、消协及"旅游保"等官方、民间机构投诉反映,也可以向法院起诉。

相关专题:【曝光专题】三大重症缠身"美团",投诉不断频遭诟病(详见:www.100ec.cn/zt/mtbg)。

【案例三】外卖现虫子、钉子,"饿了么"食品安全堪忧

2016年,饿了么食品安全问题突出,曾多次被媒体报道"黑外卖",且消费者投诉在外卖里吃出来虫子、钉子等。周先生在"饿了么"订餐,订单号为101421596447658474。点的尖椒肉丝盖饭,吃到一半发现有一只虫子与肉丝粘连,相当恶心。虫子种类未知,是否有传染及其他隐藏性伤害未知。客服一致回复会有专人处理,但迟迟无人跟进。

专家点评:中国电子商务研究中心法律权益部助理分析师刘洁蕾认为,网络外卖订餐服务涉及环节较多,但是最重要的是保障消费者的饮食安全。建议政府相关部门建立联合执法协调机制,强化对平台和商家在资质审核、服务提供、消费者个人信息保护等方面的监督管理,严厉查处平台和商家违反相关法律规定的行为,督促行业企业诚实守信、依法经营,保障网络外卖订餐消费者的合法权益。

相关专题:"饿了么"投诉量领跑外卖O2O,配送时效低、服务态度差引众怒(详见:

www.100ec.cn/zt/elem)。

【案例四】携程、去哪儿等高额退票费，在线旅游"霸王条款"问题突出

2016年，携程、去哪儿、同城网、飞猪等在线旅游网站频频被曝高额退票费行业潜规则。曲女士于6月份在去哪儿网预订了10月9日普吉飞北京的机票，订单号：330845321596。10月8日被告知航班取消，便立刻联系客服，几经周折终于做了非自愿的退款处理，由于是非自愿退款，客服称不扣除任何费用，全额退款。曲女士10月18日查询余额，发现退款金额被扣除400元，多次联系客服，客服敷衍不予解决，至今无任何答复。

专家点评：中国电子商务研究中心法律权益部助理分析师刘洁蕾认为，针对退款难的问题，《侵害消费者权益行为处罚办法》规定，对退款无约定的，要按照有利于消费者的计算方式折算退款金额。同时，经营者对消费者提出的合理退款要求，明确表示不予退款的，或者自消费者提出退款要求之日起超过十五日未退款的，视为无理拒绝或故意拖延，工商部门可以根据情节严重程度对经营者进行处罚。

相关专题：假保险、难退款、虚假折扣去，哪儿网遭遇诚信拷问！（详见：www.100ec.cn/zt/qunaer）。

【案例五】酒店预订被"放鸽子"，"飞猪"不靠谱

吕先生12月10日从飞猪订得一酒店，订单号为2808581494606196。平台短信通知说订单成功，商家却告知房间已满没有房间可以入住，并表示可以联系网站全额退款。但飞猪表示只能和多家供应商协商一致同意后才能退款，并以此为由拒绝了退款请求。

专家点评：中国电子商务研究中心法律权益部助理分析师刘洁蕾认为，消费者如果有支付保证金的行为，那么就表示合同已经有效生成。消费者已经履行了相关义务，只要有交易行为，商家就应该履行责任。由于无法预知旅游网站是否会出现差错，消费者在网上下订单后，务必打电话联系预订的酒店，询问是否还有房间。如果发生下订单却无房的情况，要将订单、短信等信息保留好，将此作为向消协、媒体等投诉的证据。

【案例六】账户屡屡被盗刷，"拉手网"账户安全隐忧

2016年，拉手网因账户被盗刷频遭消费者投诉。有用户表示此前在拉手网账户有退款，并确认到账，但再打开拉手账户才发现绑定手机已经被更改，并且10月1日被莫名消费356元，期间没有收到任何提示。

专家点评：中国电子商务研究中心法律权益部助理分析师刘洁蕾表示，通过预付资金，电商网站和用户之间实际形成了合同关系，一旦出现盗刷问题，网站要进行赔偿。

相关专题：账户频频被盗，霸王条款屡现，拉手网还能走多远？（详见：www.100ec.cn/zt/lsw）。

【案例七】"阿卡索外教网"教学质量差，用户称"不靠谱"

郑先生在阿卡索外教网上学习，订单号为#179827。阿卡索教学质量太差，老师经常无故缺席，浪费消费者时间，申请退款也不同意，实在无法忍受。一再让客服推荐靠谱点的老师，但客服推送的要么是没课的老师，要么就是不靠谱，不是网络差就是无故缺席，而且客服质量也非常差。

专家点评：中国电子商务研究中心法律权益部助理分析师刘洁蕾认为，网络教学交互性差，在时间和空间上难以同步，质量也难以保证，消费者如遇此类问题，应保存证据，以方便与平台进行沟通，同时，消费者在与客服的沟通过程中，应该以彼此尊重为基础，针对相关问题进行清晰有效的表达。实在调解不了，可考虑进行投诉。

【案例八】"艺龙网"涉嫌虚假宣传，酒店无法正常入住

徐女士6月22日在艺龙网预订厦门大学世茂海峡双子塔海景公寓，网站上显示可以入住5人，订单号为376356854。6月27日致电艺龙得知公寓内只有2张床，5人无法正常入住，故立即要求加床或取消预订，艺龙回复不可加床也不可取消。

专家点评：中国电子商务研究中心法律权益部助理分析师刘洁蕾认为，《消费者权益保护法》规定，经营者应当向消费者提供有关商品或者服务的真实信息，不得做引人误解的虚假宣传。《反不正当竞争法》规定，经营者不得利用广告或者其他方法，对商品的质量、制作成分、性能、用途、生产者、有效期限、产地等做引人误解的虚假宣传。《广告法》也明确规定，广告不得含有虚假的内容，不得欺骗和误导消费者。

【案例九】"赶集网"信息泄露，个人手机号被冒用

虞先生称赶集网个人手机号码被冒用，且不能通过网站上的"手机号码被冒用"功能进行查找删除，联系客服一直未进行删除处理。每天有电话进来咨询房屋租赁情况，甚至晚上时间也时常接到电话，给工作和生活带来烦恼。

专家点评：中国电子商务研究中心法律权益部助理分析师刘洁蕾认为，信息泄露几乎是当下电商市场的通病，而信息泄露中受害最大的是处于被动的消费者。《中国网民权益保护调查报告2016》显示，4.8亿网购用户，过半网购过程中遭遇个人信息泄露。要在购物过程中避免信息泄露，需要消费者、电商平台和相关部门的共同努力。正在提请十二届全国人大常委会第二十五次会议初审的《电子商务法(草案)》中，加大了对信息安全的保护力度，明确了包括第三方电商平台、平台内经营者、支付服务提供者、快递物流服务提供者等在内的信息安全保护责任主体。提出对未履行保护义务的，最高处50万元罚款并吊销执照；构成犯罪的，追究刑事责任。

【案例十】霸王条款波及消费者，合作商户"大众点评"前后院"着火"

合作商户乐女士称2015年12月与大众点评网业务员谈成以6000元的价格购买大众点评网一年零两个月团购服务(2016年1月—2017年2月)。然而业务员却提出一项新的业务"旺铺宝"，并提出若不购买该项业务，无论已购买的团购业务合作期为多长都将终止该项服务，并不予退换任何费用。

消费者易先生在大众点评上购买团购美发券，订单号1032474973。1月25日前去消费，商家实际店名与宣传不符，环境相差甚远，强行拒绝消费者采用订单号支付，逼迫消费者现金支付。

专家点评：中国电子商务研究中心法律权益部助理分析师刘洁蕾认为，卖家未经消费者同意取消订单的行为违反了《合同法》，要承担违约责任。消费者通过网站在正常状态下选购并确定送货、付款信息之后确认订单并进行付款，此时双方买卖合同关系成立，卖家就不得随意取消、更改订单，否则应承担继续履行、赔偿损失等违约责任。但因网购交

易行为具有虚拟性、瞬时性等特点，涉及电子证据取证和认证等问题，相关机构查明事实并适用法律的难度逐渐增大。相关专题：账户被盗频频出现剖析大众点评潜规则！（详见：www.100ec.cn/zt/dzdp)。

参 考 文 献

[1] 钟元生. 移动电子商务 [M]. 上海：复旦大学出版社，2012.
[2] 吕廷杰. 移动电子商务 [M]. 北京：电子工业出版社，2011.
[3] 覃征，曹玉辉，王卫红. 移动电子商务 [M]. 北京：清华大学出版社，2012.

第 2 章
移动商务技术基础

Chapter 2

【本章内容】
- 云计算案例导航。
- 云计算。
- 云计算应用案例。
- 移动商务与云计算案例导航。
- 移动商务与云计算。
- 移动商务与云计算应用案例。
- 云计算与大数据案例导航。
- 云计算与大数据。
- 云计算与大数据应用案例。
- 云计算大数据综合营销案例。

【教学重点】
- 云计算的概念。
- 云计算的特点。
- 云计算的技术架构。
- 云计算与移动商务的关系。
- 云计算与大数据的关系。

【教学难点】
- 云技术的技术架构。
- 云计算与移动商务的关系。
- 云计算与大数据的关系。

◆ 导航案例

亚马逊的云计算服务

作为一家超大型零售企业,亚马逊在设计和规划自身电子商务系统IT架构的时候,不得不为了应对销售峰值去购买更多的IT设备。但是,这些设备平时处于空闲状态,这在零售企业看来相当不划算。于是亚马逊发现,假如可以运用自身在网站优化上的技术和经验优势,亚马逊就可以将这些设备、技术和经验作为一种打包产品去为其他企业提供服务,那么闲置的IT设备就会创造价值。这就是亚马逊推出云计算服务的初衷。

为了解决这些租用服务中的可靠性、灵活性、安全性等问题,亚马逊不断优化其技术。从2004年开始,亚马逊陆续推出了简单队列服务、Mechanical Turk等云计算服务雏形。Jeff Barr表示,云计算服务成熟的标志是亚马逊在2006年推出的简单存储服务(S3)和弹性计算云(EC2)。之后,企业数据和服务都已被放在亚马逊的"云端"了。那么"云端"到底在哪里呢?其实就是亚马逊分布在全球的服务器,这些服务器可以在瞬间共同完成租用企业的一个任务。

纷繁复杂的云计算

亚马逊在云计算方面走在其他IT专业企业之前既是偶然,也是必然。看似有些"无心插柳",但任何技术都源于需求——亚马逊自身就是云计算的最早用户。如今,云计算的概念已经在业界成为热门话题,云存储、云安全等名词也开始出现,IBM、微软、谷歌等不同领域的企业都已经纷纷投入到这一新型计算技术的大潮之中。那么亚马逊的优势还存在吗?

Jeff Barr认为,这里涉及一个核心概念——云计算是分层分类的,每一类公司提供的云计算的服务都不一样,而亚马逊是IT基础架构云计算服务提供商。在网络互联的需求之上,直接就是亚马逊的最底层的IT基础架构AWS(Amazon Web Services),这包括计算、存储、内容分发等。在这层IT基础架构之上,用户才可以构建自己的应用层。应用层又包括构建数据库、应用服务器,最上一层才是应用软件。他表示,目前看来,市场上很多云计算服务提供商所提供的服务,仅仅是不同层面的一部分解决方案。

此外,亚马逊的角色非常特殊——它不是操作系统开发商,也不是服务器或存储设备制造商,也就是说它是应用者而非IT系统制订者。因此亚马逊的平台是开放的。但是专业IT企业提供的云计算多多少少会限制在自己提供的系统之上,这限制了灵活性。此外,正因为亚马逊自己是应用者,因此它卖给企业用户的不仅是云计算技术,还有自身的经验教训,这些都能够帮助企业用户更好地应用云计算服务去创造更大的价值。

云计算如何卖书

正是因为这些独特的优势,亚马逊云计算服务增长显著。虽然Jeff Barr没有透露投入和收入,但是目前亚马逊云计算的注册开发人员数量在去年已经超过49万。它目前推出的最主要的云计算服务产品,不仅服务分类灵活、收费方式多样,而且定价方式体现了零售企业一贯的做法。

据悉,弹性云EC2服务能够同时调用亚马逊全球的从一台到几千台服务器,这些服务还可细分为CPU、随机存储容量、硬盘空间等,根据用户的需求或规格可以支持所有的操作系统,并安装各种各样的开放源代码或商业软件。用户甚至可以直观地看到支持某种操作时调用的全球服务器的物理地址。而 EC2 的报价也因此呈现多样化,租用费用从每小时 0.1~0.8 美元。

简单存储服务 S3 可以提供 1B 到数 GB 的支持,整个系统里大概有 520 亿个对象进行数据交换。S3 的存储备份服务则是按照每个月的使用字节来收费,根据每天检测流量,每 GB 大约 0.15 美元/月。亚马逊最近还推出了内容分发网络服务(Cloud Front),可以把一个内容迅速地复制到全球至少 40 台服务器上,以便快速地登录和获取。为了体现地域的特色,亚马逊针对欧洲用户的售价会比美国高出 10% 左右。

更有意思的是,亚马逊还尝试了云计算的价格促销。Jeff Barr 表示,亚马逊云计算价格体系的设置是自下而上的,也就是说亚马逊并不是通过关注市场上的竞争产品或用户承受程度来确定产品价格,而是根据自身的成本核算加上合理的利润空间后将价格尽量定到最低,因此定价也富有竞争力。这也源于亚马逊的经营理念。作为零售企业,亚马逊有一个天天低价的承诺,他们每天想的是怎么样能够把价格降下来。在云计算方面,他们也采用这种价格体系策略。

此外,目前云计算的服务对象多是中小企业,亚马逊也在尝试将其应用到政府、科研等研究领域和大型企业的关键应用当中——亚马逊推出了针对大型数据库的简单数据库服务,该服务在安全性、登录管理、账户管理方面都有独特的设置方式。尤其在账户管理方面,不仅有整体的账户,还会有分账户的复杂管理。该服务将按照字节单独计费。值得一提的是,美国某些地方的个税系统已经开始应用云计算架构,也许让云架构涉及核心应用已经为时不远。

案例来源网址:http://www.enet.com.cn/article/2009/0730/A20090730511918_2.shtml
TechTarget

案例思考:

上述亚马逊的云计算服务案例中,我们可以看出亚马逊发展云计算的初衷是闲置 IT 资源的有效利用和自身销售的需求,后来亚马逊的云计算发展成一种独立的服务业务,为更多的企业提供云计算服务。从上述案例中,我们可以了解到云计算最初产生于企业营销需求和资源的有效利用需求,那么接下来我们就具体了解云计算的内容和实现云计算技术。

2.1 云计算

2.1.1 云计算的概念

云计算是一种商业计算模型,它将计算任务分布在大量计算机构成的资源池上,使用户能够按需获取计算力、存储空间和信息服务。云计算所依据的是一种可配置的共享资源池,这种资源池称为"云"。"云"是一些可以自我维护和管理的虚拟计算资源,通常是一些大型服务器集群,包括计算服务器、存储服务器、应用服务、宽带资源等。

云计算通过共享的方式为最终使用者提供方便的、随需访问所需要的信息,最终使用者将在互联网标准下通过网络来使用云计算服务,这个网络可以是国际互联网(Internet),也可以是企业内部网(Intranet)。云计算的基础架构需要通过虚拟化来实现,并由系统进行自动化的监测和管理。

2.1.2 云计算的特点

云计算是通过使计算分布在大量的分布式计算机上,而非本地计算机或远程服务器中,企业数据中心的运行将与互联网更相似。这使得企业能够将资源切换到需要的应用上,根据需求访问计算机和存储系统。

有人将这种模式比喻为从古老的单台发电机模式转向了电厂集中供电的模式。它意味着计算能力也可以作为一种商品进行流通,就像天然气、自来水、电一样,取用方便,费用低廉。最大的不同在于,它是通过互联网进行传输的。

云计算具有以下特点。

1. 规模大

"云"具有相当的规模,谷歌云计算已经拥有 100 多万台服务器,亚马逊、IBM、微软和雅虎等公司的"云"均拥有几十万台服务器。"云"能赋予用户前所未有的计算能力。

2. 虚拟化

云计算支持用户在任意位置、使用各种终端获取服务。所请求的资源来自"云",而不是固定的有形实体。应用在"云"中某处运行,但实际上用户无须了解应用运行的具体位置,只需要一台笔记本电脑或一个 PDA,就可以通过网络服务来获取各种能力超强的服务。

3. 高可靠性

"云"使用了数据多副本容错、计算节点同构可互换等措施来保障服务的高可靠性,使用云计算比使用本地计算机更加可靠。

4. 通用性

云计算不针对特定的应用,在"云"的支撑下可以构造出千变万化的应用,同一片"云"可以同时支撑不同的应用运行。

5. 高可伸缩性

"云"的规模可以动态伸缩,满足应用和用户规模增长的需要。

6. 按需服务

"云"是一个庞大的资源池,用户按需购买,像自来水、电和天然气那样计费。

7. 费用低廉

"云"的特殊容错措施使得可以采用极其廉价的节点来构成云;"云"的自动化管理使数据中心管理成本大幅降低;"云"的公用性和通用性使资源的利用率大幅提升;"云"设施可以建在电力资源丰富的地区,从而大幅降低能源成本。因此"云"具有前所未有的性能价格比,用户可以充分享受"云"的低成本优势。

2.1.3 常用云计算技术架构

1. 云计算基础硬件设计架构

云计算的基础硬件是支撑云计算运行的根本。

（1）服务器集群

云计算所需要的最基本的硬件就是大量串联起来的服务器，这些串联起来的服务器为云计算提供数据计算和数据存储服务。为了实现云计算的效用性，服务器的串联必须具有大规模、可伸缩、数据可重复性、容错、平衡负载等特性。

（2）巨大容量空间

IaaS 实体必须有足够的存储空间，以满足用户不断增加的信息存储需求。谷歌在全球有 36 个数据中心，能提供近 1152GB 的存储空间。

（3）高速网络宽带

云计算是基于互联网的网络计算模式，数据的存储与交换都必须通过网络来实现，所以不仅要求云计算数据中的服务器之间使用超高速网络连接，还要求客户端的网络带宽速度较高。

云计算架构在设计上主要体现在服务层的类型多样性，以满足不同用户的需求。

2. 云计算服务形式

云计算的服务形式如图 2-1 所示。

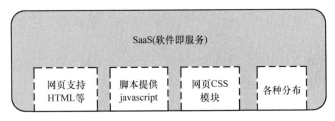

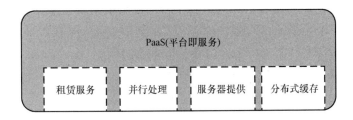

图 2-1　云计算服务形式

（1）IaaS（基础设施即服务）

IaaS 是一种向用户提供开放硬件设施的服务。例如，有些企业用户需要较大的存储空间来存储企业运营数据，以往企业需要自己购买硬件存储设备来存储信息和数据。现在企业只需租赁供应商的计算或存储资源，实现按需付费，而这些计算或存储资源的管理和维护则是由供应商来完成，企业不仅节省了设备购买成本，还节省了管理维护成本。

（2）PaaS（平台即服务）

云计算的 PaaS 平台是应用程序的开发和管理平台，是把开发平台作为一种服务形式提供给用户。例如，应用开发企业在开发新的应用程序时，需要自己搭建开发环境和测试环境，这需要企业耗费大量的时间、物力和人力资源。在云计算下，平台供应商将会给企业提供技术文档、测试环境和开发平台让开发者能够很方便地编写应用代码和部署应用，这就为企业节省了大量的开发时间和开发成本。

（3）SaaS（软件即服务）

SaaS 是一种通过网络向用户提供软件服务的形式。使用云计算的这种服务形式，用户只需要一台可以上网的设备就可以了，用户通过浏览器在线使用需要的软件，而不需要额外的软件下载、安装、升级、维护工作，用户可以随时随地（只要能够接入网络）方便地使用软件服务。服务供应商将应用软件服务部署在云服务器上，用户可以根据自己的需要通过网络订购应用软件服务。

3. 云计算软件平台系统平台架构

（1）云文件系统层

云文件系统层是云基础设施上的一个底层操作系统，负责数据的存储与访问。

（2）虚拟化层

虚拟化层是云计算系统中最关键的技术层，它将实体服务器和软件系统虚拟化为多个可操作的虚拟对象，使应用程序数据不再是捆绑于底层的物理资源。

（3）计算模型层

云计算的特点之一就是提供高速的计算能力，所以云计算的计算模型必须是简单便捷的，以便保证计算力的高质量和可靠性。云平台的计算模型属于并行运算的范畴，通常采用 MapReduce 模型。

（4）数据库管理层

云计算需要对分布的、海量的数据进行处理、分析，数据管理层就是对大量的数据进行管理。例如，BigTable 是 Google 的数据管理层，HBase 是 Hadoop 的数据管理层。

（5）用户应用与开发层

云计算的目标就是为个人用户和企业用户提供优质的信息服务，用户应用与开发层主要是通过 IaaS 层、Web Service 和应用软件来为用户提供信息查询、存储空间服务、高性能计算、应用程序服务和基于云平台的开发等。

4. 云计算架构模式

云计算的架构由基础设施层和云计算软件平台系统构成了常用的云计算架构模式，如图 2-2 所示。该模式实现了层次型体系架构，与云计算的服务形式模型具有一致的对应关系。

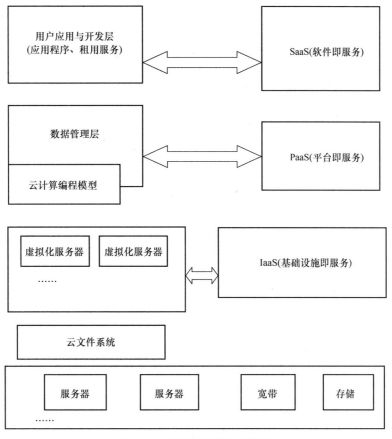

图 2-2 常见云计算架构模型

【拓展阅读】：云计算在美国政治、经济、社会中的广泛应用

一、美国联邦政府——凭云保霸主地位

美国高速公路安全管理局（NHTSA）负责执行汽车补贴置换政策（对旧机动车升级换代进行政府补助）并主持该业务系统的建设，选用在传统数据中心内架设IT系统并配备专门设计的商业应用系统。该局预测4个月内可能有25万笔交易申请，但从2009年7月系统投产后仅90天该系统处理了将近69万笔交易。该系统从第一笔交易受理的三天内系统就出现超负荷情况，导致大量交易无法处理和多次系统瘫痪情况发生。联邦政府为建设该系统拨付的10亿美元专项资金在系统上线后1周内几乎用完。为此，2天后联邦政府紧急额外拨款20亿美元，用于该系统按照初期测算交易量3倍进行扩容，耗费多日才得以完成。

上述案例并非个案。美国联邦政府目前的IT应用环境普遍存在资源利用率低、资源需求分裂、信息系统重复建设、系统环境管理难、采购部署时间过长等问题，影响了联邦政府向公众提供服务的能力。为改变上述局面，美国政府对云计算模式进行研究和规划，发布了《美国联邦政府云计算战略白皮书》（Federal Cloud Computing Strategy），大幅提高了对云计算模式的关注、研究、管理和应用的力度。

美国联邦政府前首席信息官Vivek Kundra表示，通过使用云计算，能够提升、恢复首席信息官的本职职能，从过去的关注数据中心、网络运行、系统安全等工作中解脱出来，转变为关注国家面临的问题，例如健康、教育和信息鸿沟等。另外，云计算将优化联邦政府数据设施环境配置，可通过对现有IT基础设施进行虚拟和整合，使政府部门减少在各自数据中心运行维护IT系统的支出。研究显示，云计算拥有巨大潜能解决政府面临的旧有信息系统建设和应用的弊端，提高政府运行效率，帮助政府机构实现提供高可靠性的、革新的服务方式的需求，不必受制于资源的可用性；从效率、弹性和创新三个方面，云计算具有传统数据中心无法比拟的优势。

效率：可将资产使用率从低于30%提高到60%~70%；将割裂的需求和系统建设转变为整合的系统需求和系统建设计划；降低面向众多系统的管理难度，提高管理效率。

弹性：将周期长、投资大的新信息系统建设转变为按需、按量使用、付费的方式；将系统扩容的时间从数个月降低到近乎实时增减系统容量；增强对信息系统紧急需求的快速响应能力。

创新：将工作重点从管理资产转变为管理服务，释放进行资产管理的沉重负担；将较为保守的政府文化转变为鼓励、融合企业、行业创新技术的文化。

为了切实利用、实现云计算的优势，联邦政府提出"云优先原则（Cloud First Policy）"，要求联邦政府各个机构在进行新IT项目投资前，需要将云计算模式作为方案之一，从安全性、可靠性等方面进行评估和衡量，达到要求即优先选用；并且要求各个机构对各自信息系统资源获取策略进行重新评估，将云计算应用解决方案纳入考察和评估范围，作为预算制订程序的一部分进行研究和论证。

二、美国洛杉矶市政府——靠云宣传绿色节能理念

洛杉矶市政府方面，由于目前使用的传统邮件系统提供的邮箱容量小，不支持移动设备且系统维护成本高等原因，对旧邮件系统产生不满，将其系统切换到Google Apps提供的云计算服务，与之签订价值七百多万美元的合同，由谷歌为其3.4万雇员提供5年邮件服务。

此项基于云计算技术的服务，能够为洛杉矶市政府提供针对即时邮件和视频会议的强化协同功能，使其雇员不必在同一地点就能够开展高效工作；文档共享功能使文档在联合编写和编辑方面效率更高，任何计算机或移动设备均可轻松访问邮件系统，提升可用性，大幅扩充存储空间，雇员邮箱容量是旧系统提供容量的25倍，节省IT资源，用原来运行邮件系统的资源服务于其他更重要的城市建设项目。美国洛杉矶政府绿色节能宣传如图2-3所示。

图2-3　美国洛杉矶政府绿色节能宣传

使用新的邮件系统服务，预计洛杉矶市政府可节省550万美元费用，根据投资回报率计算，可节省2000万美元的投资。预计65%~80%的雇员通过使用Google Apps服务能够满足全部办公软件服务的需求。节省的近100台服务器5年时间可节省75万美元的电费。

应用云计算，可以优化资源配置，实现绿色节能。加利福尼亚州是美国第一个与联邦政府签署协议，严格限制温室气体排放数量的州，洛杉矶市作为加州第一大城市，肩负节能减排的重任。为此，洛杉矶近年来多方位大力宣传、推广绿色节能环保措施，保障其影视娱乐业与旅游业等支柱产业的可持续发展。此次应用云计算服务方式建设其邮件系统，除了实现优化资源配置，降低财政支出目标之外，具有更大的推动IT资源使用的合理化、环保化的象征意义和宣传意义，一方面以身作则，切实履行减排义务；另一方面树立榜样，带动更多企业充分认识和了解云计算绿色环保特点和降低费用的优势。

图 2-4　金融行业

三、金融行业（图 2-4）AON Corporation（怡安集团）——借云降低运营风险

喜爱足球尤其是曼联的人们对AON这个名字一定不陌生。曼联2010-2011年度队服的胸前就印着这三个字母。怡安集团（AON Corporation）为美国上市公司，全球500强企业，2010年收入85.12亿美元。保险经纪、人力资源及外包业务为其两大支柱产业，其下属保险经纪公司是全球最大的保险经纪公司和再保险经纪公司，并提供风险管理服务；下属怡安翰威特是一家全球领先的人力资源咨询及外包服务的公司。

该公司的两大支柱产业都涉及海量的客户资料、业务数据和统计分析。为协同全球120多个国家的分公司和近6万名员工，整合横跨保险经纪代理、风险资产管理、人力资源咨询和外包等行业领域的业务，怡安集团对多家云计算产品、服务提供商（包括PeopleSoft）进行评估后选用了Salesforce.com的云计算服务，由该公司提供快速的IT系统资源部署能力和使用云计算方式提供满足怡安集团系统标准化的要求。目前，怡安集团已经替换、淘汰了30多个旧的不同版本的收入系统，形成了全球统一的标准化平台，分布在全球80多个国家的分公司有超过7000名公司员工每天在使用。该平台与资产定价系统和账单系统连接，能够实时提供业务发展数据、重点监控指标的报告，随时了解掌握整个集团公司的业务发展状况。

进行风险管理和保险经纪代理业务对风险都要做量化模型并有相应的风险管理规程。选用云计算方式，通过保密协议与服务等级协议规范云计算服务提供商达到特定的数据信息安全等级要求，实现数据云端存储以及尽量减少人为参与、干预环节，达到对数据特别是敏感数据的安全级别要求。同时信息的云端集中式存储还有利于隐私保护、遵从反洗钱 KYC（充分了解你的客户）等法律法规的要求，提高信息、数据的合规性。随着安全认证、授权、加密、数据漂泊、审计等安全技术的发展和其在云计算服务特别是在网络传输、云数据处理、云存储的应用，提升了客户信息和业务数据的安全性与合规性。综上所述，和目前大家接受的理念恰恰相反，云计算要比传统计算在总体上更安全，更可靠，风险更低，更有利于降低企业的运营风险。这也是以控制风险为主业的公司选择云服务模式而不选择传统 CRM 软件包的模式来管理全公司客户关系的原因。

四、医药行业 Eli Lilly and Company（礼来公司）——用云推动创新

创建于 1876 年的礼来公司，现已发展成为全球十大制药企业之一，世界 500 强企业，2010 年收入 230.76 亿美元。

宏观经济形势的恶化以及医药行业竞争不断激烈，礼来公司销售收入呈现逐年递减的态势。

礼来公司面对相对有限的研发费用，被迫削减在 IT 固定资产方面的支出，但迫切需要更加快速便捷地获取计算资源的能力。该公司认为其传统的 IT 固定资产和基础设施已经抑制了其业务的发展，为此从去年开始实施策略转换，实现部分 IT 系统资源的费用支出从固定支出模式向浮动支出模式转变。

目前，礼来公司使用谷歌、亚马逊 Web Service、Alexa and Drupal 等公司的解决方案实现快速安装、部署新的计算资源：

整合—Google Apps；数据共享—亚马逊 SQS,S3,SimpleDB.；数据访问—亚马逊 Data Transfer, S3.；Saas—Alexa, Drupal, Sourceforge.net；基础平台服务—亚马逊 EC2。

通过转变和整合，礼来公司大幅地减少了部署新计算资源的时间，能够让该公司研发新药品项目的启动时间大幅度减少，从而减少新药品上市的时间：搭建新服务器从 7.5 周减少到 3min；新的协同环境搭建从 8 周减少到 5min；64 节点 Linux 集群从 12 周减少到 5min。

通过使用云计算，该公司显著减少了支出费用。亚马逊的 Elastic Compute Cloud（弹性计算云）为大型医药公司提供云计算服务，其云计算集群情况为：3809 个计算单元，每个计算单元配备 8 核处理器，7GB 内存，整个集群共有 30472 核处理器，26.7TB 内存，2PB 磁盘空间，能够为医药公司提供强大的计算能力。使用该集群的费用为每小时 1279 美元。若医药公司采用自行建设方式建设上述系统资源和基础设施，巨额的资金投入和耗时的建设周期是医药企业无法承受的，即使建成，也将面临资源浪费和闲置的问题。礼来公司运用云计算服务，从固定支出模式向浮动支出模式转变的策略，实现了削减 IT 固定资产和相关费用的目的，同时满足了及时获取强大计算能力的要求。

药物研制企业最重要的是创新，需要及时的信息、广泛的信息共享、良好的协同工具支持、大量的计算和实验。云计算打破了过去公司内部信息流通的壁垒，研究人员通过使用协同通信云服务可以在更大范围内共享信息，在频繁的交流、思想碰撞中找到创新的路子和方法。另一方面，通过使用开源开发的理念，扩大了公司人员对不同项目的参与度，极大地提高了研发的速度和质量。礼来公司通过云计算的应用，催生了研发源动力，鼓励、推动创新不断发展。

案例来源网址：http://www.chinacloud.cn/show.aspx?id=16027&cid=12

案例分析：

在上述案例中，美国政府、社会机构和金融机构中都广泛应用了云计算技术，并且云计算技术应用的范围还在不断扩展。在案例叙述中，我们可以总结出云计算的5个优点：

- 提高效率：云计算提高了资产的使用率，并且促进了人们的工作效率。
- 增加弹性：将周期长、投资大的新信息系统建设转变为按需、按量使用、付费的方式；将系统扩容的时间从数个月降低到近乎实时增减系统容量；增强对信息系统紧急需求的快速响应能力。
- 促进创新：云计算节约了企业的资产管理成本和人力成本、时间成本，可以促使企业将工作重点转移到创新上来。
- 优化资源配置，实现绿色节能。云计算节省了服务器使用，减少了存储硬件的使用。对服务器资源进行优化配置，有助于实现绿色节能和环保。
- 节约成本。云计算为企业节省了物力成本、时间成本和人力成本。

2.2 移动商务与云计算

◇ 导航案例

优秀的移动营销案例

Debenhams："虚拟购物店"手机App

2011年，Debenhams在英国推出了基于LBS服务的"虚拟购物店"手机App。在这款App上，Debenhams号召用户去几个有名的地点(伦敦的Trafalgar Square，格拉斯哥的George Square，伯明翰的Centenary Square，曼彻斯特的Albert Square，卡迪夫的Cardiff Castle)，然后在自己的iPad或iPhone上打开这款App，看有没有"神奇的事"发生。

如果用户站的位置有偏差，屏幕上会显示出来你离正确的位置还有多远，并且在地图上显示方向。当到达正确的位置时，他们将"得到"10件晚礼服选"穿"。Debenhams通过现实增强技术，在屏幕上显示上换上晚礼服后的用户形象。决定购买的用户可以得到20%的折扣，提供地址后就可以直接购买，并可以在社交媒体上与朋友分享此次经历！

耐克："Chalkbot"（粉笔机器人）

虽然耐克的Chalkbot与最近的一些活动相比，已经不算新鲜，但这仍然是一个通过手机增加用户参与度的好例子。在这场活动中，耐克在环法自行车路线上用粉笔写下来自世界各地的私信。法国有这样一个传统，用粉笔将自己喜爱的环法运动员名字写在马路上，以表示对他的支持。"Chalkbot"（粉笔机器人）自动地将人们发来的消息用粉笔写在环法路线上，其实是Lance Armstrong Livestrong抗癌行动的一部分。

这场运动的目的是，通过写下自己的希望、支持和坚持不懈的话语，来鼓励参加比赛的运动员们，启发他们表现得更加出色。

当 Chalkbot 在地上写下你的消息后，它会给地面照一张照片，加上时间和 GPS 定位信息，然后把这些信息传递给用户。

Nike Chalkbot 的另一个目的也是为了宣传 Nike Livestrong 品牌，所有 Nike Livestrong 的利润将全部捐给阿姆斯特朗基金会。

这场活动不仅创新，而且有效地增加了收入。Nike 的销售增长了 43%，为阿姆斯特朗基金会收获了 400 万美金用于抗癌行动。

诺基亚："签到自动贩卖机"

诺基亚在英国格拉斯哥社会化媒体周中推出了"签到自动贩卖机"。用户可以拿出手机在 Foursquare 上签到，并发布一条带有 #NokiaConnections# 的状态。签到后的用户可以从自动贩卖机中得到一份礼物。每个人每天可以签到一次，小礼物包括一些糖果、手机以及一些诺基亚手机饰品。

这也是诺基亚"Random acts of kindness"活动的一部分，在这场活动中，每个在 Foursquare 特定位置签到的用户都可以得到小礼物。

IBM：为用户提供即时信息的应用

IBM 是第一个在增加了现实增强技术的手机 App 上向用户提供即时信息的机构。

这款 App 的名字叫"Seer"，使用对象是 IBM 贵宾级别的贸易伙伴。Seer 可以为他们提供温网赛场的"一切"信息。当用户将手机指向赛场时，Seer 会显示出选手、分数、剩余座位，以及赛场上正在发生的事。

Seer 还能通过提供一些小信息来帮助使用者避开一些尴尬，比如最近的厕所在哪里，排队的人有多少，小餐车上还剩下多少草莓和冰淇淋。

案例来源网址：http://www.marketingpai.com/?p=4522

案例思考：

互联网的发展有三大趋势：Social（社交）、Local（本地）、Mobile（移动）。随着移动商务的不断发展，企业的移动营销工具也在不断推陈出新，在上述案例中，企业推出的 App 在移动营销中起到了很大的作用，移动 App 在客户体验和客户互动方面做出了很大的贡献。不论是移动 App 还是移动商城的建设，都离不开云计算的助力。下面我们将了解移动商务的内容以及移动商务与云计算的关系。

2.2.1 移动商务

移动商务（M-business 或 Mobile Business）是指通过无线通信来进行的网上商务活动。智能移动设备的出现开启了电子商务的一种新模式——移动商务，用户可以使用手机、PAD、笔记本、智能手表、智能眼镜等无线终端设备进行网络活动。

随着移动上网设备的普及和移动技术的发展，越来越多的人倾向于使用移动设备进行网络商务活动。人们通过移动设备和网络可以实现支付、购物、娱乐、信息发送、商务管理等功能。移动应用如图 2-5 所示。

例如，用户可以通过移动应用"手机淘宝"来进行购物消费，也可以通过"支付宝钱包"来支付自来水、电、天然气费用，这都是我们日常生活中最常见的移动商务活动。

移动商务是电子商务的新兴发展方向之一。移动商务借助移动通信网络进行数据传输，并且利用移动信息终端参与各种商业经营活动，是一种新型电子商务模式，它是新技术条件与新市场环境下的电子商务形态。

与传统的电子商务不同，移动商务不再把用户限制于固定的硬件设备，移动设备和移动网络赋予移动商务无限发展的可能。

移动商务具有以下 3 个特点：

1. 便利性

移动设备比 PC 便于携带，用户可以随身携带移动设备，不论何时，用户都可以进行商务活动；移动设备和移动网络不受地理位置的限制，

图 2-5　移动应用

不论在何地，用户都可以进行商务活动。这将使得用户可以更有效地利用时间来从事商业活动。例如用户可在旅行途中，利用可上网的移动设备来从事商业交互活动，如商务洽谈、网上购物等。

2. 定位化

大多移动设备都具有 GPS 功能，商家因此就可以了解用户的位置信息，知道因特网用户的地理位置，相应位置的移动商务商家将能够与特定地理位置上的用户进行信息的交互。这给移动商务带来比传统有线电子商务无可比拟的优势。例如用户走到某一商业区时，他手机上的服务软件就会给他发送信息，推荐该地区的商家。

3. 定制化

与 PC 机的匿名接入不同，移动手机利用内置的 ID 来支持安全交易。移动设备通常由单独的个体使用，这使得商家基于个体的目标营销更易实现。商家可以更好地发挥主动性，为不同顾客提供定制化的服务。定制化服务需要依赖于包含大量活跃客户和潜在客户信息的数据库，该数据库通常包含了客户的个人信息，例如喜欢的歌曲、喜欢的餐厅、喜爱的运动项目、生日信息、社会地位、收入情况、前期购买行为等。利用无线服务提供商提供的人口统计信息和基于移动用户当前位置的信息，商家可以通过具有个性化的短信服务活动进行更有针对性的广告宣传，从而满足客户的需求。

2.2.2　移动商务与云计算的关系

例如，美美女装是一家线上女装销售企业，拥有企业的官方销售网站，用户可以通过 PC 端或移动端登录网站进行购物。在传统的交易模式下，在企业的店庆优惠活动日，网站的访问量急剧增多，就会导致网站服务器瘫痪，很多消费者无法登录企业网站，给企业带来了很大的损失。在 2011 年，企业采用了云计算的平台支持，虽然网站的访问量急剧增多，但是并没有出现以前的服务器瘫痪状况，消费者可以顺利地在网站中进行购物活动。

案例来源：商派案例库

随着社会的发展，越来越多的企业用户加入到移动商务的行列。用户的增加伴随着商务活动的增加，在这个过程中必然需要大量的数据处理能力和数据存储能力来作为支撑。云计算就为移动商务提供了这些支持。

数据显示，2011年一季度我国移动互联网市场规模达64.4亿元，同比增长43.4%。在市场细分格局中，除了移动增值市场以55.6%的优势保持领先外，手机电子商务表现较为突出，所占比例达到21.6%。到2016年，移动商务的规模达到10万亿元。

移动商务将互联网、移动通信、短距离通信等技术完美结合起来，使人们可以在任何时间、任何地点进行线上线下购物与交易、在线电子支付，参与各种商务活动和金融活动等。由于移动商务更多地应用于后台数据处理，加上移动用户群体庞大，没有时间和地点限制，因此系统需要同时处理的数据更加庞杂，此时更需要云计算技术的支撑。

【拓展阅读】移动商务与云计算应用案例

云计算的发展并不局限于PC，随着移动互联网的蓬勃发展，基于手机等移动终端的云计算服务应运而生。移动云计算是指通过移动互联网以按需、易扩展的方式获得所需的基础设施、平台、软件或应用等的一种IT资源或信息服务的交付与使用模式。

加拿大RIM公司的黑莓企业应用服务器方案

加拿大RIM公司面向众多商业用户提供的黑莓（图2-6）企业应用服务器方案，可以说是一种具有云计算特征的移动互联网应用。在该方案中，黑莓的邮件服务器将企业应用、无线网络和移动终端连接在一起。让用户通过应用推送（Push）技术的黑莓终端远程接入服务器访问自己的邮件账户，从而可以轻松地远程同步邮件和日历，查看附件和地址簿。除黑莓终端外，RIM同时也授权其他移动设备平台接入黑莓服务器，享用黑莓服务。目前，黑莓正通过它的无线平台扩展自己的应用，如在线CAM等。以云计算模式提供给用户的应用成为RIM商业模式的核心。

图2-6 黑莓

案例来源网址：http://www.ciotimes.com/cloud/cyy/65541.html

苹果公司的"Mobile Me"服务

苹果公司推出的"Mobile Me"（图2-7）服务是一种基于云存储和计算的解决方案，X610按照苹果公司的整体设想，该方案可以处理电子邮件、记事本项目、通信簿、相片以及其他档案。用户所做的一切都会自动地更新至iMse、iPod、iPhone等由苹果公司生产的各式终端界面。此外，苹果公司的iPhone以及专为其提供应用下载的App Store所开创的网店形式已经得到了移动终端厂商和移动通信运营商的一致支持，聚集了大量的开发者和使用者，提供的应用超过10万种，下载超过30亿次。

案例来源网址：http://www.ciotimes.com/cloud/cyy/65541.html

第 2 章 移动商务技术基础

图 2-7 Mobile Me

微软公司的"Live Mesh"

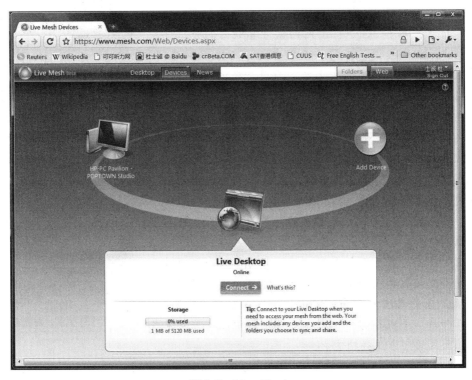

图 2-8 Live Mesh

微软公司推出的"Live Mesh"（图2-8）能够将安装有Windows操作系统的电脑，安装有Windows Mobile系统的智能手机、Xbox，甚至还能通过公开的接口将使用Mac操作系统的苹果电脑以及其他系统的手机等终端整合在一起，通过互联网进行相互连接，从而让用户跨越不同设备完成个人终端和网络内容的同步化，并将数据存储在"云"中。随着Azure云平台的推出，微软将进一步增强云端服务的能力，并依靠在操作系统和软件领域的成功为用户和开发人员提供更为完善的云计算解决方案。

案例来源网址：http://www.ciotimes.com/cloud/cyy/65541.html

谷歌公司面向移动环境的Android系统平台和终端

作为云计算的先行者，谷歌公司积极开发面向移动环境的安卓系统平台和终端，实现了传统互联网和移动互联网的信息有机整合；实现了语音搜索服务；提供了定点搜索、谷歌手机地图，以及Android的谷歌街景功能。

RIM公司的黑莓邮件服务和苹果公司的"Mobile Me"服务I61代表了手机厂商直接向用户提供服务的模式，微软的"Live Mesh"和谷歌的移动搜索则代表了云计算服务提供商通过手机或其他移动终端向用户提供服务的模式。两种模式都实现了跨领域、跨层级的资源与服务整合，所提供的应用和服务都具有信息存储的同步性和应用的一致性。移动云计算让各种服务的表现令人赞叹。

案例来源网址：http://www.ciotimes.com/cloud/cyy/65541.html

中国电信的e云手机

作为中国电信行业的巨头中国电信，在世博会期间推出了基于云计算技术和3G手机上网的云计算概念的手机终端"e云手机"，主要提供了世博公众服务与手机互联网应用。通过手机内置客户端实现手机上网，为用户提供"世博服务云""天翼应用云"（图2-9）两大应用服务，便于用户世博游园观展与使用手机互联网应用，并通过手机上网连接云计算平台实现各项内容、应用和场馆信息的自动增加和更新。

通过采用安卓操作系统，支持多点触控，除了内置了支持天翼星空、天翼快讯、天翼视讯、天翼空间等中国电信特色应用外，还内置了"天翼应用云"等特色服务，用户可以随时体验特色的"云宝盒""e云存储"等基于云计算技术提供的增值服务。

云宝盒是一项基于云计算客户端，使中低端手机通过天翼云上网实现某些增值业务。它提升了客户的服务范围，通过在云端部署手机搜索、手机阅读、手机社区、手机游戏、手机证券行情、手机存储等增值业务，使得中低端手机具备享受高端手机的部分业务功能。

图2-9　天翼云

e云存储也是一项基于云计算的应用，它将手机的存储空间延伸到云端，通过手机能将照相、摄像、办公的文档、通讯录等数据信息即时地传送到云端进行保存，从而能大幅度减少手机端空间占用，并能够时刻和电脑客户端进行同步，让数据备份变得更加快捷方便。

案例分析：

在上述案例中，RIM 公司应用云计算解决应用服务器的问题，苹果使用云计算向用户提供系统化的文档处理服务，微软公司使用云计算解决了不同系统的终端设备的连接问题，谷歌公司使用云计算开发新的移动终端和新的服务，中国电信通过云计算给客户提供具有更多增值服务的手机。云计算在移动商务中的应用范围远远不止于此，不仅体现在技术上，在企业移动营销过程中，云计算也为企业提供了丰富存储和计算支持。

2.3 云计算与大数据

◇ 导航案例

依靠大数据的企业营销

一、趣多多：依靠大数据玩转"愚人节"营销

趣多多（图 2-10）在愚人节的这次营销活动，创造了 6 亿多次页面浏览并影响到近 1 500 万独立用户，品牌被提及的次数增长了 270%。这是一次成功的品牌营销活动，广泛的发声让趣多多的用户关注度得到了一次巨大的提升，诙谐幽默的品牌基因更加深入到用户的意识层面。

图 2-10　趣多多

趣多多到底做了些什么呢？

1）利用社交大数据，趣多多精准锁定了 18~30 岁的年轻人为主流消费群体。

2）聚焦于他们乐于并习惯使用的主流社交和网络平台，如新浪微博、腾讯微博、百度大搜、社交移动 App 以及优酷视频等。

3）在"愚人节"当日进行全天集中性投放，围绕品牌的口号展开话题，全面贯彻实时且广泛地与用户沟通机制并深度渗透，使品牌在最佳时机得到有效曝光，也令目标消费者在当天能得到有趣和幽默的体验。

4）今年，趣多多更是联合今晚 80 后脱口秀，将趣多多以"有趣"为主题的品牌定位进一步加以强化。多支短片在趣多多官方微博亮相，主持人王自健和网友的互动也在第一时间和活动主题相呼应。

案例来源网址：http://www.thebigdata.cn/YingYongAnLi/9357.html

二、纸牌屋：依靠大数据分析进行营销

《纸牌屋》（图 2-11）让全世界的文化产业界都意识到了大数据的力量。《纸牌屋》的出品方兼播放平台 Netflix 在第一季度新增超 300 万流媒体用户，第一季度财报公布后股价狂飙 26%，达到每股 217 美元，较去年 8 月的低谷价格累计涨幅超三倍。这一切，都源于《纸牌屋》的诞生，它是从 3000 万付费用户的数据中总结收视习惯，并根据对用户喜好的精准分析进行创作。

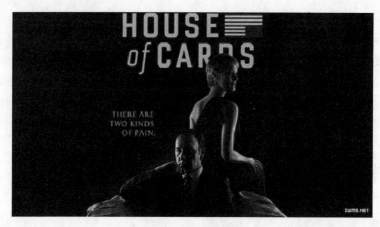

图 2-11 纸牌屋

《纸牌屋》的数据库包含了 3000 万用户的收视选择、400 万条评论、300 万次主题搜索。最终，拍什么、谁来拍、谁来演、怎么播，都由数千万观众的客观喜好统计决定。从受众洞察、受众定位、受众接触到受众转化，每一步都由精准细致高效经济的数据引导，从而实现大众创造的 C2B，即由用户需求决定生产。

如今，互联网以及社交媒体的发展让人们在网络上留下的数据越来越多，海量数据再通过多维度的信息重组使得企业都在谋求各平台间的内容、用户、广告投放的全面打通，以期通过用户关系链的融合，网络媒体的社会化重构，在大数据时代下为广告用户带来更好的精准社会化营销效果。

案例来源网址：http://www.thebigdata.cn/YingYongAnLi/9357.html

三、云计算和大数据的日常应用

在医院，儿科部会记录早产儿和患病婴儿的每一次心跳，然后将这些数据与历史数据相结合来识别模式。基于这些分析，系统可以在婴儿表现出任何明显的症状之前就监测到感染，这使得医生可以早期干预和治疗。

来自 Nike & Fitbit 的健身腕带可以收集有关我们走路或慢跑的数据，例如我们走了多少步，每天燃烧了多少卡路里，我们的睡眠模式或者其他数据，然后结合这些数据与健康记录来改善我们的健康状况。

在学校和大学，流媒体视频课程和数据分析可以帮助教师跟踪学生的学习情况，根据他们的能力水平定制教学内容，以及预测学生的执行情况。

SmartThings 公司可以帮助你在家里安装动力、湿度和其他传感器，让你了解家里正在发生的事情，同时通过 iPhone 手机上的应用来控制家里的所有设备。

开车时，我们的智能手机会发送我们的位置信息以及速度，然后结合实时交通信息为我们提供最佳路线，从而避免堵车。结合位置应用 AroundMe，还可以为我们提供附近的餐馆、银行和加油站等信息。

当我们去购物时，结合历史购买记录和社交媒体大数据可为我们提供优惠券、折扣和个性化优惠。

最后，EarlySense 等公司正在开发健康和水平监测传感器，传感器位于床垫下面，自动监测和记录心脏速率、呼吸速率、运动和睡眠活动。该传感器收集的数据以无线方式被发送到智能手机和平板电脑进一步分析。

案例来源网址：http://www.ctocio.com.cn/cloud/207/12820207.shtml

案例思考：

企业进行营销活动设置或营销方案设置时，会制订出适当的营销目标人群、营销渠道、营销时间等项目，那么什么才是符合企业营销利益最大化的营销目标人群、营销渠道、营销时间呢？这就需要用数据来说话。在趣多多的"愚人节"营销中，企业使用大数据准确锁定了目标消费群体和目标消费群的消费习惯平台，在这些精准营销分析之下"趣多多"获得了成功。《纸牌屋》的大数据营销更为精准，因为拍什么、谁来拍、谁来演、怎么播，都由数千万观众的客观喜好统计决定。由用户需求数据来决定生产，这样的生产必定受到用户欢迎。

大数据下的企业营销模式慢慢在发生着转变，在传统企业营销中，企业生产什么就销售什么，企业产品的设计、生产、销售都是由企业决定。而在依靠大数据的营销中，用户的地位慢慢变得重要。这也是大数据营销的一个特点。

2.3.1 大数据

大数据又叫巨量资料，指的是所涉及的资料量规模巨大到无法通过目前主流软件工具，在合理时间内达到撷取、管理、处理并整理成为帮助企业经营决策更积极目的的资讯。大数据具有4V特征：大量（Volume）、高速（Velocity）、多样（Variety）、价值（Value）。

1. 大量（Volume）

是指数据量非常庞大，主要体现在数据存储量大和计算量大。根据有关统计，2006年全球制造、复制的文字信息量共计16.1万PB，信息产生量大约是历史上图书信息总量的3000倍；至2010年，数字信息达98.8万PB。大数据中的数据计量单位不再是GB、TB，而是PB（10^3TB）、EB（10^6TB）或ZB（10^9TB）。当前，典型个人计算机硬盘的容量为TB量级，而一些大企业的数据量已经接近EB量级。

2. 高速（Velocity）

是指数据的增长、更新速度快和数据的处理速度快。根据IDC的"数字宇宙"的报告，预计到2020年，全球数据使用量将达到35.2ZB。如此繁多的数据必然需要强大的数据处理能力。

3. 多样（Variety）

是数据类型繁多(Variety)。这种类型的多样性也让数据被分为结构化数据和非结构化数据。相对于以往便于存储的以文本为主的结构化数据，非结构化数据越来越多，包括网络日志、音频、视频、图片、地理位置信息等，这些多类型的数据对数据的处理能力提出了更高的要求。

4. 价值（Value）

价值密度的高低与数据总量的大小成反比。以视频为例，一部1h的视频，在连续不间断的监控中，有用数据可能仅有1~2s。如何通过强大的机器算法更迅速地完成数据的价值"提纯"已成为目前大数据背景下亟待解决的难题。

2.3.2 云计算与大数据的关系

云计算与大数据（图 2-12）是近年来比较热门的两个词语，在电子商务中这两个词经常同时出现，那么大数据和云计算究竟是什么关系呢？

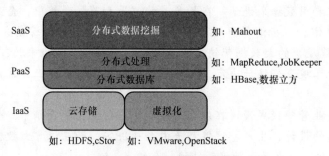

图 2-12　云计算与大数据

云计算强调的是计算，是一个动态的概念；大数据强调的则是计算的对象。但是这并不意味着这两个词的概念就如此泾渭分明，在很多方面云计算和大数据互为支撑。

1. 云计算为大数据提供了具有弹性、价格低廉的存储空间

大数据需要巨大的存储空间。在信息社会中，信息数量在不断增长，企业的经营过程中往往需要依靠大数据来提高营销质量。在海量数据的前提下，企业数据的获取和存储成本都影响着企业发展。在 30 年前，存储 1TB 数据的成本大约是 16 亿美元，如今这些数据存储到"云"上只需不到 100 美元，而且企业可以根据需要随需存储或提取数据。

例如，个人用户可以将文档、照片、视频和游戏上传至"云"中永久保存，企业可以根据自己的需求，搭建自己的"私有云"，或托管、租用"公有云"上的 IT 资源与服务。

2. 云计算挖掘出大数据的价值

如果说大数据是宝藏，那么云计算就是挖掘宝藏的工具。在海量的数据中，只有一小部分数据是有价值的，云计算可以帮助企业从大数据中挖掘出有价值信息。

3. 从技术上看，大数据与云计算的关系就像一枚硬币的正反面一样密不可分

大数据必然无法用单台的计算机进行处理，必须采用分布式计算架构。它的特色在于对海量数据的挖掘，但它必须依托云计算的分布式处理、分布式数据库、云存储和虚拟化技术。

【拓展阅读】：EMC 统一存储系统相助 烟台"教育云"初步成形

自国家启动"校校通"到"班班通"工程以来，实现教育资源共享就成为各教育局的重点工程之一。烟台教育局下属 13 个县、市、区，覆盖 1000 多所学校。如何实现呢？烟台教育局的解决方案就是：构建一个运营级的城域网络，一个到达每个学校、每个班级的高速、高品质城域网络。在此基础上，形成一个互动共享的平台，实现班级之间、学校之间的交互和交流。

整合需求促成"教育云"的产生

烟台市教育局是烟台市政府主管全市教育事业的职能部门,通过多年不断地投入与建设,信息化建设取得了卓越成就。现有门户网站、办公系统、教育装备、职教学籍、教育博客、教育资源库等几十个应用系统,以及大量的文件系统应用。烟台市教育局数据中心可以向下属13个区县总计1000多所中小学提供信息服务,包括电子邮件、远程教学资源共享、精品课程在线点播、远程互动研讨等。

在实施这些应用系统的过程中,烟台市教育局积累了大量的服务器。七八年来,不少服务器已经老化,利用率也不太高,而且存储空间虽然不少,但基本都是比较老式的直连存储(DAS),容易丢掉数据。不管是OA系统、教育资源系统,还是网站等应用系统,之前偶尔会出现小问题。因此,烟台市教育局在满足数据中心发展需求时,面临两种选择:是购买20台低配置的物理服务器呢?还是6~8台高性能的服务器然后做虚拟化?经过简单估算,发现后者更节省成本。从应用角度来看,烟台市教育局也需要资源整合。

虚拟化或私有云,好处之一就是IT资源的整合,以充分有效地利用资源。其实在整合方面,烟台市教育局早已走在了大多数同行甚至其他行业的前列。早些年,各地教育系统普遍的情况是,各学校校园网各自建设"小而全"的数据中心,既有服务器、存储、网络安全等,还有比较好的机房,同时还有大量的软件和资源。假如按照这个模式来建设,烟台市教育局下属1000个学校,就需要建设1000个"小而全"的数据中心。而在烟台只建了1个市级教育数据中心和13个区县级教育数据中心。从1000个到14个,这本身就是IT资源整合的一个范例。

建设全新虚拟数据中心

2010年3月,烟台市教育局开始启动数据中心四期项目的规划建设。通过前期调研与测试,决定实施基础架构的虚拟化。利用全新的网络、存储和虚拟化技术,将数据、存储和服务器整合至一个通用、统一、高效、可靠的环境中,大幅简化原来的IT架构,降低总体成本。

山东锐杰网络信息技术有限公司是EMC公司"极速联盟"的白金级合作伙伴。该公司在2006—2008年倡导"教育数据中心"概念,2009年进一步提出"教育云计算中心"概念,致力于推动"小而全"的校园网向数据中心发展。烟台市教育局选择了山东锐杰网络作为这一轮数据中心建设的合作伙伴。

烟台市教育局采用了VCE(虚拟计算环境)构建新一代教育数据中心,利用思科的统一计算系统(UCS)、EMC集中存储解决方案和VMware虚拟化技术,将各个分散的系统平台、各个学校的资源,统一集中在教育局数据中心虚拟计算环境中,由烟台市教育数据中心统一规划和部署教育资源,集中存储教学数据,确保充分、高效地使用教学资源。烟台市教育局虚拟化数据中心的拓扑图如图2-13所示。

此外,烟台市教育局在旧服务器上也部署了VMware,增加容错比、冗余比,以提高系统可靠性,充分发挥现有设备的作用。目前,烟台市教育局有90%以上的业务运行在虚拟化环境。

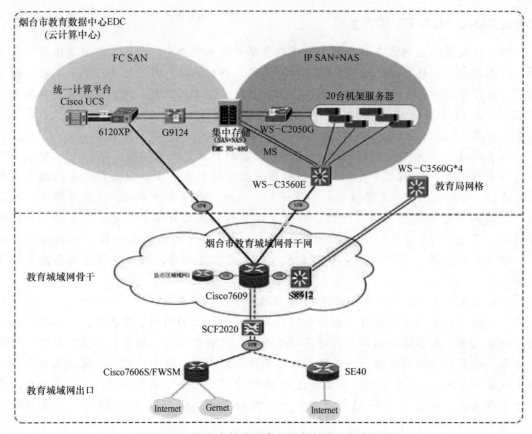

图 2-13 烟台市教育局虚拟化数据中心的拓扑图

  虚拟化基础架构对存储系统的要求比较高。因为服务器虚拟化以后，所有虚拟机（包括操作系统、应用系统和数据）都需要放在网络存储上。在烟台市教育局担当这一任务的是 EMC Celerra NS-480 统一存储系统。

  EMC Celerra NS-480 统一存储系统支持多协议环境，并且提供高级故障切换和完全自动化的存储分层功能。利用 Celerra NS-480，可以通过网络连接存储（NAS）、iSCSI、光纤通道存储区域网络（SAN）和 EMC Celerra 多路径文件系统（MPFS）连接到多个存储网络。MPFS 增强了传统 NAS 的性能。NS-480 最多可以扩展到 480 块硬盘，为烟台市教育局的教育资源共享提供广阔的发展空间，还可以利用 Celerra Manager、文件系统重复数据删除、虚拟资源调配、自动化卷管理和 Celerra SnapSure 等一体化功能，简化日常管理任务。

  烟台市教育局的数据中心采用两级架构：市级和区县级。市级数据中心的主要数据存储在 NS-480 上，目前数据量在 10TB 左右，预计未来五年，数据总量可达 60TB。烟台市教育局全新存储架构如图 2-14 所示。

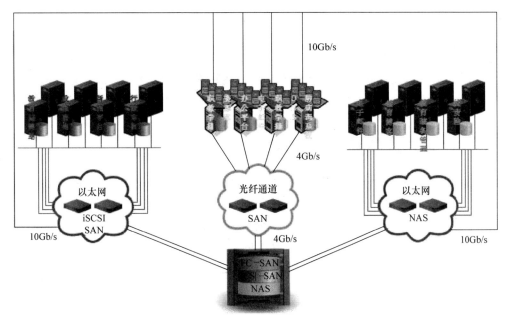

图 2-14 烟台市教育局的数据中心存储架构图

易管理　高可用　省成本

实施 VCE 解决方案之后,烟台市教育局的 IT 架构更加容易管理、更加简化。因为拥有统一的管理界面,VMware、UCS、NS480 都在一个界面上,管理起来非常简捷。这体现了解决方案的高度融合性,UCS 和 VMware、NS480 都可以做到,这正是 VCE 的整体卓越优势。三家公司完美结合,就像一家公司的产品。

从可用性角度看,相对传统的方案,VCE 解决方案更加科学,真正做到存储与根服务器的"间隔"。假如服务器宕机或发生其他任何变化,虚拟机的迁移都非常简单。从实际应用来看,目前宕机的概率几乎为零,终端用户的每次应用、每次登录或点击都会正常化,系统响应速度更快、更流畅。

从投资来看,一个服务器配置两块硬盘,再装上 RAID,购买 20 台服务器的硬盘投资,不如用来购买光纤盘或闪存盘,这样更经济。事实证明,采用全部外部存储的方式,性能更优,可靠性更高,虚拟机的迁移速度也更快。

目前,烟台市已经建成市教育局与区县教育局之间的光缆直连,区县教育局与大部分学校之间的光缆直连,烟台教育信息网络是一个高品质、电信级城域网络。按照规划,烟台教育城域网内所有学校的终端数量未来能够达到 20 万台的规模。有了新一代虚拟化的数据中心,支持 20 万台终端的教育资源共享,对烟台市教育局来说,已不是什么难事了。

案例来源网址:http://www.grabsun.com/article/2012/279636.html

案例分析:

在上述案例中,通过使用云计算,烟台市教育局建立起了"教育云","教育云"的使用为烟台教育实现了易管理、高可用、省成本三个方面的好处。从烟台市教育局云计算的应用的原因、应用的过程以及云计算带来的好处,我们可以联想到云计算在我国其他领域的应用。云计算的应用不仅仅是为用户提供高存储空间和节省存储费用,在另一方面,整个数据中心的合理构架和部署也至关重要。烟台市教育局构建的新一代教育数据中心,将各个分散的系统平台、各个学校的资源,统一集中在教育局数据中心虚拟计算环境中,由烟台市教育数据中心统一规划和部署教育资源,集中存储教学数据,确保充分而高效地使用教学资源。这样的数据构建符合教育行业资源的有效利用和简便管理。

2.4 云计算大数据综合营销案例

A 企业是一家传统皮鞋生产、销售企业,其产品生产销售范围包括皮鞋、休闲布鞋等。2014 年,A 企业打算开展自己的线上业务,建立一个网上商城或网上店铺。

那么现在让我们通过青岛一家制鞋厂的新品定位规划过程,来学习企业在营销中通过获取市场数据,得到数据分析,从而制订精准的营销方案。

青岛一家制鞋厂打算生产一款新鞋,但是生产一双什么样的鞋才能在市场上卖得好呢?这需要用数据来说话。

2.4.1 了解制鞋的 8 个工艺项目

制鞋工艺项目见表 2-1。

表 2-1 制鞋工艺项目

制鞋工艺项目	可选择的内容
1. 市场人群	男鞋、女鞋
2. 鞋的种类	低帮鞋、凉鞋、拖鞋、靴子、高帮鞋、雨鞋、帆布鞋
3. 鞋跟高低	平跟、低跟(<3cm)、中跟(3~5cm)、高跟(5~8cm)、超高跟(>8cm)
4. 鞋头形状	圆头、尖头、方头、鱼嘴、其他
5. 帮面材质	皮革、布面、绸缎、漆皮、其他
6. 鞋跟款式	内增高、坡跟、平跟、方跟、细跟、其他
7. 鞋面颜色	黑色、白色、棕色、黄色、酒红色、绿色、其他
8. 价格区间	30 元以下、31~100 元、101~200 元、201~500 元、501~1000 元、1001~2000 元、2000 元以上

2.4.2 阅读和分析 8 个工艺项目的数据图表

在分析完制造一双鞋子需要的工艺后,我们就需要通过数据来分析在每项工艺中哪种选项是企业可以在市场上取得好的收益。

下面就来了解每项工艺通过分析软件所得出的数据。

(1)市场人群

从图 2-15 中数据我们可以看出,淘宝和天猫上,女鞋的销量远远大于男鞋的销量。

(2)鞋的种类

我们可以从图 2-16 中的数据看出,低帮鞋占整个鞋子市场的 63.7%,是市场上销售最多的鞋子种类。

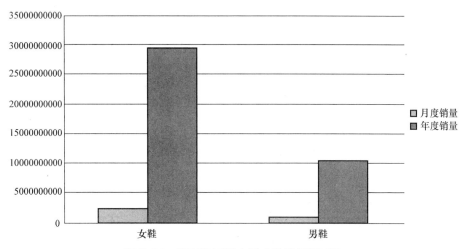

图 2-15 淘宝和天猫上男女鞋的销量对比

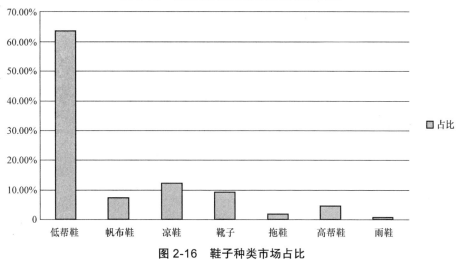

图 2-16 鞋子种类市场占比

（3）鞋跟高低

从图 2-17 所示数据我们可以看出，平跟鞋子卖得最好。

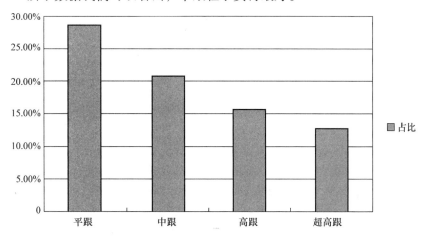

图 2-17 不同鞋跟形状的市场占比

（4）鞋头形状

从图2-18所示的数据，我们可以看出，圆头鞋占58.85%，属于销售最多的鞋头款式。

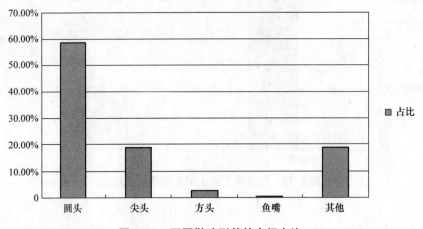

图2-18　不同鞋头形状的市场占比

（5）帮面材质

从图2-19所示的数据我们可以看出，皮革属于市场份额最大的鞋面材质，其次就是布面的鞋子份额最大。

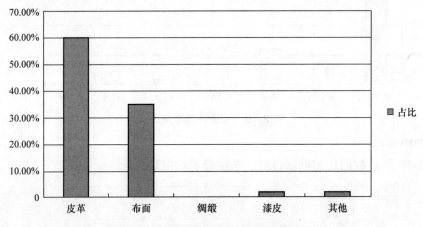

图2-19　不同帮面材质的鞋子市场占比

（6）鞋跟款式

我们通过图2-20所示的数据可以看出，平跟在整个市场中所占比例是36.39%，是销量最好的鞋跟款式。

（7）鞋面颜色

通过图2-21所示的数据我们可以看出，黑色是市场比例最大的，其次是白色，棕色的比例排第三，其他颜色的比例都较低。

（8）价格区间

我们从图2-22所示的价格区间数据可以看出，201~500元之间的鞋子是卖得最好的。

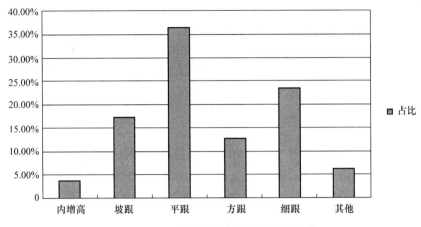

图 2-20　不同鞋跟款式的鞋子市场占比

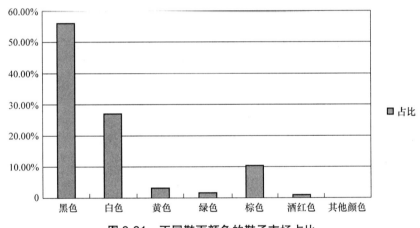

图 2-21　不同鞋面颜色的鞋子市场占比

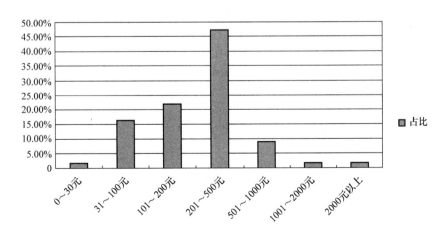

图 2-22　不同价格的鞋子市场占比

2.4.3 综合 8 项的分析结果得出商品模型

该制鞋企业通过对以上 8 项制鞋工艺数据的分析，得出了以下 3 种鞋子的模型：

低帮、黑色、平跟、圆头、价格在 201~500 的女式皮鞋

低帮、黑色、平跟、圆头、价格在 201~500 的女式布鞋

低帮、黑色、平跟、圆头、价格在 101~200 的女式布鞋

得出这 3 种初步的鞋子模型后，企业还需要考察女式鞋子这个行业的行业销售情况和其他的同行业企业的销售情况，在这里，企业使用了"淘布斯""来查查"这两款销售排行数据计算软件。

通过使用"淘布斯"，查看女鞋行业的整体销售情况，发现女鞋店铺的最高月销售量为 153867 件，前三名都是皇冠店铺，如图 2-23 所示。

图 2-23 淘布斯店铺排行

企业再通过"来查查"查看销量第一名的女装店铺的具体销售信息，看该店铺的哪些鞋子卖得好。通过数据我们可以看出，该店铺的女士皮鞋卖得较好，如图 2-24 所示。

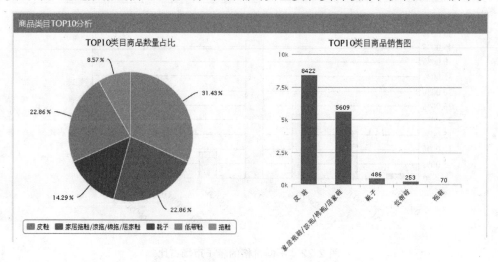

图 2-24 商品类目数据

第2章 移动商务技术基础

再比对前十名的其他店铺发现,这几家店铺都是主要以销售女式皮鞋为主,帆布鞋很少。这说明皮鞋的销售竞争激烈,而布鞋的竞争度较小,如果企业销售帆布鞋的话,竞争对手少。

所以该青岛企业选择在天猫商城上销售价格为101~200元的女士平底帆布鞋。

在经过一段时间的销售之后,该青岛制鞋企业获得了较大的收益,在天猫鞋类销售行业中销量排行第六,该企业这次的新品定位大获成功。

【实践项目】

任务1:请使用"百度数据"http://index.baidu.com 搜集"大数据"这一关键词的相关数据信息。

任务2:请使用"淘宝指数"http://shu.taobao.com 搜集"手机"这一产品的搜索指数数据、地域细分数据、人群定位数据。

任务3:写出一件衬衫制作的工艺项目,并搜集每个项目的数据,并根据数据确定哪种衬衫最畅销。

任务4:请调查本校数据中心的云计算应用,并画出数据中心的拓扑图。

任务5:案例分析

请阅读以下案例,并从有效目标客户群、目标客户消费习惯这两方面分析案例,并说明该案例中的大数据应用。

肯德基移动营销——幸运形

广告背景:肯德基号称其 Fillet Bites 鸡块产品百分百纯鸡肉和百分百手工制作而成。

广告执行:在这次活动中,罗马尼亚代理商 MRM 开发了一款手机应用 App(图2-25),利用图形识别技术来识别用户的 Fillet Bites 鸡块,由于这些鸡块都是手工制作,那么形状就会千差万别,每个顾客拿到的都会不一样;而在 App 中内置几十种形状,如心形、鱼形,甚至耶稣、猫王等,用户利用 App 扫描盘中的鸡块,如果正确识别,则给予一定的奖励;游戏规则例如,谁幸运地识别(找到)了10块形状,那么优惠10%;识别20块形状则优惠20%。

图2-25 肯德基移动营销

参 考 文 献

[1] 迈克·米勒. 云计算 [M]. 姜进磊，孙瑞志，向勇，等译. 北京：机械工业出版社，2009.
[2] 周洪波. 云计算：技术、应用、标准和商业模式 [M]. 北京：电子工业出版社，2011.
[3] 维克托·迈尔-舍恩伯格，肯尼思·库克耶. 大数据时代 [M]. 周涛，等译. 杭州：浙江人民出版社，2012.
[4] 大卫·芬雷布. 大数据云图 [M]. 盛杨燕，译. 杭州：浙江人民出版社，2013.
[5] 连玉明. 中国大数据 [M]. 北京：当代中国出版社，2014.
[6] 张礼立. 大数据时代的云计算敏捷红利 [M]. 北京：清华大学出版社，2013.

第 3 章
移动电商的发展

【本章内容】
- 移动电商的发展。
- 移动商务的主要模式。
- 移动 B2C 模式。
- 移动 C2C 模式。
- 移动 C2B 模式。
- 移动 B2B 模式。
- 微商模式。
- 移动 O2O 模式。

【教学重点】
- 移动电商的含义。
- 移动电商的主要模式。
- 移动 O2O 模式。

【教学难点】
- 移动 C2B 模式。

◇ 导航案例

移动电商——新的掘金点

根据艾瑞咨询 2016 年中国网络购物市场数据，2016 年中国网络购物市场交易规模为 4.7 万亿元，对经济的贡献越来越大。其中，移动端交易规模占比继续扩大，移动端成为流量的主要来源。

艾瑞咨询具体数据显示为，2016年中国移动网购在整体网络购物交易规模中占比达到68.2%，比去年增长22.8%，移动端已超过PC端成为网购市场更主要的消费场景；2016年，中国网络购物市场TOP10企业移动端用户增速远超PC端。传统电商后劲不足，移动电商成为零售的新平台，这种趋势正在快速加强。

移动经济下的社交电商新模式，在一定程度上重新定义了"新零售"概念。随着用户消费习惯和企业持续发力移动端，移动电商的下半场才刚刚开启。以微博、微信等移动社交平台为依托，通过自媒体的粉丝经济模式的分享传播来获取用户，消费者的购买需求会在人们碎片化的社交场景中被随时激发。因此目前可以说，移动电商的市场潜力是无限的，全新的零售模式正在深刻地改变着中国消费市场。

而随着移动电商的逐步正规化，人们生活节奏的加快和智能技术的普及，新一轮移动端网民红利将带动更多新兴移动电商发展，带给消费者升级的"新零售"购物体验。届时，移动社交电商经济或将成为下一个商业掘金点。

案例思考：
1. 为什么越来越多人喜欢移动购物？
2. 移动电商有哪些表现？

3.1 移动电商概述

移动电商指的是利用手机、平板电脑等移动终端设备，在企业与企业之间、企业与消费者之间、消费者与消费者之间进行的产品、服务、信息和资金的交易活动。

商务贸易经过了从物物交换、传统商务、电子商务到移动商务的发展历程，移动电商是将商务贸易、移动智能终端、移动网络三者结合起来的一种交易模式。商务发展史如图3-1所示。

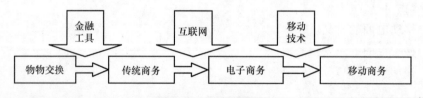

图3-1　商务发展史

3.1.1 移动电商的发展

第一代：以短信为基础。第一代移动商务技术以短信为基础，它存在着许多严重的缺陷，例如短信不会得到及时的回复。此外，由于短信输入信息长度和形式都有限，用户无法查询到详细的信息。

第二代：手机浏览器访问Wap网页。第二代移动电商的开展是基于Wap技术进行的，用户通过手机浏览器打开商家页面，在Wap页面中实现信息查询、商品选择和支付购买。第二代移动技术实现了在线购买，突破了第一代只能发短信、读信息的局限。但是第二代技术也存在一些问题，例如页面转换和兼容性差，部分网站不支持手机Wap浏览，存在网络安全性等问题。

第三代：基于移动设备的 App 应用。第三代移动商务在移动网络技术上采用了 3G、4G 技术，信息处理速度更快；在智能终端上采用 App 技术，操作更便捷；在数据处理上采用数据库同步等技术，数据处理更快速，数据收集量更庞大，数据分析能力更完善。

移动商务自诞生至今一直在飞速发展，其能快速发展有以下 3 点原因：

移动端发展：移动设备制作技术不断发展，移动设备制作成本降低，消费者购买成本也随之下降；移动终端的功能更加丰富，用户可以使用更多的移动设备功能。

线上与线下的融合：各商家纷纷加入到线上与线下的发展中来，例如线上搜索、付款、线下消费和手机扫码付款等，移动商务对社会生活的各个方面都产生了巨大的影响。

人们对移动端的喜爱：移动社交、移动购物、移动娱乐，移动端为人们的生活带来了更便捷、更快速、更丰富的消费体验，人们对移动端的依赖越来越多，越来越多的用户参与到移动电商中来。

3.1.2 移动电商产业价值链分析

移动商务产业价值链是指移动产业中的各个环节相互联系，通过移动平台创造价值的链式结构。在移动电商产业中，存在着产品生产、产品配送、交易、营销和广告等多个不同类型的企业，这些企业在产业链上相互联系、竞争、合作、创造价值。

当前，移动电商市场发展前景较好，不断有新的产业进入到产业价值链中，除了最初的电信运营商、商品生产销售商外，还有越来越多的产业加入，例如系统供应商、第三方服务商等，参与的产业越多，价值链就越复杂。移动电商产业价值链如图 3-2 所示。归纳价值链上的产业，大致有以下 14 种：

1）移动用户：包括个人用户与企业商户。

2）基础设备提供商：基础网络设备和终端设备的供应商，例如中国电信、中国移动、中国联通、小米、华为、联想等。

3）内容服务提供商：为用户提供内容的服务商，内容包括新闻、搜索、视频、音乐等。内容提供商是信息分享和传播的源头，用户可以上传信息给内容提供商，也可以从内容提供商上下载、分享信息。内容提供商有百度、腾讯等。

4）移动平台提供商：移动平台提供商为用户提供信息、商品、服务等综合平台，减少用户搜寻、查找操作，使用户获得个性化的服务。例如中国移动的"移动梦网"、腾讯的"应用宝"、中国联通的"沃商店"等，为用户提供各种应用和导航服务，用户可以通过这些入口，快速找到自己想要的服务和商品。

5）移动服务提供商：为移动产业链上的商家和用户提供服务支持，如电子邮箱服务、广告投放、搜索引擎服务等，例如腾讯、网易、新浪、百度等。

6）电信运营商：为用户提供移动网络服务，例如中国电信、中国移动、中国联通。

7）终端设备供应商：为用户提供手机、PAD、智能手环、平板电脑的企业。例如联想、华为、华硕、戴尔等企业。

8）金融服务商：为用户提供移动交易或金融服务的企业，例如支付宝、银行网银、拉卡拉、蚂蚁、花呗等。

9）技术提供商：为产业链上的各企业提供技术支持的企业。移动电商的参与者需要借助计算机和互联网技术进行日常的管理和经营，技术提供商向这些企业提供技术产品和技术服务。

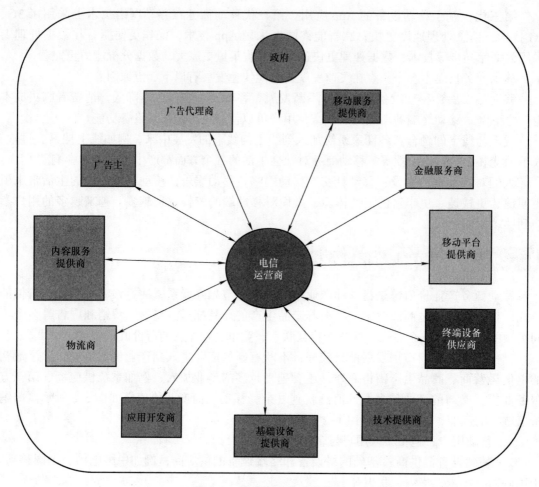

图 3-2 移动电商产业价值链

10）应用开发商：开发移动应用软件的企业，为运营商提供软件开发服务。例如微软、腾讯、IBM 等。

11）广告代理商：帮助广告主投放广告。移动电商环境中，广告代理商更注重广告的针对性，借助数据分析和跟踪，给不同的用户推荐相匹配的广告，实现广告效率的最大化。

12）各个行业的广告主：想要投放移动终端广告的企业。

13）物流配送公司。

14）政府：政府在移动电商产业价值链上处于监督和政策制定的角色，各级政府部门通过制定相关法律法规，规范移动电商各参与者的行为，也通过政策优惠，帮助移动电商产业更好地发展。

3.1.3 移动电商的主要模式

1. 移动 B2C 模式

移动 B2C 模式是指企业到消费者的移动商务模式。在该模式中，企业通过自建网站或交易平台向消费者提供商品，消费者可以在网站上进行商品选购和消费。

> 按照运营模式划分，移动 B2C 模式有以下 4 种类型：

1）产品销售模式：当当、亚马逊、8848、中商网等，这类网站都是由电子商务企业建设而成，在网站上直接销售企业的产品，网站主即企业主，在这种模式下企业拥有较大的自主权，可以自己设计网站内容。

2）交易平台模式：例如淘宝网，淘宝网提供网站平台，企业在淘宝上开通自己的商场或店铺，装饰、上传商品即可进行销售，在这种模式下企业不需要自己建立网站，省去了网站建设和维护的费用，但是企业的自主性较低，网店运营需要按照第三方平台的规定进行。

3）制造商建网站销售模式：例如电子工业出版社网站等，电子工业出版社属于传统的制造商，在"互联网+"的影响下，传统制造商也建立了自己的企业网站，在电子工业出版社的网站上，用户可以在线购买书籍、在线阅读、在线投稿等，这类制造商通过建立网站，为企业和用户提供了销售和沟通的渠道。

4）线上+线下销售模式：例如国美等，国美属于传统家电零售商，通过建立线上网站，实现线上和线下的联合。

> 按照产品品类划分，移动 B2C 有以下 2 种类型：

（1）无形商品和劳务的电商模式

这类移动 B2C 模式网站，以向用户提供无形的商品和劳务为主，主要代表有以下网站。

1）机票酒店旅游服务。例如携程网、途牛网，为用户提供机票、车票、酒店预订、景点门票等无形的票务服务。

2）视频娱乐服务。例如爱奇艺、腾讯视频，为用户提供视频娱乐服务。

3）新闻文学服务。例如每日头条、掌阅 iReader、京东阅读等，为用户提供新闻、电子书籍等阅读服务。

4）生活相关服务。医疗、餐饮、交通、洗衣、教育中无形的商品和服务，例如作业帮，为用户提供作业指导服务。

（2）实物商品的电商模式

这类移动 B2C 模式网站，以向用户销售有形的商品为主，主要代表有以下 4 种网站。

1）综合平台型 B2C 商城。例如天猫商城、京东商城、多点 mall 等，在综合销售平台上建立的 B2C 商城。

2）综合独立型 B2C 商城。例如亚马逊、1 号店、飞牛网等。

3）垂直平台型 B2C 商城。例如洋码头、安居客等。

4）垂直独立型 B2C 商城。例如聚美、酒仙网、唯品会、小红书、蜜淘、达令、天天果园、中粮我买等。

> 按照经营主体是否具有线下企业划分：

1）经营离线商店的 B2C。例如家乐福、飞牛（大润发）、苏宁、国美等，这些企业都有自己的线下实体店铺。

以飞牛网（图 3-3）为例，飞牛网成立于 2014 年，它是大润发超市的线上商城。其依托大润发的传统品牌，在建立之初就聚拢了大量的会员用户，品牌效应为飞牛网带来了大量老用户和新用户。飞牛网的采购和产品也是依托于大润发超市，充分利用了大润发的采购供应链优势；产品也实现了线上线下同步，大用户在飞牛网 App 上购物，飞牛网通过线下快递把大润发超市库存中的商品发送给客户,实现线上与线下融合。用户既可以在线上 App 购买,也可以在线下去大润发超市进行购买。这类具有离线商店的企业,其运营成本较高,不仅要对线上的商场进行维护和推广,也需要注意线下店铺的经营,一旦一方出现问题,势必会危及另一方的经营。这种类型适合一些发展时间较长,有一定用户基础和品牌效应的企业。

图 3-3　飞牛网

2)没有离线商店的虚拟 B2C。例如当当网、唯品会等,这些企业是纯线上电商企业,没有自己的线下实体店铺。

以当当网(图 3-4)为例,当当网是一家线上销售网站,在线下,当当网没有其实体店铺,用户想要购买,只能通过线上的网站进行。这类没有离线商店的虚拟 B2C 运营成本较低,不需要开设线下的实体店,但是这类店铺的销售渠道也没有具备离线商店的企业多。这种类型适合一些新兴的互联网销售企业。

图 3-4　当当网

【参考案例】

传统电商企业的线下扩展

2016 年京东与母婴童一站式服务平台倍优天地合作经营"京东母婴生活馆"。该馆的前身就是倍优天地的早教中心改建而来,保留了早教服务,增加了标准化商品的零售功能。这些标品的选品到供应则由京东提供。"京东母婴生活馆"用早教让用户产生信任,使得馆内的标准化母婴产品交易转化更高。

京东、天猫、每日优鲜、聚美优品等,这些传统互联网电商企业从单纯的线上开始向线下扩展,开设自己的实体店铺,抢占线下市场。互联网电商涉足线下实体如图 3-5 所示。

这些传统电商企业开始扩展线下渠道,究其原因,一方面是原先的线下实体企业尚未完成转型,面对线上企业走到线下,没有良好的应对策略;另一方面,线上流量成本居高不下也迫使线上企业走到线下,降低获客成本和沉默成本。

部分互联网电商涉足线下实体一览 (开店邦2018年1月)			
品牌	品类	线下店首开时间	实体店品牌名
新氧	医美	2016年3月	新氧云诊所
土巴兔	家装	不详	土巴兔体验馆
齐家网	家装	不详	齐家网建材馆
宝宝树	母婴	2008年	宝宝树米卡成长天地
唱吧	娱乐	2014年5月	唱吧麦颂
京东	生鲜	2018年1月	7FRESH
阿里巴巴	生鲜	2016年1月	盒马鲜生
饿了么	食品	2017年9月	e点便利
美团	生鲜	2017年7月	掌鱼生鲜
每日优鲜	生鲜	2017年6月	每日优鲜便利购
本来生活	生鲜	2017年7月	本来生活
净净洗衣	生活服务	2017年4月	净净洗衣
管家帮	生活服务	不详	管家帮
河狸家	生活服务	2017年8月	河狸家
世纪佳缘	婚嫁	2013年	世纪佳缘VIP中心
珍爱网	婚嫁	不详	珍爱网线下VIP服务中心
趣店	互联网金融	2017年10月	大白汽车
小米	3C	2016年2月	小米之家
当当网	图书	2016年9月	当当书店
58到家	生活服务	2016年5月	58到家
聚美优品	美妆	2013年11月	聚美优品
三只松鼠	食品	2016年9月	三只松鼠

图3-5 互联网电商涉足线下实体

从成本角度而言，用户已经养成线上购物习惯，线下是强化产品信任度的培养场景，一旦信任度建立并强化，线下用户又会回到线上，线下的运营成本将会逐渐降低，用户数据不断得到丰富——线下为辅，线上为主，零售又进入了一个增长型循环阶段。

案例思考：

1. 传统线上电商企业开拓线下市场的条件有哪些？
2. 当前，线上＋线下模式的实施有哪些障碍？

> **盈利模式**

1）付费浏览。用户想要在线浏览某本图书、新闻等信息，需要先进行付费，付费后可以下载或浏览。例如爱奇艺提供的很多影视资源，需要用户付费成为VIP会员后才可以观看。

2）广告支持。通过引进广告商，在网站页面上刊登广告，向广告主收取一定的费用。

3）服务提供。通过为用户提供一定的服务，收取一定的服务费用，例如快递行业，为用户提供物流服务，收取一定的物流费用盈利。

4）交易佣金。促成用户完成交易，收取一定的交易佣金，例如安居客通过中介服务帮助客户找到房子完成交易，从而收取一定的交易佣金。

> 移动 B2C 模式特点

1）购物限制小。用户可以在任何时间和地点，在网站上自助选择商品进行购物。
2）购物成本低。消费者可以通过对比不同商家的产品，选出性价比最高的商品。
3）个性化服务。很多商家都提供个性化服务，满足用户的个性化需求。
4）商品种类多。移动电商企业提供的产品品类较为丰富，而且包括国外的产品，供用户选择。
5）商品容易查找。移动电商企业网站上都会提供较为便捷的搜索查找服务，方便用户搜索自己想要的商品信息。

2. 移动 C2C 模式

移动 C2C 模式，是指消费者到消费者的移动商务模式，与 B2C 的 B 端形成对比，C 是指个人销售者和消费者。在 C2C 模式中，任何人都可以成为销售者，通过在交易平台上开设自己的店铺，向消费者出售商品。

> 主要特征

1）提供移动信息交流平台。移动 C2C 模式大多通过一定的交易平台进行，交易平台为移动用户之间提供了信息交流的平台，买卖双方可以进行信息交流。
2）提供一系列的配套服务。交易平台还会为买卖双方提供相关的配套服务，例如信息服务、支付服务、安全服务等，为买卖双方的交易提供帮助。
3）用户数量多、身份复杂。在 C2C 模式下，由于准入门槛较企业用户低，所以用户数量多，身份也比较复杂，在交易过程中，安全隐患多。
4）商品种类多、质量参差不齐。个人店铺销售的商品，种类多，但是其品质参差不齐。
5）交易次数多、资金规模小。个人店铺的交易次数虽然很多，但是交易的资金规模小。

> 盈利模式

在移动 C2C 模式中，第三方平台的盈利模式有以下 5 种：
1）会员费。店主需要注册成为会员并支付会员费用，交易平台才会为个人店铺提供开店、交易服务。
2）佣金收入。向卖方收取交易佣金。
3）增值服务收入。例如向卖家提供搜索服务、排名服务等，从而收取一定的服务费用。
4）广告费。在第三方平台网站页面上，为卖家投放广告，收取广告费用。
5）支付环节收费。向买卖双方提供支付服务，收取服务费用。

> 主要类型

1）综合 C2C 平台。综合 C2C 平台是指提供综合品类商品和服务的第三方平台，例如淘宝、微店等，这类平台上的店铺涉及商品品类非常广泛，用户数量也非常庞大。
2）垂直 C2C 平台。垂直 C2C 平台是专注于某一商品品类的销售平台，例如美啦、厅客、瓜子二手车、人人车、赶集好车、闲鱼、猪八戒、e 代驾等，这些网站都是专注于某一种商品品类，为个人卖家和买家提供交易服务的网站。

3. 移动 C2B 模式

C2B（消费者到企业），是互联网经济时代新的商业模式。这一模式改变了原有生产者和消费者之间的关系，是一种消费者贡献价值的模式。

> 主要特征

C2B 的主要特征在于客户驱动，而不是批量大小。传统的企业营销模式中，企业是主导，依靠规模化生产和成本导向，企业实现盈利，这属于 B2C，即由企业到消费者。而 C2B 模式（图 3-6）与此相反，用户成为主导，用户需求是整个产业链上的起点，由此倒推出企业的生产和经营等其他环节。

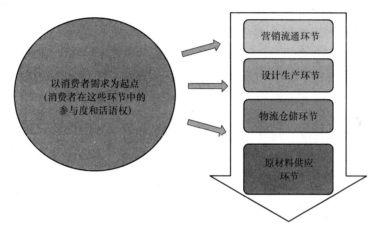

图 3-6　C2B 模式

> 主要问题

（1）全产业链的控制能力、柔性化的供应链

C2B 商业模式要求企业对全产业链具有一定的控制力，并保证柔性化的供应链。例如爱定客的定制服务，首先爱定客就需要对定制、生产、供应等环节的企业有一定的控制，这样才能保证其柔性化的生产需求。

（2）生产流程的改造

C2B 模式是由客户到企业，这与传统商业的生产流程相反。在传统商业模式中，企业进行设计、生产，再通过销售获取利润，但是在 C2B 中，企业的生产流程有了颠覆性的改造。设计和需求都来源于用户，企业从用户处获取研发和设计，再根据用户的个性化需求进行生产。

（3）C2B 产品的价格和周期

C2B 要求个性化，这种个性化定制为企业来带了低库存成本的好处，但是它也存在一些问题。高价格和长周期是它面临的一项巨大挑战。价格是一项用户购买的重要因素，C2B 的个性化必然要增加企业的成本，那么产品价格也会随之增加。另外，定制化也要求企业不能进行规模生产，那么企业的生产周期必然被延长，这就需要企业提高生产和配送的技术。

（4）B 端的专业化水平

C2B 对 B 端的专业化水平有较高要求。消费者在设计和提出自己的需求时，因为缺乏专业性，他们的诉求往往是模糊不清的，这就需要 B 端的企业具有较高的专业性，不仅能清楚地呈现消费者的需求，还能根据需求设计、生产出相应的产品。

> 主要形式

（1）聚合需求

在产品生产之前，通过预售、团购等活动，先聚合客户的需求，在需求集中到一定值后，再开始生产。此时生产出的商品是符合客户前期需求的商品，企业的这种方法可以实现产品的库存趋于零，有效地降低了企业的库存成本，也避免了大量库存积压带来的资源浪费。另一方面，由于企业的成本降低了，产品的附加成本降低，用户的购买价格也会随之降低，用户就可以享受到更多的实惠。

（2）个性化定制模式

个性化定制是指商家根据某客户的需求，为该客户生产出符合他需求的产品。例如很多工艺品商家提供刻字、客户自己设计样式等服务，这就是个性化定制。当然，个性化定制会使企业耗费更多的成本，客户也需要为定制支付额外的费用。

（3）要约形式（也称为逆向拍卖）

销售方与购买方的传统位置调换了一下，用户自己出价，商家选择是否接受。如果接受，交易成功；如果不接受，则交易失败。

（4）服务认领形式

企业在网络上发布自己需要的服务，以任务的形式发布在网络上，等待能够完成任务的人主动来认领，企业发布的任务需要包括任务目标、任务内容、任务指标和任务报酬，认领人完成任务后，企业付给他相应的报酬。

【参考案例】

"双十一"预售——聚合需求

在每年的11月11日之前，很多商家都开始进行预售，即提前预备销售。

"双十一"预售，是以收到的用户订单数量、订单情况作为生产的基础，商家收到用户的定金，再让生产方进行生产，在"双十一"当天，用户再付完尾款，生产方生产出商品再发给用户，这样就实现了生产的零库存，避免了大量的库存剩余。

U-Deals——反向团购

U-Deals也将团购的主角从提供方转向了需求方，亦即用户。其模式是这样的：用户自己在网络上选择商品和服务并发起团购，再通过微信、QQ、微博等社交媒体邀请自己的好友参加团购，好友也可以邀请其他人，当参与人数达到一定值时，就会联系商家洽谈团购事宜。

爱定客——个性定制

爱定客在其网站上提供鞋子、服装、首饰的模板，用户可以基于这个模板自主设计它的外观。为了方便用户进行设计，爱定客还在网站上提供图文编辑器，用户可以在编辑器中设计自己喜欢的颜色、图案、文字等，设计好之后提交付费，爱定客再联系厂商进行生产。爱定客的这种按需生产实现了零库存，在最大程度上减少企业的库存成本。

案例思考：
1. 什么样的企业适合开展 C2B 模式？
2. 你认为 C2B 模式未来有哪些发展？

4. 移动 B2B 模式

B2B（Business-to-Business 的缩写）是指企业与企业之间的交往和贸易，在移动商务中，企业借助移动网络发布信息和产品，为客户提供更好的产品和服务，从而获得收益。

根据数据统计，2017 年我国的移动电商贸易占网络购物总量的 70.7%。随着智能手机的普及，移动购物用户越来越多，商家也看到了移动电商的巨大发展潜力，越来越多的商家加入到移动电商的大军中来。在 B2B 模式中，企业可以通过移动网络随时随地进行信息交换和贸易往来，打破了传统电商时间和地点的限制。

➢ **盈利来源**

1）广告。在网站页面上为广告主投放广告，收取广告投放费用。

2）搜索。提供关键词竞价排名，为企业提供搜索排名服务，收取一定的费用。

3）自有产品销售。销售企业自有的产品，赚取销售利润。

4）交易。收取买卖双方的交易佣金，向卖家提供支付服务、网上业务中介、网上拍卖等服务，收取交易服务费用。

5）增值服务。为买卖双方提供增值服务，例如数据采集和分析、行业报告、线下服务、信息推送等，通过提供致谢服务盈利。

6）线下服务。开展网络营销策划、培训、展会、行业商会、研讨会、高峰论坛等，收取服务费用盈利。

7）商务合作。开展与政府、行业协会的合作以及网站合作，如广告联盟、媒体合作、企业合作，通过这些合作项目盈利。

➢ **主要模式**

常见 B2B 行业网站经营模式：

（1）采购信息 B2B 网站

企业在采购信息 B2B 网站上发布企业和产品信息，以便采购商发现自己。例如阿里巴巴就是集各品类产品采购信息的平台。

代表网站有：阿里巴巴、中国化工网、中国纺织网、中国建材网等。

（2）加盟代理服务 B2B 网站

这类网站是供产品的生产商发布加盟、代理信息的网站。企业通过招收代理商和加盟商，把自己的产品更多渠道地传播给消费者群体。

代表性的网站：中国服装网、糖酒快讯、中国家纺网、中国化妆品网、医药招商网、食品招商网等。

（3）代工信息服务 B2B 网站

我国是一个制造业大国，很多企业的产品不是自建工厂进行生产，而是找代工厂家进行生产的，这种 B2B 模式就是代工。

代表性的网站：阿里巴巴、中国制造网、要印、软件项目交易网等。

（4）批发交易服务 B2B 网站

批发交易一般是交易规模和金额较少的交易，交易风险比较好控制，用户对价格的敏感度较高。这类 B2B 网站一般是为用户提供各种批发信息。

代表性的网站：敦煌网、阿里巴巴等。

（5）大宗商品在线交易服务 B2B 网站

大宗商品的交易额和交易规模都较大，交易风险也较大，所以大宗商品 B2B 网站往往是采用线上和线下相结合的模式。网站为买卖双方提供信息服务，买卖双方再通过线上和线下结合来完成交易。

代表性的网站：找煤网、找钢网等。

【参考案例】

敦煌网

敦煌网（图 3-7）是一个为中小企业提供信息服务的 B2B 平台网站，供应商可以发布自己供应产品的信息，查询采购商信息，采购商可以发布自己的采购信息，或者查询供应商信息。

图 3-7 敦煌网

敦煌网的服务范围不仅涉及国内，还开通了全球采购通道，实现跨境电商。敦煌网自上线以来，不断创新服务模式，开拓服务市场，目前已成为我国跨境电商的领先者。

敦煌网具有以下特点：

1）敦煌网属于批发交易服务 B2B 网站。网站产品品类涉及 2500 万种，120 万家国内供应商在线，550 万买家遍布全球 224 个国家和地区。

2）敦煌网的盈利来源于买卖双方的交易佣金，用户可以免费注册，只有交易成功后收取一定比例的佣金。

案例思考：

1. 相对于传统 B2B 电商企业，移动电商运营方面有什么优势？
2. 移动电商模式对 B2B 企业来说有哪些发展机遇？

案例导航

分享经济极致模式 闺蜜Mall率先突围

移动互联网几乎颠覆了以往任何一种商业形态,其中最重要的改变就是社交。几年前横空出世的现象级商业模式——微商,以其爆发式增长证明了这种"社交化商业模式"的巨大潜力,微商拉开了中国社交化商业转型的大幕,成长为新零售时代单独存在的一极商业力量。在移动互联网发展的重要阶段,微商未来的发展模式成为社会关注的焦点。

2018年4月11日,第四届世界微商大会吹响号角,集聚了20个国家的青年企业家领袖、近百名国际名人、1500余个企业代表团、100余家上市企业代表,以及2万名青年创业者和行业专家,积极探索新形势下微商发展新趋势。闺蜜Mall创始人、总裁万兵受邀出席本届大会,被业界视为"零售行业的第三次革命"的社交新零售移动电商平台闺蜜Mall首次亮相世界微商大会,为行业带来全新的思考,业内专家认为,在未来社交电商格局中,闺蜜Mall将扮演非常重要的角色。

随着移动互联网技术的创新发展,"分享经济"模式作为社会资源重新配置的新方式,正日益受到传统企业、电商企业和社交电商的关注。而在"分享经济"势头下,符合新兴时代趋势的分享商城,早已成为电商大佬的必争之地。在行业看来,分享商城作为共享经济的一种模式探索,对当前的传统电商尤其是微商进行了创新和升级,已成为新的风口。

社交电商正是主攻"熟人经济",建立在熟人社交的信任基础之上,社交电商的成败,完全取决于用户的口碑。在关系链以及口碑的推动下,通过一个有着一定共同属性的集群来进行精准营销,能够满足客户更多需求,忠诚度也更易培养。可以确定的是,利用社交+电商能够弥补传统电商之不足,在未来,社交电商也将保持良好的发展趋势。

"闺蜜Mall是闺蜜经济和社交电商结合的产物,强关系社交电商的闺蜜Mall,更加强调了人与人之间无缝的沟通与分享,产品的口碑传播,以及用户之间对品牌认同感和价值观的趋同,是对当前社交电商模式的创新和升级,"闺蜜Mall创始人、总裁万兵在本届世界微商大会上表示,"闺蜜Mall区别于社交电商,其商业模式的核心是人,人就是渠道,当人成为渠道时,会产生有温度的服务,让电商充满更多的情感。而基于分享商城的模式,让每个用户都成为消费商,自用省钱,分享赚钱,每个人在购买商品的同时,都可以获取产品利润分红,是一种更具人性化的全新电商形式。"

基于闺蜜这一特殊群体而生的社交新零售模式是社交电商的革命,是人与人之间强关系、价值链关系的体现,它将演化出更具黏性、更有效率、更广阔的市场网络,为社交电商发展创造更大的发展机遇。

案例思考:
1. 未来微商的发展趋势是什么?
2. 什么是社交电商?

3.2 微商模式

微商是一种基于移动社交媒体的电商模式,实现了社会化分销。微商主要有 2 种模式:

一种是基于社交媒体朋友圈的销售,即 C2C 电商。用户可以在自己的朋友圈中发布商品信息,买家看中商品后进行付款购买。或者开通自己的微店进行商品销售,微信和很多移动 App 都具有微店功能,开通微店后,可以把微店商品信息分享到微信、QQ、微博等社交媒体中。

另一种模式是 B2C 模式的微商,企业通过微信公众号搭建自己的微商城,在微商城中实现产品管理、交易支付、发货售后等服务。

➤ 微商与 PC 电商的区别(表 3-1)

表 3-1　微商与 PC 电商的区别

比较项目	传统电商	微商
产品价格	在传统电商中,消费者获取的商家和价格信息较多,在这种情况下,价格就是影响消费者购买行为的一项重要因素,所以价格一直是各个商家竞争的主要阵地	微商是基于社交和信任度的一种营销模式,商品的销售价格不是营销的主题,而是商品的性价比
产品品质	由于销售企业大都是一些发展成熟的企业,产品的品质和口碑是企业发展的根基,所以产品的品质有一些保证	当前是微商发展的初级阶段,微商产品也参差不齐
营销效果	电商企业以流量为主,高流量给企业带来销量,所以各大企业都通过广告、促销、事件、搜索排名等来增加自己的流量	微商是在社交好友中的关系营销,用户的体验和口碑是微商产品热销的根基

➤ 微商的发展现状

根据中国产业信息网的统计,2014—2017 年,微商市场规模(图 3-8)不断扩大。

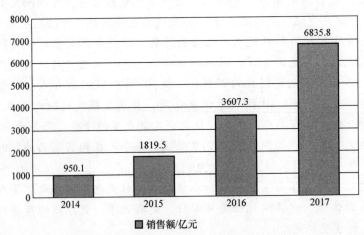

图 3-8　2014—2017 年微商市场规模数据

2017 年微商销售额达 6835.8 亿元,与 2016 年同期数据相比,增长了 89.50%。

微商经营成本低,操作简单,吸引大批学生、家庭主妇、自由职业者,对我国的就业拉动达到 2018.8 万人,为中小微企业以及政务民生的应用创新提供了良好的平台。2014—2017 年微商从业人员数据如图 3-9 所示。

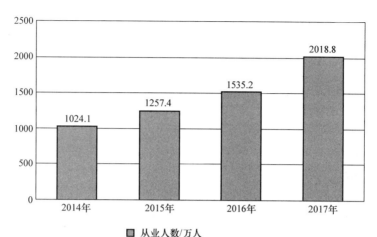

图 3-9　2014—2017 年微商从业人员数据

当前，微商平台主要集中于微信、微店、口袋店铺等。涉及的产品主要有美妆用品、母婴用品、保健用品、服饰等，这些产品的特点是体积小、关注度高、交易风险低。很多传统的电商企业也开通了自己的微店或微商城，拓展自己的销售渠道。

微商发展到现在，创造了很大的价值，但也存在很多问题，例如假货、传销、信任危机等，这需要我们在发展的同时积极应对。

➢ 微商存在价值

（1）商家贴近消费者

微商和自己的客户很多都是通过社交媒体认识的，微商经常会给客户发送产品信息，让用户更加直观地了解产品的特性。

（2）中小卖家新机遇

微商计入成本较低，不需要交纳高额的保证金，也不需要申请注册各种手续，这为中小型卖家参与微商提供了便利条件。

（3）用户购物新体验

用户在购物时只需在微信、QQ 等社交工具上联系卖家付款就可以购物，这与传统的电商购物流程有很大的区别，为客户带来另一种新的消费购物体验。

（4）提供就业机会

微商成本低、风险小、时间灵活、操作简单，这为很多想要创业和就业的人提供了机会，微商吸引了很多学生和想要灵活就业的人员，这也有助于减轻我国当前的就业压力。

➢ 微商的主要模式与优缺点（表 3-2）

表 3-2　微商主要模式与优缺点

模式	优点	缺点
集聚粉丝型	简单、方便，只需要在社交媒体上转发加好友就可以集聚大量粉丝，操作简单	微信对加好友的数量有一定限制，一个微信号能加的好友数有限。经常在朋友圈里发广告或给好友推送广告信息，也会让对方产生抵触情绪
优质服务型	能对客户进行一对一服务，服务质量和用户口碑能为微商带来更多的客户	企业提供给客户优质的服务，也需要付出更多成本来建立客户关系

(续)

模式	优点	缺点
分销代理型	微商可以通过分销代理的模式来实现销售,增加销售渠道	分销商和代理商太多不容易控制,一旦分销商出现问题,对产品链的损伤是致命的
品牌影响型	由于微商形式新颖,在电商企业中具有一定的竞争力,且微商利润丰厚	企业要建立自己的品牌,需要付出很多才能获得较好的品牌效应,品牌成本大
O2O	微商可以实现线上线下的优势结合,发挥线上线下的优势	线下体验有地域限制,也需要投入更多的资金

> 微商客户和产品分析

随着微商产业的发展,人们对微商的认可度也逐步提高。微商的主要客户中,年轻、中低收入的女性占了绝大部分,微商客户分析如图 3-10 所示。

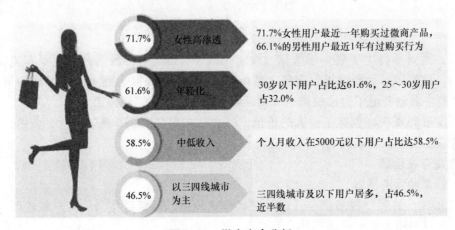

图 3-10 微商客户分析

根据不同性别来看,女性消费者购买的商品最多的为化妆品,占总销量的 46.50%,第二是服饰,占 33.70%,第三是面膜,占 32.60%。男性购买商品最多的是食品,占总量的 41.60%,第二是服饰,占 31.20%,第三是 3C 数码,占 28.80%。不同性别购买产品分析如图 3-11 所示。

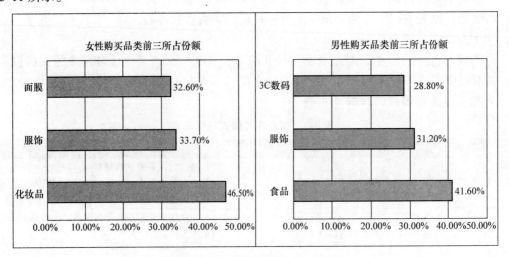

图 3-11 不同性别购买产品分析

从购买原因来看，客户选择在微商购买商品最多的原因是曾经在其他渠道购买过，还有就是微商产品价格便宜、性价比高，产品宣传效果好。主要购买渠道为朋友圈、微信好友、微店。购买行为分析如图 3-12 所示。

> 存在的主要问题

1）商品质量无保证。微商的产品来源于其他经销商，产品品牌众多，品质参差不齐。消费者通过微商购买的产品往往得不到有保证的售后服务，消费者维权较难。

2）无"客户沉淀"。"客户沉淀"是培养和维系客户的黏性。微商引流进来的粉丝很容易流逝，优质客户和老客户较少。

3）管理不系统。当前，微商、微店等每一个比较成熟的管理系统，其产品、购买、支付等环节很多都不在同一个平台，在这些环节中，一旦消费者购买遇到问题，责任主体难以划分；很多微商是在朋友圈中进行产品销售，消费者对产品的资质和卖家的资质无从核实，发生交易纠纷后难以维权。

图 3-12　购买行为分析

4）存在传销风险。当前，有很多新型传销打着微商的旗号进行诈骗，甚至有的传销还借助微商平台进行诈骗，所以消费者和微商商家在进行交易时也需要提高警惕，避免产生损失。

5）机制不完善。微商的发展是建立在信用体系之上的，但是目前的信用体系和监管机制并不完善，用户不能对店铺的信用进行评价，也无法晒单、比价、筛选商品等。在这种环境下，微商的进一步发展也会极大地受限。

◆案例导航

Hiscox——利用 Wi-Fi 热点卖保险

英国上市保险公司 Hiscox 利用 Wi-Fi 热点针对小企业潜在客户投放广告——人们在 Hiscox 户外广告附近登录英国电信 BT Openzone Wi-Fi 无线网络时，会看到相应的数字广告并且可以直接拨打电话咨询保险业务；Hiscox 的广告也会出现在 Wi-Fi 登录页面上。

Hiscox 的潜在客户主要是小企业，所以其广告会利用 Wi-Fi 用户资料信息和机场、车展、旅店、商务中心等地点信息针对这些潜在客户投放广告。因此，这些广告的点击率比传统在线展示广告的点击率高 5 倍。

麦当劳——高效推广 24 小时营业餐厅

2012 年初，英国三分之一的麦当劳餐厅开始实行 24 小时营业，而麦当劳需要推广这些餐厅——经过观察与分析，麦当劳发现大多数会在深夜来就餐的顾客都是游客和上夜班的人,而不是那些流连夜店的人,于是麦当劳在游客和夜班族经常出没的取款机和加油站打出广告,鼓励他们下载新的"Restaurant Finder"(找餐厅)应用,并且在人们常在夜里访问的网站上投放宣传该应用的移动广告。该应用能把用户带到离他们最近的麦当劳24小时营业餐厅,还能利用"地理围栏"技术向来到餐厅周围的用户发送消息。

这一推广活动赢得了多个业内奖项,并且收到了很好的效果——"Restaurant Finder"应用在推广期间被访问5.3万次,而麦当劳投入的每1英镑都带来了2英镑的销售额。

Meat Pack——从耐克和阿迪达斯店里抢生意

南美洲危地马拉的时尚运动鞋垫Meat Pack在旗下名为"Hijack"(意为"打劫")的顾客积分移动应用中添加了一个插件,当用户走进耐克、阿迪达斯等竞争对手的店里时,GPS功能就会向他们显示倒计时优惠信息——一开始的优惠幅度高达99%,然后每过1秒钟就减少1%,直到用户走进Meat Pack的店里才停止倒计时。

一周之内,有超过600名顾客从竞争对手的店里跑了过来,其中有个人拿到了89%的超值折扣。

案例思考:
1. O2O模式给商家带来了什么好处?
2. O2O模式给消费者带来了什么好处?

3.3 移动O2O

O2O是Online To Offline的缩写,在O2O模式中,企业把线下的商业机会和线上的网络连接起来,消费者可以在线上进行选购和支付,在线下再去消费。O2O模式的应用范围非常广,不仅是电商企业,越来越多的传统企业开始利用O2O提升自己的销售业绩。

1. 发展历程

O2O发展历程如图3-13所示。

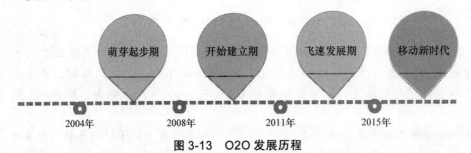

图3-13 O2O发展历程

第一阶段:2004—2008年。该阶段的O2O处于萌芽起步阶段,网络平台有着非常深的B2C痕迹,平台商家的运营依赖于人力进行。这一时期的代表网站是篱笆网。篱笆网建立于2005年,是一个比较专业和严格的论坛网站,很多商家和用户在网站上进行讨论,发帖子。在这个过程中,有的商家通过发布装修日记和回答用户提出的装修问题,与论坛用户进行互动并建立联系,促进了自己线下店铺产品的销售。这就是我国最初的O2O萌芽，在这个阶段，网站平台具有很强的 B2C 痕迹，属于信息传播型销售。

第二阶段：2008—2011 年。O2O 模式开始建立，美国公司 TrialPay 的创建者 Alex Rampell 在对很多企业的运营进行分析研究后，发现这些公司有一个共同点：线上+线下。2011 年 8 月，Alex Rampell 明确提出了 O2O 这个术语，11 月该概念在我国广泛传开。在这个阶段，我国其实已有很多网站开始了线上+线下的经营模式，例如美团、拉手网、大众点评等。通过建立商品团购、本地化服务平台网站，实现线上到线上+线下的转变。在这个阶段，很多传统企业开始加入，也超越了 B2C 模式的禁锢。

第三阶段：2012—2015 年。移动互联网开始飞速发展，移动终端和移动网络的发展，使得营销方式碎片化，营销模式创新项目不断出现。社交媒体的发展使营销逐渐呈现个性化。在这个阶段，移动 App 成为各大企业的竞争地，很多传统的电商网站也纷纷抢占移动市场，例如大众点评 App、美团 App 等。支付服务商也推出移动支付服务，例如支付宝扫码、微信支付等，这都为移动 O2O 的发展提供了助力。

第四阶段：2015 年至今。新技术、新型营销方式的发展，为 O2O 未来的发展带来了无数可能性。可以预见，在这个阶段中，移动 O2O 的技术驱动力会更强，在 AI 技术、VR 技术、云技术等技术的驱动下，O2O 的发展会出现无数种可能性。

2. O2O 的类型

（1）按照线上线下融合程度

1）轻型 O2O：信息流。网站为商家提供信息展示平台，商家可以把自己的位置信息和产品信息发布在网站上，用户在线上看到商家信息后，根据提示在线下到商家进行消费、支付。

2）重型 O2O：信息流、资金流。网站为商家提供信息展示平台，商家可以把自己的位置信息和产品信息发布在网站上，向用户展示并促成在线交易。用户在网站下单并支付后，在线下实现消费。

（2）按照所属行业

1）商超。包括便利店、超市、果蔬市场等。

2）餐饮。包括餐厅、饮品店、蛋糕店等食品类商家。

3）社区。包括社区信息查询、社区服务等。

4）交通。包括交通信息查询、网约车、共享单车等。

5）旅游。包括酒店预订、机票预订、火车票预订、汽车票预订、旅游景点门票预订等。

6）医疗。包括挂号预约、付费、查询、问诊等。

7）房产。包括房产信息查询、预约看房等。

8）教育。包括微课堂、在线辅导、资料查询等。

（3）按照运营主体

1）第三方 O2O 平台。由第三方 O2O 平台企业所建立的，为买卖双方提供交易服务的平台。例如大众点评、饿了么、百度直达号、微信公众号、京东到家。

2）商家自建的 O2O 网站或应用。由商家自己建立的 O2O 网站，以供客户浏览、选购商品。例如携程、途牛等旅游类 App。

3. O2O 与 B2C 的区别（表 3-3）

表 3-3　O2O 与 B2C 的区别

比较项目	O2O	B2C
内容	O2O 模式更侧重服务性消费（包括餐饮、电影、美容、SPA、旅游、健身、租车、租房等）	B2C 商城系统更侧重购物（实物商品，如电器、服饰等）
方式	O2O 的消费者到现场获得服务，涉及客流	B2C 商城系统的消费者待在办公室或家里，等货上门，涉及物流
库存	O2O 模式中库存是服务	B2C 商城系统中库存是商品

4. O2O 的优势

1）O2O 交易限制少。不再限制于线上或线下，充分整合线上和线下的所有资源，促成客户的交易。

2）O2O 可以实现全面评估。通过客户体验和数据分析，商家可以全面评估自己的营销效果，及时调整自己的营销策略。

3）O2O 具有价格优势。O2O 模式中，商家的服务和商品购买方便、价格更低，并且消费者还可以通过移动端获取各类优惠信息。

4）O2O 拓宽电子商务的发展方向，由规模化走向多元化。

5）O2O 模式打通了线上线下的信息和体验环节，让线下消费者避免了因信息不对称而遭受到"价格蒙蔽"，同时实现线上消费者"售前体验"。

【参考案例】

作为餐饮 O2O 专业化平台，饿了么（图 3-14）为餐饮商家和用户搭建了一个消费平台，用户在饿了么 App 上选择商家并付费订餐，饿了么配送员把商品配送到用户手中。

饿了么的出现给传统的外卖订餐服务带来了很大的改变：

1）订餐信息的改变。在传统的外卖中，商家的订餐信息要么依靠传单发放，要么依靠网上信息发布，这种信息传递模式下，用户要订餐需要按照传单上或网页上的订餐信息，拨打商家电话，在电话里告诉商家自己需要什么商品，这个过程需要商家事前进行传单的发放或信息的推广，耗时、耗力。在饿了么 O2O 订餐模式下，用户只需在饿了么 App 中选择商家和产品信息，填写收货地址提交即可。操作简单、快速，也不容易出现信息错误。用户在用餐后还可以在 App 上进行点评。

2）外卖送达方式的改变。在传统的外卖模式中，用户在点完餐后，商家需要自行把商品送到客户手中，送餐时间没有保障。在饿了么外卖模式下，饿了么连接第三方专业配送服务，用户可以在手机 App 上随时查看配送员信息、距离信息、到达时间等。

3）支付方式的改变。在传统的订餐模式下，一般

图 3-14　饿了么

是商家把餐饮送到后,才面对面和客户完成支付。这种支付模式安全保障较低。在饿了么 O2O 订餐模式下,用户在线上完成支付,饿了么为买卖双方提供支付保障。

图 3-15　泰笛洗涤

泰笛洗涤(图 3-15)是一家 O2O 洗衣企业,成立于 2013 年 6 月,它是一种创新的洗衣模式,颠覆了传统的洗衣店模式,它为用户提供 24 小时在线洗衣服务,用户可以在线上下单,快递员在接单后上门取货,完成洗涤后再送货上门。

在泰笛 O2O 模式下,突破了传统洗衣的局限:

1)突破了时间局限。传统的洗衣店都有营业时间限制,而泰笛洗衣是 24 小时在线的。

2)突破了送衣和取衣的限制。在传统洗衣模式下,用户需要自己把衣服送到洗衣店,并在洗完后,再自己上门取。在泰笛洗衣 O2O 模式中,用户只需在下单后在家等待快递员上门取衣,在洗完后,快递员还会把洗好的衣服送货上门。

美业 O2O 典型企业:河狸家

2014 年 3 月份成立的河狸家(图 3-16)的经营项目包括美甲、美容、美妆、美发、口语教学、声乐器乐、健身等。河狸家在美业中的经营模式如下:

1)提供信息平台。河狸家在移动程度上和淘宝有点相似,它为手艺人和用户提供了一个信息和交易平台。手艺人可以在该平台上发布自己的服务,用户在该平台上选择服务并支付,在家等待手艺人上门服务即可。

2)商品销售。河狸家还会在平台上销售相关的美业商品,用户在 App 上可以选择商品、完成付款。

3)培训、活动。河狸家还会为手艺人提

图 3-16　河狸家

供相关培训服务,也会定期举办一些线下的美业活动,给用户和手艺人提供更多的交流渠道。

乐刻运动(图 3-17)于 2015 年在杭州成立,由杭州乐刻网络技术有限公司开发,是国内领先的运动 O2O 平台,全国规模最大的 24 小时连锁健身品牌。

图 3-17　乐刻

乐刻运动 O2O 有以下 2 个特点：

1）24 小时营业。乐刻的健身房场地用户可以在全天的任何时间使用，使用乐刻 App 开门码，即可以进入健身房使用器材。

2）在线预约。在传统的健身房行业中，健身房的使用是用户在线下自己去健身房才知道健身房里面的人数状况，在高峰期用户需要等待，在其他时间器材又有很多空置。在乐刻运动 O2O 中，用户可以通过付费成为乐刻的会员，会员可以享受线下健身房的使用和健身课程，乐刻通过这种线上付费预约，保证了场馆资源的高效利用。

案例思考：

1. 除了以上 3 种类型的企业，还有哪些行业适合 O2O 模式？
2. O2O 未来会有哪些发展新动向？

【实训项目】

任务 1：下载手机淘宝，体验移动购物的全流程，比较移动购物和传统电商购物的区别。

任务 2：通过网络搜寻 1 个 B2C 移动企业，了解它的运营模式。

任务 3：通过网络搜寻 1 个 C2C 移动网站，了解它的运营模式。

任务 4：通过网络搜寻 1 个 C2B 移动网站，了解它的运营模式。

任务 5：添加一个微商的微信号，体验 1 次微商购物，了解微商购物的流程。

任务 5：使用大众点评 App，体验 1 次 O2O 消费，了解 O2O 给企业和用户带来的好处。

参考文献

[1] 姜汝祥. 移动电商 3.0[M]. 北京：中信出版社，2016.
[2] 电子商务研究中心. 移动电商：客户关系管理方向 [M]. 北京：电子工业出版社，2008.
[3] 崔媛媛. 移动支付业务现状与发展分析 [J]. 移动通信，2007，31（6）：30-33.
[4] 岳云康. 我国电子商务环境下的移动支付问题研究 [J]. 中国流通经济，2008，22（1）：40-43.
[5] 周苏，王文，王硕苹. 移动商务 [M]. 北京：中国铁道出版社，2012.
[6] 柯林，白勇军. 移动商务理论与实践 [M]. 北京：北京大学出版社，2013.
[7] 李必云，石俊萍. 基于 WPKI 的移动商务研究 [J]. 计算机与现代化，2010（3）：20-23.
[8] 单美静. 移动支付之安全问题研究 [J]. 电信科学，2010（11）：141-143.
[9] 柯新生. 网络支付与结算 [M]. 北京：电子工业出版社，2009.
[10] 蔡元萍. 网上支付与结算 [M]. 大连：东北财经大学出版社，2010.

第 4 章
移动电商

Chapter 4

【本章内容】
- 移动端发展导航案例。
- 3 种移动端访问方式。
- 移动 App 应用案例。
- 移动商城导航案例。
- 移动商城部署及配置。
- 移动商城搭建案例一。
- 移动商城搭建案例二。

【教学重点】
- 企业级电子商务后台商品上架。
- HTML5 访问方式、Web App 访问方式、原生 App 访问方式。
- 企业级电子商务后台营销规则设置。
- 移动商城的基本设置。

【教学难点】
- 移动商城商品编辑。
- 活动信息设置及发布。
- 企业级电子商务后台订单处理。
- 企业级电子商务后台数据报表功能。

4.1 移动端的 3 种访问方式

◇ 导航案例

百度移动趋势报告移动端人均上网时长超 PC 端 29%

借助自身在移动搜索、移动应用及移动统计的底层数据优势，百度拨开了行业发展的层层迷雾，呈现了移动互联网发展所面临的最本质问题。2013 年百度发布的数据报告不仅揭示了移动端人均上网时长对 PC 端的超越，同时也指出了 Native App 面临两大长尾困境，并指出在移动应用百花齐放的年代，移动浏览器的入口地位所受到的冲击。

行业移动脚步加速"不动则死"并非危言

早在几年前，移动互联网还在来袭的路上时，就有行业专家预测："动则活，不动则死。"现在看来，这一论断并非危言耸听。

继 2012 年 3 月移动互联网的人均上网时长首次超越 PC 互联网之后，半年来其延续了快速增长的态势，如图 4-1 所示百度移动报告数据显示，截至 2013 年 3 月，两者的差距已经扩大到了 29%。显而易见，PC 互联网向移动端迁移的脚步在进一步加速。

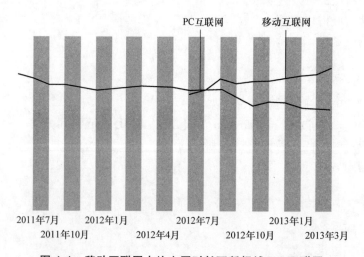

图 4-1 移动互联网人均上网时长不断超越 PC 互联网

作为移动互联网的重要入口，百度移动搜索也敏锐地捕捉到了中国网民的移动脚步，并在数据上印证了这一点。百度移动搜索持续高速增长，如今日活跃用户数已经超过 1 亿，如图 4-2 所示。

随着用户和流量不断向移动搜索这一领域聚集，移动搜索的入口地位开始不断确立和巩固。除此之外，相比社交产品，搜索的刚需更能够戳中用户的需求，产品生命周期也更长，所有这些都是百度在面对激烈的移动竞争中的重大优势。

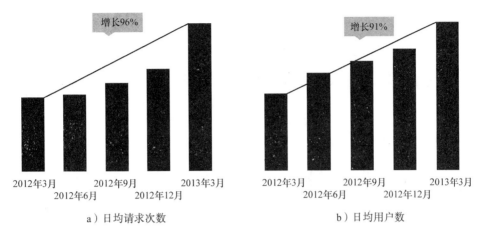

图 4-2 百度移动搜索日均请求次数和日均用户数

Native App 面临三大困境　百度移动搜索有的放矢

百度数据报告显示，在全行业的移动浪潮中，Native App 开发者却遇到前所未有的挑战。用户手机里的 Native App 数量增多，日均启动个数却在减少；如图 4-3 所示，并且用户的使用时长不断向高频 Native App 集中，加剧了头部效应。对于低频和不知名的 Native App，则面临着更严峻的"分发"和"使用"长尾困境。这三大困境对开发者形成了较大的挑战。

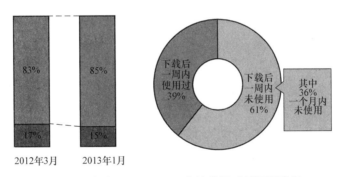

图 4-3　低频 Native App 人均使用时长不断降低

其中，大部分低频和不知名 Native App 在应用商店无人问津，无法到达用户手机。数据显示，应用商店下载量最大的前 1000 个（数量占比不足 0.1%）App，占据了总下载次数的一半以上。这说明用户在下载应用时"马太效应"明显。困境同样也体现在应用使用率上，用户下载之后极少使用，要用时却想不起或找不到它，甚至是约 60% 的 Native App 被下载安装后的一周内并未被使用，其中又有约 1/3 在一个月内都未被使用，逐渐成为"僵尸"应用。

针对低频应用开发者面临的这两大长尾困境，百度移动搜索分别提出了"精准推荐"和"Light App Service"这两大杀手锏。

百度手机助手的精准推荐功能，能够根据"用户分析、内容分析、场景分析和前端展现"等，给用户精准推荐其最感兴趣的应用，从而不断提升用户的下载转化率。以 2013 年一季度为例，用户下载转化率较上一季度提升了 28%。在调查中百度发现，娱乐工具、生活工具、生活信息等典型低频的 Native App 的安装覆盖率在下降，而相对应的这些需求类别在移动搜索中的频次占比却不断提升，如图 4-4 所示，这表明用户的低频和长尾需求在向移动搜索转移。在这一背景下，就催生了大量基于平台级手机客户端而产生的服务，即百度提出的 Light App（轻量级应用）。为了帮助广大开发者"轻量化"应用，百度从生成工具、分发机制和运行平台等多方面，为广大开发者提供了全程的支持。此外，从具有真正意义的使用层面来看，"搜索即服务"的 Light App 模式，能够帮助开发者有效激活原来的"僵尸"应用，让应用发挥其固有的价值而不是只是一个摆设。

图 4-4　低频原生的安装覆盖率不断下降，移动搜索的频次却不断提高

用户不断分流　手机浏览器入口地位不断减弱

数据显示，随着微博、微信、移动搜索的流行，加上大型 Native App 都内置了相应的浏览器，极大地稀释了移动网民对浏览器的依赖性。自从 2012 年下半年以来，浏览器在人均日启动总次数和被其他 App 调用的比例两方面，都双双走低，如图 4-5 所示。主要体现在用户使用时长方面，随着搜索、影音、地图等应用的人均时长大幅增长，浏览器的入口在不断被弱化，如图 4-6 所示。

浏览器地位的"下滑"对于单一主打浏览器的企业来说无疑是个不利因素，然而对在搜索、地图、语音、手机助手等移动互联网多个关口都有布局的公司来说，则未必是一个坏消息。

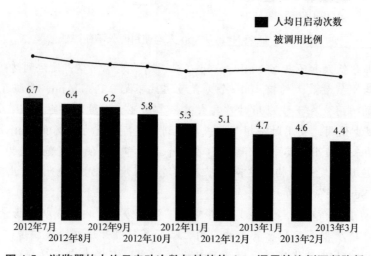

图 4-5　浏览器的人均日启动次数与被其他 App 调用的比例不断降低

第 4 章 移动电商

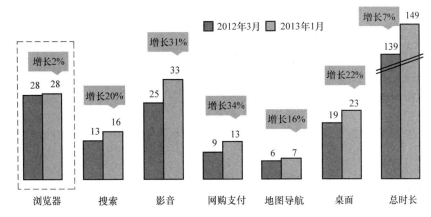

图 4-6 浏览器与部分 Native App 人均使用时长及总时长的变化趋势

案例来源网址：http://tech.huanqiu.com/net/2013-05/3933223.html
案例思考：

随着智能手机和 iPad 等移动终端设备的普及，越来越多的人逐渐习惯使用移动端上网的方式。对于企业而言，移动营销也逐渐成为很多电子商务企业的营销重点，越来越多的企业正在以各种形式开展移动营销业务。

移动营销方式的快速发展对消费者而言，意味着消费方式越来越便捷；对企业而言，移动化的营销不仅是商机也是挑战，如何在移动营销的浪潮中获胜，这不仅需要企业在移动技术上的掌握，还需要企业在移动商城搭建上不断优化。

消费者使用移动终端设备访问互联网有三种方式：HTML5（Web）、Web App 和原生 App。下面通过小张同学手机上网的 3 种方式来了解移动端的访问方式。

4.1.1 HTML5 访问方式

小张是智能手机爱好者，他经常使用手机上网，他打开手机上的 QQ 浏览器，进入了浏览器的首页，他在页面的网址输入栏输入经常浏览的网站地址 www.sina.com，就进入了网站首页，小张就开始在网上浏览新闻。HTML5 浏览方式如图 4-7 所示。

小张的这种上网方式就是 HTML5 的网络访问方式。

HTML5 是万维网的核心语言、标准通用标记语言下的一个应用超文本标记语言（HTML）的第五次重大修改。与 1999 年制定的 HTML4.01、XHTML1.0 标准相比，HTML5 能在互联网应用迅速发展的时候，使网络标准达到符合当代的网络需求，为桌面和移动平台带来无缝衔接的丰富内容。

HTML5 标准规范自公布至今，其性能还在不断完善之中，但是基本上大部分的浏览器都使用了 HTML5 规范，例如 Firefox（火狐浏览器），IE9 及其更高版本，

图 4-7 HTML5 浏览方式

Chrome（谷歌浏览器）等；国内的傲游浏览器（Maxthon），以及基于 IE 或 Chromium（Chrome 的工程版或称实验版）所推出的 360 浏览器、搜狗浏览器、QQ 浏览器、猎豹浏览器等国产浏览器同样具备支持 HTML5 的能力。

HTML5 规范之所以广受欢迎，是因为它有以下 4 个特点：

（1）网络标准

HTML5 的开发和修订主要是由万维网联盟（W3C）完成的，在开发过程中，谷歌、苹果、诺基亚、中国移动等几百家公司都有不同程度的技术参与，这就决定了 HTML5 技术的公开性。另一方面，万维网联盟通过的 HTML5 标准也就意味着每一个浏览器或平台都会去实现，以达到一个统一的标准。

（2）多设备跨平台

HTML5 技术可以进行跨平台的使用，可以实现不同设备或平台上的移植、多平台或多种设备的同时使用。例如你开发了一款 HTML5 的游戏，你可以很轻易地移植到 UC 的开放平台、Opera 的游戏中心等应用平台，甚至可以通过封装的技术发放到 App Store 上，所以它的跨平台性非常强大，这也是大多数企业愿意使用 HTML5 的主要原因。

（3）自适应网页设计

在传统的网页设计中，网站会根据不同设备的屏幕大小设计不同的网页，比如为手机设备提供一个专门 mobile 版本或专门的 iPhone / iPad 版本。这样做固然保证了在不同的设备上网页的显示效果，但是比较麻烦，同时要维护好几个版本，而且如果一个网站有多个入口，会大大增加架构设计的复杂度。

HTML5 实现不同设备和平台之间的无缝衔接转换，而不同设备的屏幕大小却不同，HTML5 规范的主要特点之一就是可以实现自适应网页设计，既可以自动识别屏幕宽度，根据屏幕宽度，自动调整布局，并做出相应调整的网页设计，让同一张网页自动适应不同大小的屏幕。

（4）即时更新

很多游戏客户端的更新程序比较繁琐，现在基于 HTML5 规范建立的游戏可以实现步骤简单、即时的更新，游戏端的更新可以像网页更新那样，大大提高了更新速度、简化了更新的步骤。

4.1.2 Web App 访问方式

如图 4-8 所示，在工作中，小张有时需要使用手机发送邮件，小张注册了一个网易的邮箱，在使用手机登录时，小张首先需要打开自己手机上的浏览器，在浏览器搜索栏中，搜索"163 邮箱"，然后在登录入口中输入自己的邮箱的账号和密码。这样小张就完成了一次使用手机登录网页邮箱的全过程。

图 4-8　Web App 访问方式

小张的这种上网方式就是移动设备的 Web App 访问网络方式，如图 4-9 所示。

图 4-9　Web App 访问方式

Web App 是指基于 Web 的系统和应用，其作用是向广大的最终用户发布一组复杂的内容和功能。从一个简单的新闻网页，到为消费者提供全套旅游服务的大型复杂的 Web 站点，都是 Web App。它包括一些完整的 Web 站点、Web 站点的专门功能以及在 Internet、Intranet 或 Extranet 上的信息处理应用。

用户使用移动 Web App 必须借助一定的移动网络，Web App 利用移动设备上自带的浏览器（比如 iPhone 的 Safari）来运行，如图 4-10 所示。

图 4-10　谷歌 Voice 和谷歌 Gmail 是 Web App 的设计典范

Web App 具有以下 3 个特点：

（1）获取方法

Web App 的获取需要消费者从移动设备上的浏览器进行访问，用户不用通过专门的应用商城或市场来下载。Web App 的使用也不需要用户安装额外的软件，它的更新只需要服务器就够了。但是目前没有什么应用商城或市场专门提供 Web App，所以用户需要通过搜索才能找到这种移动 Web App。

企业在发布这种移动 Web App 时比较便捷快速，任何时候都可以发布 Web App，因为 Web App 的发布无须官方卖场审核。

（2）运行版本

因为 Web App 是基于移动浏览器而运行的，所以所有的用户使用的 Web App 都是同一个版本，不会产生不同用户使用不同版本的情况。

（3）运行能力

Web App 的使用，用户可能无法调用移动设备上的很多硬件功能，例如摄像头、摄像头闪光灯或重力加速器。

由于 Web App 的获取和运行必须依赖于浏览器，而各种设备和版本的浏览器种类也比较多,所以对于企业来说,同时支持多种移动设备的浏览器,使企业的开发维护成本费用较高。随着用户使用浏览器种类的增加,企业的开发维护费用会更高。

4.1.3 原生 App 访问方式

现在很多智能手机厂商都推出了自己品牌的应用商品,例如苹果手机的 App Store、华为手机的华为商城、小米手机的小米商城。小张的手机上的 App Store 就是应用下载商城,小张在商城中下载了一款音乐应用程序,根据下载安装提示,小张就在手机上安装好了这款程序,在手机桌面上也有这款程序的应用图标,点击该图标进入到程序页面,小张可以在该音乐软件中在线搜索自己喜欢的歌曲并播放。这种上网方式就是原生 App 的网络访问方式,如图 4-11 所示。

图 4-11 原生 App 网络访问

原生 App 是专门针对某一类移动设备而生的,它是以用户的某类需求为出发点设计的,将所有的 UI 元素、数据内容和逻辑框架均安装在手机终端。

用户使用移动原生 App 需要从 App Store 中下载并安装,安装后使用时会在移动设备中形成缓存,并支持离线使用。

当前的很多手机游戏、电子杂志和管理应用等一些应用都属于原生 App。

原生 App 具有以下 3 个特点:

(1) 获取方法

用户获取原生 App 可以从移动应用商城手动下载到设备中。因为原生 App 是以独立的应用程序运行的,所以并不依赖于浏览器,而且应用商城会帮助用户找到并下载 App,并不需要用户自己寻找。

(2) 运行版本

原生 App 的版本每次更新时都会询问用户是否更新,所以用户可以自由地选择是否更新软件版本,所以会出现不同用户同时使用不同版本的情况。

企业在发布原生 App 时需要官方卖场审核,所以能保证 App 的运行质量和安全性。

(3) 运行能力

原生 App 的运行能够调用移动硬件设备的一些底层功能,比如个人信息、摄像头,以及重力加速器等。原生 App 的运行支持离线使用,App 在安装时会在移动设备中形成缓存包,所以用户在离线状态下也可以使用 App 的部分功能。图 4-12 是 Gowalla 和 Awesome Note(移动原生 App 的经典设计案例)。

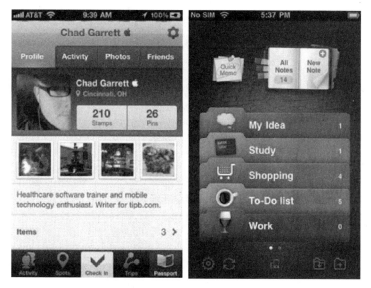

图 4-12　Gowalla 和 Awesome Note（移动原生 App 的经典设计案例）

【拓展阅读】：移动 App 应用案例

1. 星巴克手机"闹钟"

早上起床没有动，总是赖床误事，星巴克推出一款别具匠心的闹钟形态的 App，如图 4-13 所示。

EarlyBird（早起鸟），用户在设定的起床时间闹铃响起后，只需按提示点击起床按钮，就可以得到一颗星，如果能在一小时内走进任一星巴克咖啡店，就能买到一杯打折的咖啡……

千万不要小看这款 App，他让你从睁开眼睛的那刻便与这个品牌联系在一起。此款 App 创意或许是 2012 年最成功，也是影响力最大的创意 App 之一。

案例来源网址：http://finance.eastmoney.com/news/1682,20130108267005954.html

2. 可口可乐手机 App:CHOCK

通过电视广告与手机互动，与用户做贴近的新型互动体验。

图 4-13　星巴克闹钟 App

用户下载此款 App 到手机后，在指定的"可口可乐"沙滩电视广告播出时开启 App，如图 4-14 所示。当广告画面中出现"可口可乐"瓶盖，且手机出现振动的同时，挥动手机去抓取电视画面中的瓶盖，每次最多可捕捉到 3 个，广告结束时，就可以在手机 App 中揭晓奖品结果，奖品都是重量级的，例如汽车，吸引力很大。

此款 App 品牌营销创意也成了可口可乐攻破传统电视广告与线下用户互动的难题。

案例来源网址：http://finance.eastmoney.com/news/1682,20130108267005954.html

图 4-14 可口可乐 App

3. 宜家手机 App: 定制自己的家

这是一款可让用户自定义家具布局的 App, 如图 4-15 所示。用户可以创建并分享自己中意的布局, 同时可参与投票选出自己喜欢的布局, 宜家还会对这些优秀创作者进行奖励, 利用个性化定制营销来达成传播效果, 对线下实体店来说, App 往往不是最好的销售工具, 但是往往是弥补线下体验短板的工具, 通过 App 打通会员营销、体验与服务体系。

案例来源网址:http://finance.eastmoney.com/news/1682, 20130108267005954.html

图 4-15 宜家 App 自定义家具布局

案例分析:

在上述的三个案例中,星巴克闹钟是把闹钟与咖啡销售联系起来, 通过规定时间来吸引客户购买咖啡, 使消费者从睁开眼睛的那刻便与这个品牌联系在一起; 可口可乐 App 则是把传统的电视广告和线下互动结合在一起, 通过有奖参与来吸引更多的客户参与; 宜家 App 则是通过让客户自己定制来提升客户的体验度, 客户在体验的同时还可以获得奖励, 这种 App 上的定制体验很好地弥补了客户线下服务和体验不足的问题。这三个案例中的企业在客户体验度和互动性这两方面做出了很好的结合。

4.2 移动商城部署及配置

◇ **导航案例**

支撑移动互联网发展的科技创新

数据显示, 全球上网人数已突破 30 亿, 中国上网人数 2014 年已达 6.49 亿, 网民已达 5.57 亿。据估计, 到 2016 年, 智能手机用户超过功能手机用户数量; 2019 年, 智能手机用户将达到 56 亿, 成为人类最主要的智能终端设备。除了智能手机, 更多的联网移动终端

(如智能可穿戴设备)等正在加速发展。

移动互联网连接的不仅是人与人,更包括人与物、物与物。这需要把所有的设备和物理的东西全部感知,提取出人所需的数据和信息,并传输到移动互联网中,根据需求或对照规范进行计算和分析,形成决策,再通过各种智能手段进行现场或远程操作,最终达到预期目标。总之,就是感知和连通、计算和分析、决策和行为。

为了实现万物互联和智慧操作,人们需要更快的运算、更宽的网络、更优的连接、更低的功耗、更及时的交互、更有效的安全。除了量子计算与通信、物联网、云计算和大数据等之外,对未来移动互联网新的突破性发展提供革命性支撑作用的领域和方向,将主要集中在脑与认知、泛在人工智能、可持续能源、新型材料和安全等方面。

经过亿万年的进化,人类大脑已经成为集记忆、运算和控制为一体的复杂精密的"计算机",虽然计算速度并不高,但并行处理功能非常强大且功耗很低。对移动互联网而言,一是通过借鉴人脑的结构和运行模式,可以发展出新型计算机;二是通过发展脑机接口等技术,可以实现人与万物互联(包括人与人直接连通);三是面对老龄化挑战,治疗神经性疾病,也需要认知大脑。美国、欧盟等发达国家和地区纷纷投入巨资开展脑科学研究,以揭示脑活动的机理。脑与认知方面不断取得新的进展:国内外都有意念控制的成功实验,在著名的众筹网站 Kickstarter 上的意识控制众筹产品已开发成功;2013年,美国华盛顿大学成功实现了非侵入式脑脑接口精神控制;2014年世界杯上,巴西瘫痪少年通过脑控外骨骼开球;谷歌使用1.6万片处理器通过学习,成功地识别出猫;微软的 The Project Adam 已经能够识别出狗及其品种;IBM 开发出模拟神经元及其他脑功能来执行计算的芯片 TrueNorth;"百度大脑"已成功预测了高考作文题目和世界杯出线球队;我国学者提出的互联网神经学不仅从神经学角度研究互联网的发展,还从互联网的演化来考察人脑结构与功能……脑与认知等科学技术的突破性进展必将为智慧互联网络、人与万物连通、新型架构计算和人工智能深度学习等提供有力支撑。

在材料方面,随着硅基半导体正接近物理极限,各种半导体新材料不断地被开发出来。"万能材料"石墨烯正在半导体、柔性显示、储能和传感等多个领域得到开发应用。研究与制备的超材料开始应用于激光雷达和扫描成像等方面,为智能汽车和智慧医疗等提供支撑。

在能源方面,能源互联网将大量分布式能量采集装置和分布式能量储存装置互联起来,通过智能化的管理实现能量和信息双向流动的能源对等交换和共享网络,为移动互联网提供源源不断的高效、清洁能源。

在安全方面,虹膜、视网膜、指纹、声音、手掌、面部等生物识别技术的开发和运用,开始为移动互联网提供一套更加安全的使用策略。目前,"刷脸"支付已经实现。当然,移动互联网时代,个人隐私保护更加突出,这既需要信息与网络安全科技的开发应用,更需要一个良好的法律政策和社会舆论环境。

案例来源:《文汇报》2015年5月1日第6版
案例思考:

互联网的发展离不开科技创新,移动端设备的快速发展已不仅仅局限于智能手机和 iPad 等移动设备,通过与生物学的结合,未来的移动网络设备更加便携和便利。那么随着科技的发展,企业的移动商城建设也必须随着移动端的发展而发展,使商城可以在任何移动端上展现。下面我们就一起来学习基于HTML5技术的移动商城部署及配置。

在当前的移动营销中,大部分企业都是采用基于HTML5(WEB)的商城建设,在本项目中,我们主要学习基于HTML5规范的移动商城设置。本章的移动商城部署及配置都是基于ECstore系统,该系统提供移动商城和线上商城的系统化管理功能,支持消费者在手机移动触屏和微信商城购物的需求。

4.2.1 商城数据报表功能

数据报表功能是ECstore为企业提供的一项营销数据统计分析功能,企业可以通过该项功能提供的数据和数据图,清晰、快速地了解企业的经营状况。

(1)经营概况

点击ECstore后台菜单栏的"报表",显示下拉选项,在下拉选项中点击"经营概况",如图4-16所示。

图4-16 ECstore报表页面

在时间范围中选择"2015-01-12"至"2015-01-18",点击"确认",在页面中就会显示企业在一段时间范围内的收入、新增订单、付款订单、发货订单、新增会员和会员总数等数据信息。

在这些统计数据的下方,还有销售统计、订单量和订单额的数据图。

经营概况中提供的数据涵盖了企业经营的订单、会员和金额三方面的数据,企业管理者可以从这些数据和数据图中,大致了解企业的经营情况,ECstore经营概况页面如图4-17所示。

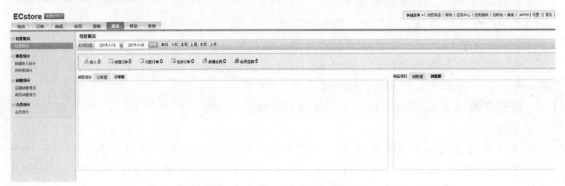

图4-17 ECstore经营概况页面

(2) 账款统计

账款统计是报表功能中的企业收入与存款的金额统计功能。

ECstore 销售收入统计页面如图 4-18 所示，在菜单栏中点击"报表"，在报表选项中，选择"账款统计"中的"销售收入统计"，在时间范围中选择"2015-01-12"至"2015-01-18"，点击"确认"，在页面中就会显示在该段时间内的企业收款额、退款额和收入数据。

图 4-18　ECstore 销售收入统计页面

ECstore 预存款统计页面如图 4-19 所示，点击"账款统计"中的"预存款统计"选项，在时间范围中选择"2015-01-12"至"2015-01-18"，点击"确认"，页面中就会显示在该段时间内企业在商城的存入金额、消费金额、余额和使用人数这四项数据。

图 4-19　ECstore 预存款统计页面

（3）销售统计

ECstore 销售统计页面如图 4-20 所示，点击菜单栏中的"报表"选项，选择"销售统计"中的"店铺销售概况"选项，在时间范围中选择"2015-01-12"至"2015-01-18"，点击"确认"，页面中就会显示一段时间内企业的订单成交量、订单成交额、商品退换量和商品退还率数据，并在下方用折线图表示出这四项数据的变化，企业管理者可以简单明了地看出企业在该段时间内销售情况的数值和变化情况。

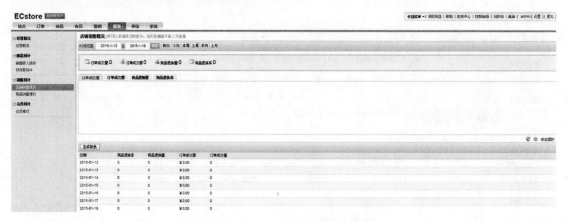

图 4-20　ECstore 销售统计页面

ECstore 商品销售排行页面如图 4-21 所示，选择"销售统计"中的"商品销售排行"选项，在时间范围中选择"2015-01-12"至"2015-01-18"，点击"确认"，页面中就会显示该段时间内商品排行。点击"销售量"，就会按照商品的销量由大至小的商品排名、商品名称、退换货率、销售额、销售量、退换货量和商品编号进行显示。企业管理者可以简单明了地看出企业在该段时间内的商品销售排行情况，了解企业哪些商品的销售量较大。

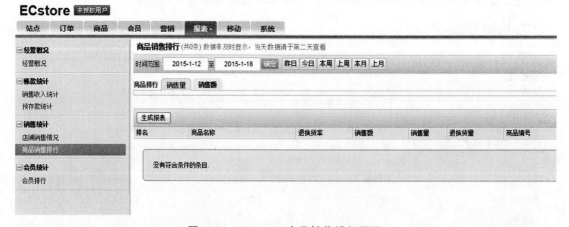

图 4-21　ECstore 商品销售排行页面

ECstore 会员排行页面如图 4-22 所示，点击"销售额"，就会按照商品的销售额由大至小的商品排名、商品名称、退换货率、销售额、销售量、退换货量和商品编号进行显示。企业管理者可以简单明了地看出企业在该段时间内的商品销售额排行情况，了解企业哪些商品的销售额较高。

第 4 章 移动电商 97

图 4-22 ECstore 会员排行页面

4.2.2 移动商城首页编辑

（1）商城模板设置

Ecstore 给企业提供了商城模板功能，使用该功能，企业商城就可以直接应用模板，而不用重新设计商城页面，模板功能减少了企业商城搭建的时间，为企业提供了更多的便利。

ECstore 站点页面如图 4-23 所示，点击菜单栏"站点"选项，选择"模板列表"。

图 4-23 ECstore 站点页面

页面显示商城目前所应用的模板，如图 4-24 所示。

点击"获取更多商业模板"，页面就会显示多种风格不同的模板以供选择，模板页面如图 4-25 所示。

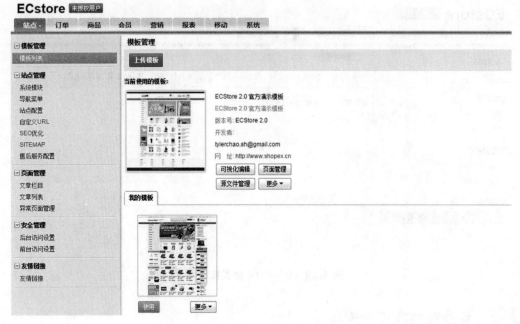

图 4-24 ECstore 模板管理页面

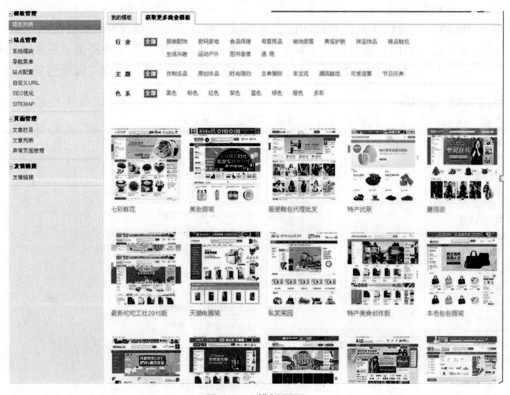

图 4-25 模板页面

（2）商城模板安装

ECstore 模板列表页面如图 4-26 所示，在模板列表中，点击某一模板。

图 4-26　ECstore 模板列表页面

进入"模板堂"页面后，ECstore 模板堂购买页面如图 4-27 所示。点击购买，就可以轻松购买该商城模板。

图 4-27　ECstore 模板堂购买页面

ECstore 选择模板页面如图 4-28 所示，点击"我的模板"，之前购买的模板就会显示，点击"使用"，就会应用该商城模板。

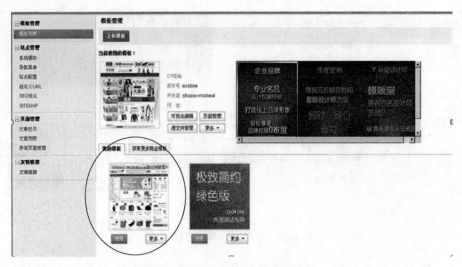

图 4-28 ECstore 选择模板页面

4.2.3 移动商城商品编辑

（1）商品上架

在菜单栏点击"商品"，选择"商品列表"，就会进入到商城的商品列表页面。

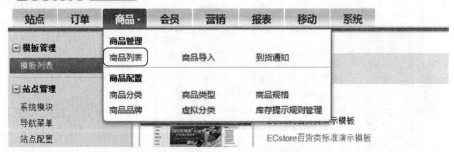

图 4-29 ECstore 商品站点页面

ECstore 商品站点页面如图 4-29 所示，商品列表页面如图 4-30 所示。点击"添加商品"。

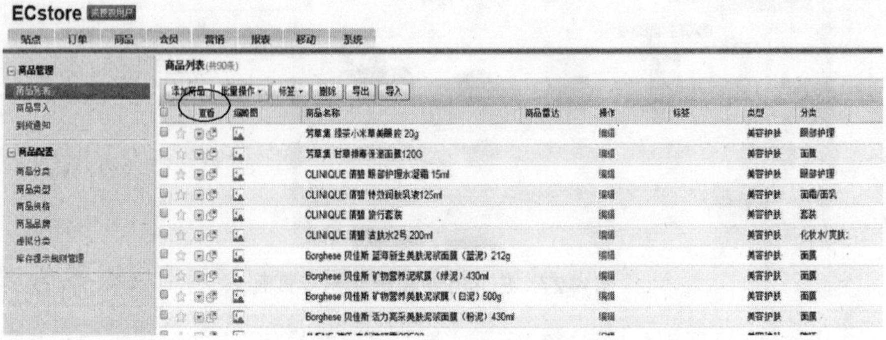

图 4-30 ECstore 商品列表页面

ECstore 添加商品页面如图 4-31 所示。进入到商品信息编辑页面，在商品分类中，选择"美容护肤""洁面"，点击"确认"。

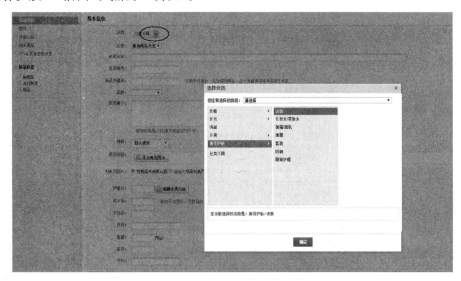

图 4-31　ECstore 添加商品页面

ECstore 添加商品页面如图 4-32 所示，在类型中选择"美容护肤"，输入商品名称"美白洁面膏"，输入商品关键词"美白"，点击"添加商品图片"上传商品的图片，输入销售价"110"，成本价"89"，市场价"129"，商品编号"143809"，商品重量"50"，在适用皮肤中选择"中性"，商品的基本信息设置完毕。最后点击"保存并关闭窗口"。

图 4-32　ECstore 添加商品页面

（2）订单处理

ECstore 订单处理页面如图 4-33 所示，在菜单栏最后点击"订单"，选择订单列表，就可以看到所有商城的购买订单信息：收货人信息、购买会员信息、订单状态信息和订单金额信息。

图 4-33 ECstore 订单处理页面

点击查看向下的三角标志，就会展开订单的详细页面，点击"发货"，如图 4-34 所示，录入快递单号，这就完成了一次订单发货。

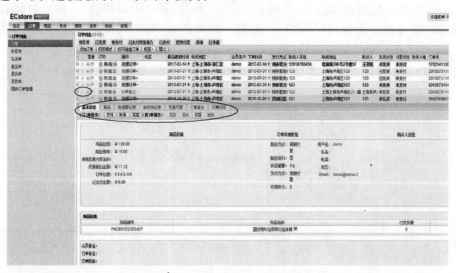

图 4-34 ECstore 订单详细页面

4.2.4 活动信息设置及发布

（1）学习企业级电子商务后台会员规则设定

ECstore 会员列表页面如图 4-35 所示，点击菜单栏上的"会员"，选择"会员列表"，就可以看到企业所有的会员，会员列表中显示了会员的注册时间、积分、性别、用户名和会员等级等信息。

ECstore 会员等级页面如图 4-36 所示，选择"会员管理""会员等级"，点击"添加会员等级"按钮。

图 4-35　ECstore 会员列表页面

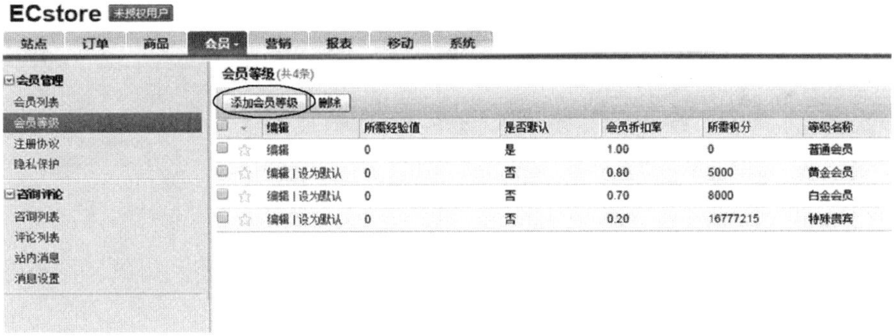

图 4-36　ECstore 会员等级页面

ECstore 添加会员等级页面如图 4-37 所示，弹出"添加会员等级"对话框，输入等级名称"高级会员"，设定会员折扣率为 0.75，会员默认等级为"是"，所需积分设置为"100"，点击"保存"按钮。

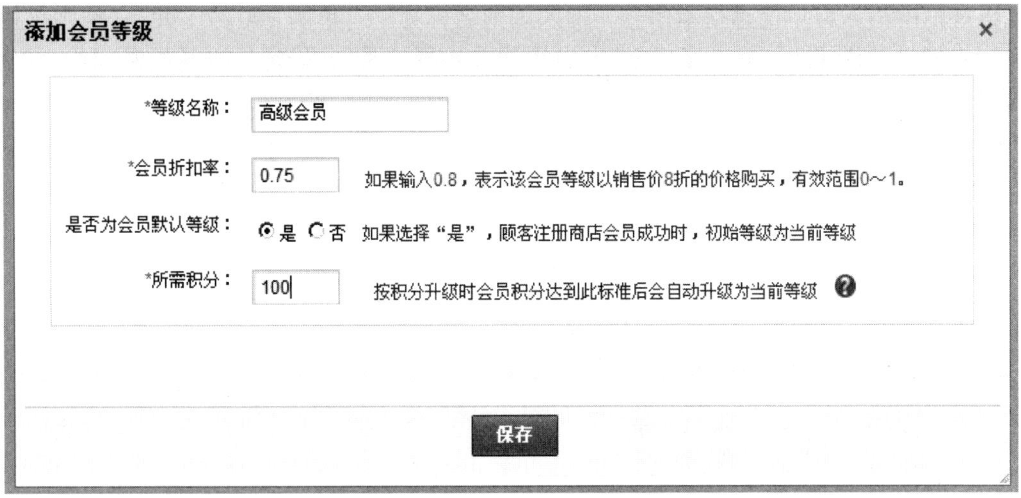

图 4-37　ECstore 添加会员等级页面

ECstore 会员等级设置成功页面如图 4-38 所示,在会员列表中,就会显示刚才添加的高级会员等级。

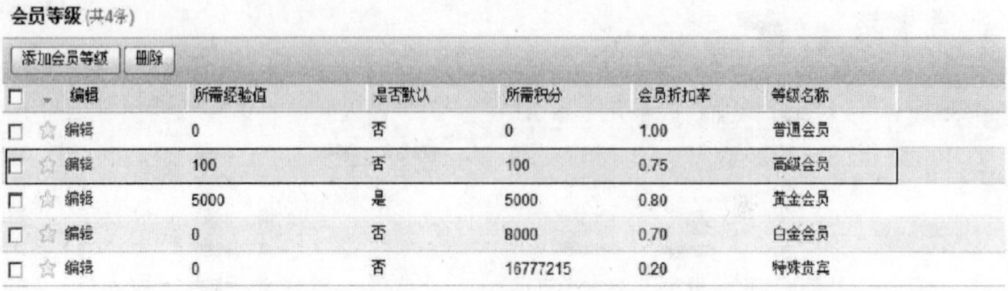

图 4-38　ECstore 会员等级设置成功后页面

(2)学习企业级电子商务后台营销规则设置

ECstore 订单促销页面如图 4-39 所示,在菜单栏中选择"营销",点击"订单促销",在订单促销规则中点击"添加规则"。

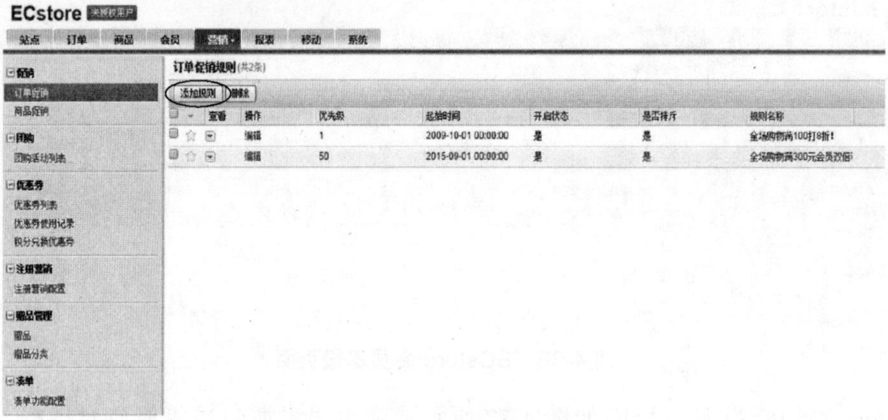

图 4-39　ECstore 订单促销页面

ECstore 添加订单促销页面如图 4-40 所示,弹出"订单优惠规则"设定对话框,在订单优惠规则中输入订单优惠基本信息。输入规则名称为"订单满 100 减 5 元",规则描述中输入"每笔订单满 100,减 5 元现金",启用状态选择"是",设定优惠开始时间为"2015-01-01",结束时间为"2015-01-31"。

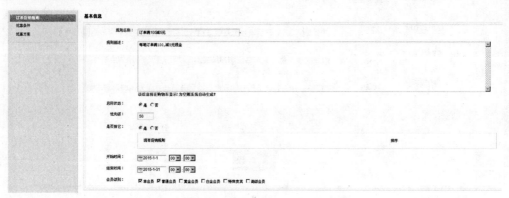

图 4-40　ECstore 添加订单促销页面

ECstore 订单促销的优惠条件页面如图 4-41 所示,在"优惠条件"设置中,选择"对所有订单给予优惠"。

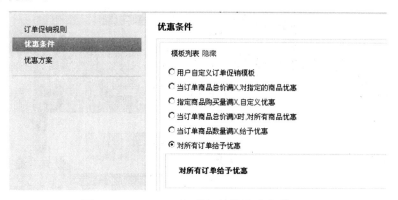

图 4-41　ECstore 订单促销的优惠条件页面

ECstore 订单促销的优惠方案页面如图 4-42 所示,在优惠方案中选择"订单减固定价格购买",并在订单价格优惠框中输入"5",最后点击"保存并关闭窗口"。

图 4-42　ECstore 订单促销的优惠方案页面

移动商城搭建案例一

21cake 的商城搭建

21cake 是由廿一客食品有限公司于 2004 年 5 月创建的蛋糕品牌,由最初确定的 21 款经典蛋糕而得名。21cake 的线上移动商城采用了 HTML5 技术,能够根据用户使用终端的不同型号进行自动适配。HTML5 自动适配终端设备如图 4-43 所示。

图 4-43　HTML5 自动适配终端设备

商城行业背景分析

现有的食品电商行业：

① 互联网企业投身食品电商。通常以平台为主，例如天猫、京东、1号店的食品区。

② 传统食品企业、商超百货、物流公司代企业开通的网络渠道。例如中粮我买网、步步高商超、顺丰优选等。

③ 传统食品品牌生产商进入，有独立的 B2C 平台。例如五芳斋、好想你、白兰氏等。

④ 传统食品零售专卖店的线上通道。例如来伊份、百味林、克莉丝汀等。

⑤ 食品纯电商零售公司。以纯线上销售为主，例如也买酒、贡天下特产网等。

企业平台优势：

21cake 借助 ShopEx Commerce B2C 获得了架构稳定、扩展属性更高的全渠道大数据销售系统。ShopEx Commerce B2C 为 21cake 提供以下 5 点主要支持：

① 支持以客户为中心、卡券营销为手段的营销模式。

② 强大的性能优势保障抢购活动的进行。

③ 高效的订单处理支持快速履约。

④ 全渠道业务支持，全渠道会员资产运营。

⑤ 具有集成能力，与企业现有线下业务及系统进行融合。

企业商城展示

如图 4-44~图 4-47 所示。

图 4-44　21cake 官网首页　　　　图 4-45　21cake 商品详情页面

图 4-46　21cake 购物车　　　　图 4-47　21cake 订单信息填写页面

移动商城搭建案例二

　　VIVO 是一个专注于智能手机领域的手机品牌，其移动商城的建设采用了 HTML5 技术，实现了不同客户端的客户购物体验。

商城行业背景分析

目前中国电子商务市场，服装、数码、家电行业因为产品标准化、运输方便、价格透明度较高等原因，发展速度较快，在整体社会消费总额中占比高，越来越多的品牌企业开始加入电子商务。

现有的数码行业：

①互联网投身数码电商。通常以平台为主，典型代表为天猫、京东、新蛋等。

②传统卖场开通网络渠道。如苏宁易购、国美电器等。

③传统数码品牌商进入，有独立的 B2C 平台。如 TCL、联想、华为等。

④创新数码电商公司。如小米手机等，以纯线上销售为主。

企业平台优势

VIVO 借助 ShopEx Commerce B2C 获得了架构稳定、扩展属性更高的全渠道大数据销售系统。ShopEx Commerce B2C 为 VIVO 提供以下几点主要支持：

① 支持以客户运营为中心、预约抢购为手段的营销模式。

② 强大的性能优势保障抢购活动的进行。

③ 高效的订单处理支持快速履约。

④ 全渠道业务支持，全渠道会员资产运营。

⑤ 具有集成能力，与企业现有线下业务及系统进行融合。

商城展示

如图 4-48~图 4-51 所示。

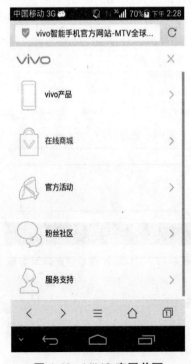

图 4-48　VIVO 官网首页

图 4-49　VIVO 商城首页

图 4-50　VIVO 商品详情页

图 4-51　VIVO 订单信息填写页面

【实训项目】

1. 请找出一个 HTML5 访问案例、Web App 访问方式案例、原生 App 访问方式案例。

2. 请从获取方法、运行平台（系统）和运行能力这三个角度分析上一问题中找出的三个访问案例。

3. 请查找一家线上知名企业的移动商城，并分析该商城的行业背景和商城特点。

4. 使用 ECstore 系统，上传一款商品到移动商城中，商品信息自定。

5. 案例分析：

阅读以下案例，请从客户体验、客户互动、企业销售三个方面分析该案例。

日本东京 Sunshine 水族馆 App 应用案例

在东京这种国际化都市，有太多的东西吸引路人的注意，如何才能吸引路人关注 Sunshine 水族馆呢？代理公司博报堂为水族馆开发了一款结合 Ar 增强现实技术 +GPS 位置定位技术的 App（图 4-52），用户在东京的任一地点打开 App，就会有水族馆可爱的企鹅为用户做导航，指引用户到水族馆参观，让无聊的地图导航变成有趣可爱的应用。

图 4-52　东京水族馆 App

参 考 文 献

[1] 程成，曾永红，王宪伟，等. App 营销解密 [M]. 北京：机械工业出版社，2014.
[2] 胡保坤. App 营销实战 [M]. 北京：人民邮电出版社，2015.
[3] 沈周俞. 企业微营销 [M]. 北京：中华工商联合出版社有限责任公司，2014.
[4] 夏雪峰. App 营销应该这样做 [M]. 北京：人民邮电出版社，2015.
[5] 李国建. 移动互联网营销 [M]. 北京：机械工业出版社，2014.

第 5 章
移动支付与安全

【本章内容】
- 移动支付的概念。
- 移动支付的分类。
- 移动支付的基本要素。
- 移动支付的特点。
- 移动支付的流程。
- 移动支付的运营模式。
- 常见移动支付方式与技术。
- 国外移动支付发展概况。
- 移动支付安全现状。
- 移动支付安全技术与标准。
- 移动支付的风险防范。

【教学重点】
- 移动支付的分类。
- 移动支付的基本要素。
- 移动支付的运营模式。

【教学难点】
- 移动支付的安全技术。

◇ 导航案例

移动支付推动中国进入无现金社会

目前无现金社会已成为各国政府大力推行的发展方向,从全球消费市场看,电子货币的使用已成为潮流,包括丹麦、瑞典、印度等国家,都在积极推行无现金交易。中国在这方面具备良好的社会基础。数据显示,2016年,全国第三方移动支付市场规模达38万亿人民币,远超美国、日本等发达国家。iResearch(艾瑞咨询)发布的一份报告显示,中国移动支付规模已是美国的近50倍。CNNIC统计报告显示,2016年我国手机网上支付用户规模达到4.69亿,网民手机网上支付的使用比例达到67.5%。手机支付向线下支付领域的快速渗透,极大地丰富了支付场景,有50.3%的网民在线下实体店购物时使用手机支付结算。

国际市场研究机构Kantar TNS一份基于7万有效样本的调研显示,中国成为全球第一大移动支付市场。亚太区在全球移动支付领域已经领先,有53%的互联网消费者使用手机App在销售终端付款购买商品或服务,同样的数据在北美洲和欧洲仅为33%和35%。此外,中国内地年轻消费者更青睐微信支付,而支付宝则更受年长消费者的欢迎。

2016年,支付宝在中国拥有超过100万线下商户和4亿月度活跃用户。目前,全国超过200万家餐厅、商店和超市能使用支付宝买单;超过80万个停车位、2万家加油站支持支付宝支付;全国有2万多个体育场馆、120个城市的景点和5万多家酒店可使用支付宝预订或付款。此外,许多地方政府利用支付宝实现了一站式、无现金服务。2016年,全国有357个城市开通了城市服务平台,为1.5亿用户提供简单便捷的服务体验,同年有超过10亿人次使用指尖上的城市公共服务,比上一年增长218%。2016年12月12日,支付宝推出"双12"支付活动。据支付宝口碑披露的数据显示,"双12"三天,全球累计总共有超1.1亿消费者参与了"双12"活动,国际上有62万人次在境外使用支付宝消费,同比去年增长700%。

2016年,微信支付拥有超过70万线下商户和4亿月度活跃用户,接入微信支付的线下门店覆盖30多个行业,不计其数的餐饮食肆、零售店铺通过这一收付款方式进行交易。2016年8月8日,微信支付推出全球移动支付节日——"无现金日"。根据微信支付官方披露的数据显示,8月8日当天全国有超过1亿人次、近70万家门店参与活动,覆盖衣食住行的方方面面。在美国,移动支付之所以还未被广泛采用,最大的原因在于其信用卡体系已十分完善,刷卡支付并不复杂。中国移动支付的快速增长部分要归因于后发优势,在缺乏其他的非现金支付渠道下,中国直接跨越信用卡的阶段,从现金交易跳到了移动支付。

随着支付宝、微信支付、百度钱包等第三方支付机构对日常消费场景的不断覆盖,非现金业务增长迅速。中国人民银行发布的2016年支付业务统计数据显示,2016年全国共办理非现金支付业务1251.11亿笔,金额达3687.24万亿元。其中,移动支付保持了快速增长势头,网上支付也稳步增长,移动支付业务达257.10亿笔,金额超过157.55万亿元,同比分别增长85.82%和45.59%。

在2017年的全国"两会"中,"无现金社会"也引发了代表们的热议。有代表建议,从国家层面大力推动移动支付的普及,以平等、市场化的方式发挥各种支付工具优势,全面推进无现金社会建设。在中国,移动支付的被接受度和普及度都高于世界平均水平。目前扫码支付成为线下支付的重要方式之一,在中国出门不带钱包的人越来越多。让现金成为历史,中国有可能开先河。

(资料来源:根据移动支付网《"无现金社会"引发全国两会热议 科技手段破除隐患》等网络资料整理而成)

案例思考:
1. 移动支付有哪些优点?
2. 移动支付的发展会对社会产生哪些影响?
3. 我国移动支付快速发展的原因有哪些?
4. 你觉得数字货币会取代现金吗?

5.1 移动支付概述

5.1.1 移动支付的概念

随着支付技术的发展,支付方式发生了巨大的变化。支付方式最早是物物交换和现金交易,在银行和金融体系出现后,银行卡支付、支票支付逐渐占据了主流。随着互联网和电子商务的发展,互联网支付快速发展。而随着移动互联网和智能手机的发展,移动支付开始出现,从短信支付、二维码支付、NFC 支付到可穿戴设备支付,以及正在发展的指纹支付、刷脸支付等生物识别技术,移动支付技术和商业模式不断创新,并迅速得到应用,移动支付的应用场景也越来越丰富。

关于移动支付的定义,国内外移动支付相关组织都给出了定义,行业内比较认可的为 2002 年移动支付论坛(Mobile Payment Forum)的定义:移动支付(Mobile Payment),也称为手机支付,指交易双方为了某种货物或服务,使用移动终端设备为载体,通过移动通信网络实现的商业交易。移动支付将终端设备、互联网、应用提供商以及金融机构相融合,为用户提供货币支付、缴费等金融业务。移动支付使用的移动终端可以是手机、PDA、移动 PC 和可穿戴设备等。

广义的移动支付指以移动终端(包括手机、个人数字助理(PDA)、智能手机、平板电脑和可穿戴设备等在内的移动工具)通过移动通信网络,实现资金由支付方转移到受付方的一种支付方式。狭义的移动支付指基于无线通信技术,通过移动电话终端实现的非语音方式的货币资金的转账及支付。

与移动支付相关的概念包括手机支付、手机钱包和手机银行等。

手机支付是指通过手机进行的支付,既包括类似于手机银行这种支付双方互不见面的手机远程支付,也包括支付双方面对面的手机现场支付。

手机钱包是手机与电子钱包的结合。手机既可以通过与智能储值卡的物理融合成为电子钱包,也可以作为移动终端通过使用电子钱包软件成为手机钱包。电子钱包包括智能储值卡式电子钱包和纯软件式电子钱包;储值卡式电子钱包通过在手机终端内置 NFC 芯片,植入用户信息、账户信息或银行卡号等信息,将储值卡或银行卡功能集成到手机卡中,以手机作为储值卡的载体,通过刷手机完成支付;纯软件式电子钱包,主要是支付运营商提供的各种手机钱包软件，例如支付宝钱包、百度钱包、中国移动和包等属于软件式手机钱包。

手机银行是指传统银行的移动端平台，除了账户管理、转账汇款、交易明细查询等传统业务外，还提供网点查询、移动支付、投资理财、网上充值、生活服务和无卡取现等功能。

5.1.2 移动支付的分类

作为一种便捷、快速的支付手段，移动支付能够克服地域、距离、网点和时间的限制，极大地提高交易效率，为商家和消费者提供方便。移动支付具有二十多年的发展历史，早期移动支付的主要形式是短信支付，消费者可以通过发送彩信服务，对音乐、手机铃声、壁纸图片进行购买；接着，消费者在电商网站结账时选择以移动账单付款，可以通过账户密码与短信一次性密码进行支付；后来，用户在网页上登录银行网站或下载银行 App 进行支付，这些都可以算作移动支付。现在人们所熟悉的移动支付主要是二维码支付和各种智能手机相关的 NFC 支付。同时，通过与生物识别技术的深度融合，产生了指纹支付、刷脸支付等新型技术。移动支付方式的多样化为用户提供了更加便捷和安全的支付服务。移动支付的分类方式多种多样，下面介绍一些常用的分类方式。

1. 按照支付的交互流程

按照支付的交互流程，移动支付可以分为远程支付和近场支付。

（1）远程支付

远程支付指通过移动网络，利用短信和移动通信网络等，与后台支付系统建立连接，实现各种转账、消费等支付功能。远程支付技术方案主要包括短信支付、移动互联网支付和基于智能卡的远程支付。扫码支付、移动网关支付都属于远程支付。

扫码支付，通过扫描条形码或二维码读取支付地址，调用手机钱包软件完成支付和资金的转移。商家可把账号、商品价格等交易信息汇编成一个二维码或条形码，并印刷在各种报纸、杂志、广告、图书等载体上发布。用户通过手机客户端扫码，便可实现与商家支付宝账户的支付结算。

移动网关支付，利用手机把支付指令通过互联网传送到第三方支付公司或银行的支付网关，由后台系统完成后续支付处理。

（2）近场支付

近场支付是指通过具有近距离无线通信技术的移动终端实现本地化通信进行货币资金转移的支付方式。消费者在购买商品或服务时，可即时通过手机向商家进行支付，支付的处理在现场，通常在线下进行，不需要使用移动网络，而是使用手机射频（NFC）、红外和蓝牙等通道，实现与自动售货机、POS 机的本地通信。

目前主流的近场支付方式主要包括 NFC 支付和 HCE 云闪付。

NFC 支付，通过在智能手机或可穿戴设备等移动终端中内置 NFC 模块，与支持 NFC 的收单终端进行近距离信息交互完成各种支付业务。

HCE 云闪付，采用主卡模拟技术（HCE），不需要往手机上增添硬件设备，只需打开手机的 NFC 功能，在受理终端挥手机完成即可支付，目前 HCE 云闪付只支持安卓平台。

远程支付和近场支付的主要区别见表 5-1。

表 5-1 远程支付和近场支付的主要区别

比较维度	远程支付	近场支付
依托技术	移动通信技术和移动互联网技术	近距离无线通信技术
支付场景	线上交易和线下支付	线下支付
支付金额	无额度限制，由资金来源账户的余额和规定时间内限额决定	额度较小，国内目前相关产品对其账户余额均设有上限，最高 1000 元
硬件安全级别要求	无特别要求，可使用移动网络本身的 SIM 卡授权	要求较高，需金融机构进行授权
资金账户	话费、银行账户和支付运营商提供的专门支付账户	使用支付运营商提供的专门支付账户居多，也使用银行账户
应用场景	电子化程度高，购买过程简单的产品、服务	价格较低，购买行为频繁的产品、服务

注：由中国产业信息网整理。

随着移动支付技术的多样化，近场支付和远程支付呈现出了逐渐融合的趋势，比如扫码支付本质是属于远程支付，但是线下应用场景的拓展，使其以近场支付的方式呈现，而 HCE 云闪付等，采用近距离通信技术，属于近场支付，但仍然需要在云端存储卡片信息。

2. 按照支付账户的性质分类

按照支付账户的性质，移动支付可以分为银行卡支付、第三方支付账户支付、通信代收费账户支付。

银行卡支付是直接采用银行的借记卡或贷记卡账户进行支付的形式，手机银行、银联支付是其中常见的形式。

第三方账户支付指为用户提供与银行或金融机构支付结算系统接口的通道服务，实现资金转移和支付结算功能的一种支付服务。作为双方交易的支付结算服务的中间商，第三方支付机构需要提供支付服务通道，并通过第三方支付平台实现交易和资金转移结算安排的功能。支付宝支付、微信支付、百度钱包等属于第三方账户支付。

通信代收费账户是移动运营商为其用户提供的一种小额支付账户，用户在互联网上购买电子书、歌曲、视频、软件、游戏等虚拟产品时，通过手机发送短信等方式进行后台认证，并将账单记录在用户的通信费账单中，月底进行合单收取。

3. 按照支付金额分类

按照支付金额的大小，移动支付可以分为微支付和宏支付。

根据移动支付论坛的定义，微支付指交易额少于 10 美元，通常指购买移动内容业务，例如游戏、视频下载等。

宏支付是指交易金额较大的支付行为，例如在线购物或近距离支付（微支付方式同样包括近距离支付，例如交停车费等）。

微支付和宏支付之间最大的区别在于对安全要求的级别不同。对于宏支付，通过金融机构进行交易鉴权非常有必要；而对于微支付，使用移动网络本身的 SIM 卡鉴权机制就已足够。

4. 按照支付的结算模式分类

按照支付的结算模式，移动支付可以分为即时支付和担保支付。

即时支付是指支付服务提供商将交易资金从买家的账户即时划拨到卖家账户。一般应用于"一手交钱一手交货"的业务场景（如商场购物），或应用于信誉度很高的 B2C 及 B2B 电子商务，如首信、Yeepal 和云网等。

担保支付是指支付服务提供商先接收买家的货款，但并不马上支付给卖家，而是通知卖家货款已冻结，卖家发货；买家收到货物并确认后，支付服务提供商将货款划拨到卖家账户。支付服务提供商不仅负责资金的划拨，同时要为不信任的买卖双方提供信用担保。担保支付业务为开展基于互联网的电子商务提供了基础，特别是对于没有信誉度的 C2C 交易以及信誉度不高的 B2C 交易。目前，做得比较成功的是支付宝。

5.1.3 移动支付的基本要素

移动支付的本质是支付服务提供商通过合适的支付渠道为买家购买服务或商品而将资金从买家的账户划拨到卖家账户。移动支付包括买家和卖家的资金账户、资金安全、支付接入渠道和支付应用四个基本要素。

1. 支付账户

支付本质上是资金在不同账户间的转移，资金从哪里来，到哪里去，是支付业务最关键的问题，因此支付账户是开展支付业务的核心。一般可用的支付账户包括银行账户、第三方支付账户、积分账户和离线钱包账户、运营商的通信账户。

1）银行账户。银行账户包括借记卡、信用卡、存折等账户，拥有庞大的资金，是支付业务最重要的资金来源，任何做支付业务的服务商都难以绕开银行账户。

2）第三方支付账户。支付服务提供商为摆脱银行账户资金调度灵活性方面的制约，建立自己的电子货币账户体系（如支付宝等）。这类电子货币账户上的资金一般与人民币等值，具有全业务的支付能力，由于支付服务商可完全掌控自建的电子货币账户上的资金，有利于其提供灵活的支付业务模式；资金可通过银行转账到电子货币账户，有的电子货币账户甚至可以再转回银行，本质上已类似银行账户。为了加强对资金的管理，有效地控制和监督资金的运行，第三方支付机构需要在银行建立存管账户，分为存款账户和支出账户，其中收到客户的充值资金全额存入存管账户的存款账户，存款账户不能直接对外支付，只能向支出账户划款。支出账户只能根据第三方支付机构与特约商户的协议，向特约商户账户结算；第三方支付机构根据协议向商户收取应得的手续费。

第三方支付账户不同于银行账户。第三方支付账户最初是支付机构为方便客户网上支付和解决电子商务交易中买卖双方信任度不高而为其开立的，与银行账户有明显不同。一是提供账户服务的主体不同，支付账户由支付机构为客户开立，主要用于电子商务交易的收付款结算。银行账户由银行业金融机构为客户开立,账户资金除了用于支付结算外,还具有保值、增值等目的。支付账户余额的本质是预付价值,类似于预付费卡中的余额,该余额资金虽然所有权归属于客户,却未以客户本人名义存放在银行,而是支付机构以其自身名义存放在银行。

3) 积分账户。运营商或各服务提供商(如航空公司、连锁超市等)为使用了其业务或购买其商品的用户赠送积分,拥有积分的用户也同时拥有运营商或服务提供商的某种权益,如可获取某些类型的商品、换取礼品、联盟商家购物时抵扣一定的金额等。因此,积分从某种意义上来讲也可当成一种外部支付账户。其特点是不能直接当现金使用,只能在特定的应用范围内使用,通常需要配合适当的营销策略。

4) 离线钱包账户。该账户不与后台账务系统实时交互,是直接记录在某种载体上(如集成RFID芯片的手机或其他移动终端)的电子货币。其特点是能充分利用庞大的移动终端的用户群,以及移动终端随身携带的特性,快速发展支付用户;在支付过程中不需要与后台系统实时交互,适用于公交、商店、电影票和彩票等小额近距离支付业务。

5) 运营商的通信账户(如固话、手机、宽带上网账户等)。通信账户代收费是电信运营商特有的电子支付模式,可充分运用运营商庞大的用户群以及已经建立的缴费渠道,为其他支付应用提供代收费服务,从中获取收益。

2. 支付渠道

支付渠道指发送和接收支付指令的场所和方式,是开展移动支付业务的基础。支付渠道有以下5类:

1) 互联网支付渠道。使用互联网的方式操作支付账户,为特定的业务完成支付,多服务于互联网购买类业务,是目前支付渠道的主流。

2) 移动终端支付渠道。用户使用手机终端,通过移动网络、Wap、短信等方式操作支付账户,为特定业务完成支付。

3) 固定终端支付渠道。用户使用固定的支付终端通过刷卡的方式认证支付账户,为特定的业务完成支付,多服务于账单已形成(如公共事业缴费)或向固定账户充值类的应用(如各类账户的充值服务),服务对象多为拥有大量用户基础的大行业或应用。

4) 声讯支付渠道。用户拨打声讯电话,通过按键操作和语音提示操作支付账户,为特定业务完成支付。

5) RFID和NFC支付渠道。用户通过近距离射频技术,使用卡片和NFC手机等载体与特殊的机具交互,主要为特定的应用实现方便快捷的支付,如公交一卡通等。

3. 支付安全

移动支付涉及用户和商家资金的转移,保障资金安全是开展移动支付业务的首要前提。随着移动支付场景的丰富,移动支付的安全问题也逐渐凸显。目前移动支付主要面临用户隐私泄露、支付应用欺诈、恶意病毒侵袭等风险。

由于手机密码网页缓存、后台网页自动截屏等动作不易察觉,用户个人信息容易被窃取和篡改,进而造成骚扰电话、垃圾短信等信息安全问题。

手机应用参差不齐,用户下载山寨App后,其金融账号、密码容易被窃取。此外,目前有很多免费的Wi-Fi,一旦用户连接上黑客设置的Wi-Fi,手机传输信息可能被窃取,用户将面临被欺诈风险。

用户手机上无意中下载的某些恶意 App 会利用客户端自身漏洞,通过病毒密码或者发送短信、推送广告等恶意代码,造成用户财产损失。

常用的支付安全手段主要有:支付密码、数字证书、终端认证(如 USB-KEY、实体卡、手机终端)等。

4. 支付应用

服务于特定的支付应用以获取收益是开展移动支付业务的目标,移动支付业务提供的资金转移一定是为某项商业活动服务的。移动支付服务必须建立支付业务管理平台,实现与商户(卖家)系统的交互,协助商户完成交易,并提供对账、结算等服务。根据支付应用的不同,移动支付服务提供的形式和模式都不尽相同。

支付应用的场景包括线上和线下两种。线上应用,主要是为网上购物和服务提供非现金的电子支付方式,将资金从买家的账户划拨到卖家的账户,线上应用种类繁多,例如网上购买商品、话费缴纳、电影票预定、信用卡还款、支付打车费等。线下应用,主要是为实体店购物和线下的各种服务提供非现金的支付方式,支付宝和微信应用的普及使得目前接受线下移动支付的门店日益增多。

5.1.4 移动支付的特点

1. 账户管理的方便性

这是移动支付区别于传统银行卡支付的一个很重要的特点。用户可以利用移动互联网登录手机网页或 App,随时随地查询交易记录、账户余额、实时转账、修改密码等并管理移动支付账户。

2. 交易方便、成本低

用户可以通过手机对账户进行充值,减少了去营业厅或充值点充值的麻烦,交易时间成本低,减少了往返银行的交通时间和支付处理时间。

3. 资金账户的安全性

电子支付的安全性一直是用户最关注的方面,在隐私安全方面,移动终端用户远高于 PC 用户。作为电子商务最为重要的支付环节,移动支付直接涉及用户和运营商的资金安全。因此,移动互联网终端在共享数据时,既要保障有效认证客户,又要保证信息的安全性,移动终端的隐私性保障了支付安全。

4. 可移动性

智能手机功能的完善使用户对手机的依赖程度逐渐加深,用户几乎把手机一直带在身边,手机的使用时间远高于 PC。用户只要申请移动支付功能,便可足不出户,随时随地完成整个支付与结算过程。

5. 服务的综合性

移动支付为用户提供了移动商务的远程支付功能,同时可以满足用户对交通、饮食等小额支付的需要，还可以提供门禁、考勤等服务。

5.1.5 移动支付的流程

1. 基本流程

移动支付流程主要涉及消费者、商家、支付平台、移动网络运营商、第三方信用机构等，如图5-1所示。

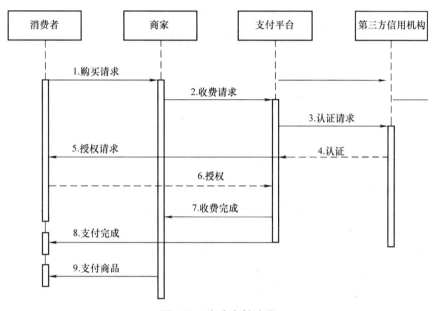

图 5-1 移动支付流程

1）购买请求：消费者查询准备购买的商品，确定后通过移动终端向商家发送购买请求。

2）收费请求：商家接受消费者的购买请求后，向支付平台发送收费请求。支付平台利用消费者账号和这次交易的序列号生成一个具有唯一性的码，代表此次交易过程。

3）认证请求：支付平台必须对消费者和商家账号的合法性和正确性进行确认。支付平台把消费者和商家账号信息发送给第三方信用机构，第三方信用机构再对账号信息进行认证。

4）认证：第三方信用机构把认证结果发送给支付平台。

5）授权请求：支付平台收到第三方信用机构的认证信息后，如果通过认证，支付平台把交易的详细信息（商品的种类、价格等）发送给消费者，请求消费者对支付行为进行授权。如果账号未能通过认证，支付平台把认证结果发送给消费者和商家，并取消本次交易。

6）授权：消费者核对交易的细节，向支付平台发送授权信息。

7）收费完成：支付平台收到消费者的支付授权后，开始对消费者账户和商家进行转账，并记录转账细节。转账完成后，传送收费完成信息给商家，通知其向消费者支付商品。

8）支付完成：支付平台传送支付完成信息给消费者，作为支付凭证。

9）支付商品：商家收到消费成功的信息后，把商品交给消费者。

从上述流程可知，支付平台运营商在移动支付中的作用非常重要，负责支付结算的全过程,支付平台运营商目前主要由移动运营商、银行或信用卡组织等金融结构担当。

2. 近场支付的流程

近场支付(联机消费)是用户使用移动终端/智能卡,通过现场受理终端接入移动支付平台,在本地或接入收单网络完成支付过程的支付方式,近场支付的流程如图 5-2 所示。

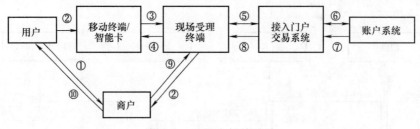

图 5-2 近场支付的流程

近场支付的流程说明如下:

1)用户在商户店内选择商品和服务。
2)用户到商户收银台结账。
3)商户在现场受理终端(POS)上输入消费金额,通过近场通信技术,向移动终端/智能卡发起账户信息读取请求。
4)移动终端/智能卡将账户信息发送给现场受理终端。
5)现场受理终端发送支付请求指令给交易系统。
6)交易系统发送账户扣款请求给账户系统。
7)账户系统收到扣款请求后,进行用户账户鉴权,返回扣款确认信息。
8)交易系统返回支付确认信息给受理终端。
9)完成结账过程。

3. 远程支付的流程

在远程支付模式中,由于用户与商家非面对面接触,用户需要使用移动终端的客户端等接入方式在支付内容平台选购商品或服务,确认付款时,通过无线通信网络,与支付平台进行交互,由支付系统完成交易处理。远程支付的流程如图 5-3 所示。

远程支付的流程说明如下:

1)用户通过移动终端的客户端在支付内容平台订购商品或服务。
2)支付内容平台向移动支付交易系统提交订单。
3)用户通过移动终端向移动交易系统发起支付请求。
4)移动支付交易系统接收用户支付请求,检查用户的订单信息,向账户系统发起扣款请求。
5)账户系统接收扣款请求,并对用户账户信息进行鉴权,鉴权通过后,完成转账付款,并发送扣款确认信息给支付交易系统。
6)支付交易系统将支付结果通知支付内容平台。
7)支付内容平台向支付交易系统返回支付结果确认的应答。

8)支付交易系统为支付客户端返回支付成功确认,完成交易流程。

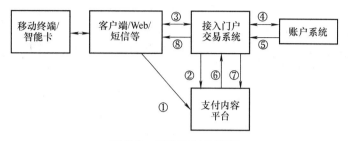

图 5-3 远程支付的流程

5.1.6 移动支付的运营模式

运营模式是决定产业利润分配最重要的因素,同时也是决定移动支付是否被市场接受、是否发展迅速的关键。目前,移动支付主要存在 4 种运营模式:以移动运营商为核心的运营模式、以银行为核心的运营模式、以卡组织为主导的模式、以第三方支付为核心的运营模式。

1. 以移动运营商为核心的运营模式

以移动运营商为核心的运营模式如图 5-4 所示。

运营商早期主推短信支付,移动运营商会以用户的手机话费账户或专门的小额账户作为移动支付账户,用户发生的移动支付交易费用全部从用户的话费账户或小额账户中扣减。

随着智能手机的普及和信息技术的更新换代,该业务市场份额已日渐萎缩。当前,面对诸多竞争对手的挑战,运营商主要依托行业合作发展 NFC 手机支付。我国主要参与者为中国移动、中国联通和中国电信。

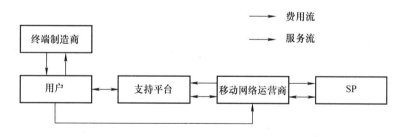

图 5-4 以移动运营商为核心的运营模式

中国移动(和包):和包(原名"手机支付""手机钱包")是中国移动面向个人和企业客户提供的一项综合性移动支付业务。用户开通和包业务,就可以实现互联网购物、充话费、生活缴费等业务的网上支付;持 NFC 手机和 NFC-SIM 卡的用户,可以实现和包刷卡功能,把银行卡、公交卡、会员卡装进手机里,实现特约商家(便利店、商场、公交、地铁等)线下消费(业务功能费全免)。目前,中国移动和包已与 100 多家全国及地方性银行建立合作,接入数万家商户,覆盖全国近千种生活缴费服务。

中国联通（沃支付）：沃支付是中国联通的综合性移动支付产品，用户开通沃支付账户并储值后，即可在中国联通联盟商家和合作商家使用该账户，并通过网站、短信、语音等方式进行远程支付，办理沃支付还可通过刷 POS 机方式进行现场支付。

中国电信（翼支付）：翼支付是中国电信推出的移动支付服务，集成校企一卡通、公交卡、行业卡、银行卡等多项应用。翼支付将运营商庞大的用户资源优势成功转化，迅速形成规模效应，凝聚了强大的品牌效应。在三家运营商支付公司中业务做得最好，宣传也最多。

2. 以银行为核心的运营模式

以银行为核心的运营模式如图 5-5 所示。

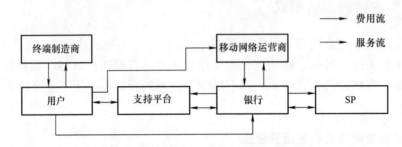

图 5-5　以银行为核心的运营模式

在以银行为核心的移动支付运营模式中，通过专线与移动通信网络实现互联，将银行账户与手机账户绑定，用户通过银行卡账户进行移动支付。移动运营商只为银行和用户提供信息通道，不参与支付过程的运营和管理，由银行为用户提供交易平台和付款途径，银行独立享有移动支付的用户并对其负责。

此模式的特点是移动支付业务不能实现跨行互联互通，各银行只能为自己的用户提供服务。用户需要更换手机或 STK 卡，对终端设备安全性要求很高。

目前，银行在移动支付领域的主要产品是手机银行。随着监管层对二维码支付的开闸，各路银行纷纷加强移动支付通道的建设，推出扫码支付产品，以期增加用户的使用黏性。如中国工商银行率先推出了工银二维码支付；中国农业银行推出 K 码支付；交通银行推出了"云闪付""立码付"；中国建设银行推出支付品牌"龙支付"等。相比第三方支付巨头支付宝和微信，银行的优势在于安全，银行系统的二维码支付其后台账户仍基于实体银行账户，没有资金沉淀在虚拟账户带来的风险。

3. 以银联等卡组织为主导的运营模式

卡组织是近场支付的品牌运营方，银行卡账户作为主要的支付账户，以支付转接清算通道和线下 POS 受理网络为核心竞争力，面向用户，整合产业链的上下游相关资源，并提供支付服务。该模式主要参与方及其职责与传统银行卡交易模式基本一致，收益来源主要是特约商户提供的支付交易佣金。

2015 年年底，银联推出了"云闪付"，联合 Apple Pay、Samsung Pay 等手机厂商和中国工商银行、中国农业银行、中国银行、中国建设银行、交通银行、招商银行等商业银行，以NFC移动支付来对抗目前主流的支付宝、微信支付等二维码支付体系。目前银联云闪付支持Apple Pay、Samsung Pay、Huawei Pay、Mi Pay等主流智能手机的移动支付服务，用户将银联卡添加到手机上，在"银联云闪付"线下商户或线上App可以完成支付。

用户在支持银联"云闪付"的非接触式支付终端上，使用具备"闪付"功能的银联金融IC卡或NFC手机，使用挥卡方式，把卡或手机贴在POS机及其他具有银联"闪付"标识的机具上，听到"嘀"的一声即可完成支付。持卡人可直接在手机银行App中生成一张银联卡的"替身卡"或"虚拟卡"，即云闪付卡。然后带上手机，就可在线下具有银联"闪付"标识的联机POS机挥手机支付，也可在线上商户通过银联在线支付进行安全付款。支付时不显示真实卡号，有效保护持卡人隐私及支付敏感信息；其次，支付体验更便捷，支付时则不需要手机联网，也不必打开手机银行App，只要点亮屏幕靠近POS机即可完成支付。

Apple Pay是苹果公司在2014年苹果秋季新品发布会上发布的一种基于NFC的手机支付功能，于2014年10月20日在美国正式上线。2016年2月18日，Apple Pay业务在中国上线。

4. 以第三方支付为核心的运营模式

以第三方支付为核心的运营模式如图5-6所示。

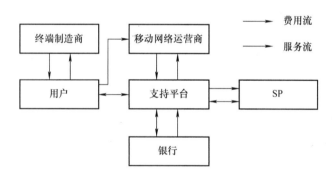

图5-6　以第三方支付为核心的运营模式

在移动支付流程中，第三方支付提供了支付结算服务。第三方支付独立于移动运营商和银行，利用移动通信网络资源和金融机构的各种支付卡，实现支付的身份认证和支付确认。通过第三方的交易平台，用户可以实现跨银行的移动支付服务。

此模式的特点是：移动运营商、银行和第三方之间权责明确，提高了商务运作效率；用户的选择增多；平台运营商简化了其他环节之间的关系，但增加了自身处理各种关系的负担；要求第三方平台运营商具有较强的市场推广能力、技术研发能力和资金运作能力等。

我国第三方支付的公司主要包括支付宝、财付通（微信）、拉卡拉、易宝支付、百度钱包、连连支付、快钱、平安付、京东支付等，2015年我国第三方移动支付交易规模市场份额如图5-7所示。

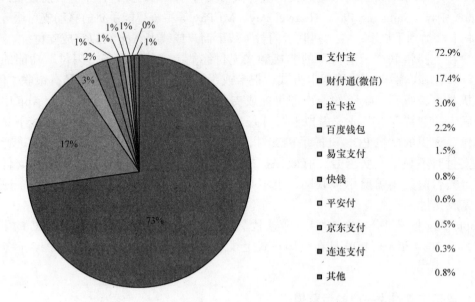

图 5-7　2015 年我国第三方移动支付交易规模市场份额

资料来源：比达数据中心；数据说明：只包括第三方支付机构，不包括银行、银联和运营商。

【拓展阅读】：国内六大巨头企业的移动支付布局

移动支付正在逐步取代传统的银行卡、现金等支付方式，成为当下货币交易的一种主要方式。从近日支付宝披露的线下支付的数据中可以看出，已有超过 13 万家线下店铺接入了支付宝支付。除了商超、便利店等移动支付必争之地，医院、政务、公交出行等领域也成为新一轮移动支付的主战场。

有数据显示，第三方移动支付市场预计在 2018 年将达到 18 万亿元。随着移动互联网时代的到来，众多巨头企业将目光投向移动支付市场，纷纷打造自己的支付方式，以期实现自身生态闭环的构建。

公开数据显示，2014 年，第三方移动支付交易规模主要是以支付宝为主，占到市场份额的 82.8%，其次是财付通（10.6%）、拉卡拉（3.9%），而其他移动支付企业总共加起来不到 3%。支付宝在支付用户量级、黏性以及场景铺设的速度和力度上都遥遥领先。但面对 18 万亿的蓝海市场，其他玩家依旧有很大的竞争空间。本文盘点了国内 6 家企业在移动支付领域的布局。

阿里巴巴：互联网企业转战移动支付的领头羊

支付宝成立于 2003 年，最初是服务于淘宝的独立第三方支付平台。2008 年，支付宝发布移动商务战略，推出手机支付业务。而真正的转折点是 2012 年，阿里巴巴在该年进行了集团业务调整，成立了蚂蚁金服集团，把支付宝纳入蚂蚁金服麾下。2015 年 7 月，支付宝（PC 端平台）和支付宝钱包（移动端应用）合二为一，合并后新的支付宝承载的已不仅仅是支付功能，而且更多地向其他领域延展。

支付宝花了 13 年的时间实现从支付工具到应用平台的转变。支付宝 9.0 版更是加强了支付宝在移动O2O领域的战略布局。

腾讯：迎头追赶，欲同阿里争霸主

财付通于2005年4月正式上线，是腾讯公司推出的专业在线支付平台。2013年8月，微信发布的5.0版本中，正式加入了微信支付功能，这被看作是财付通的移动端延伸。

根据艾瑞咨询公司发布的数据，财付通占有10.6%的市场份额。微信步步为营成为吸流量的"流量黑洞"和社交软件的王者。2014年，微信用户数超过7亿，日活用户超过1亿，海量的流量资源是转型移动支付的基础。借助微信的社交功能，微信支付迅速成长，成为支付宝最有力的竞争对手。

百度：虽起步晚，但实力不可小觑

2008年，百度曾携手"有啊"进军电商时推出"百付宝"，后来随着电商战略调整，百付宝处于被搁浅的状态。2013年，百度推出百度理财平台，百付宝重回大众视野。2014年4月，百度将百付宝改名，正式推出支付业务品牌百度钱包，内嵌在百度旗下所有移动产品中。2015年4月，百付宝总经理章政华透露百度钱包将上线独立的百度钱包App。

百度依靠海量的流量资源，拥有超过6亿的活跃用户，业内人士分析，百度钱包只要转化30%的用户流量，就足以直接冲击现有的电商体系。但是做到这一点仍有难度，因为百度的用户和支付宝、微信支付的用户有所重叠，有一部分已经习惯支付宝和微信支付的使用方式，若想要把这些流量导流到百度钱包，不仅需要技术支持，更需要改变用户现有的消费习惯，怎样吸引用户来尝试新的交易工具和模式是百度的难题所在。

京东：电商大佬发力较晚，但迅速果敢

京东支付前身是网银在线。2012年10月，京东收购网上支付平台网银在线，2013年7月，京东金融集团成立。2013年3月，网银钱包正式上线，此举标志着京东金融的移动支付布局正式开始。2015年4月，网银钱包更名为京东钱包。

京东没有选择以打造移动支付工具的方式切入互联网金融，而是凭借电商的优势，以虚拟信用卡——京东白条的形式切入，迅速招揽了大批用户。此后京东支付接入了很多支付场景，如众筹、理财、保险、O2O、地产、电商、交通、便民等领域。此外，京东支付还在大力拓展其他领域如社区、区域政府、行业协会等。

万达：有钱不任性，地产大亨理智转型

万达集团以开发商业地产起家。当新行业冉冉升起，旧行业渐渐式微时，万达积极寻求转型，将目光投向了金融和互联网。2014年12月，万达集团宣布战略控股第三方支付公司"快钱"，这是万达集团在转型道路上迈出的重要一步。

万达入股快钱后，快钱仍保持独立运营，此举标志着万达的O2O闭环正式打通。万达看中的是"快钱"在第三方支付领域的丰富经验以及成熟的业务模式，加上依托万达庞大的线下商业平台，使其能够从线下向线上快速拓展。

苏宁：实现从实体到电商，再到互联网金融的三级跳

易付宝是苏宁云商旗下的一家独立第三方支付公司，于2011年成立。2015年，苏宁

完成了一系列 O2O 的动作，易付宝也一步步进入线下门店。2015 年 2 月，苏宁利用易付宝打通线下支付，于全国所有门店实现扫码支付；2015 年 3 月，易付宝拓展到苏宁生态圈以外的其他商家，接入南京新百、东方商城等；2015 年 5 月，易付宝落地香港门店；2015 年 6 月，易付宝签约全国 500 家代理商。

苏宁正一步步打通 O2O 的各个环节，其中最必要的是支付，苏宁金融相关负责人表示，易付宝帮助苏宁实现了 O2O 的完整商业闭环。

有分析人士认为，移动支付最终能否让用户接受，流量入口、支付场景和支付工具是 3 个关键维度。BAT 等互联网企业的流量入口是毋庸置疑的，京东、万达、苏宁的支付场景也有先天优势。由此可见，打造和维护适合消费者的支付工具成为重中之重。

（资料来源：未央网，http://www.weiyangx.com/137246.html，2015 年 7 月 13 日）

问题思考：
1. 为什么国内互联网公司纷纷布局移动支付？
2. 支付宝、微信和百度在发展移动支付方面各自的优势是什么？
3. 近年来，支付宝、微信等在抢占用户方面有哪些举措？
4. 第三方移动支付的发展给银行带来了哪些挑战？

5.1.7 常见的移动支付方式与技术

移动支付领域发展迅速，社会需求不断上升，市场上的移动支付方式应运而生且种类繁多，主要有：二维码支付技术和 NFC 技术、手机刷卡器支付、密码支付、指纹支付、声波支付、光子支付、语音支付、虹膜支付、刷脸支付等。

1. 二维码支付

二维码支付是指卖家和买家通过二维码扫码，将价款在彼此的资金账户中转移。在支付宝和微信支付两家巨头的推动之下，二维码支付的普及率远远高于其他几种移动支付手段。二维码支付具备高效、便捷、低成本和支付场景多样化的各项优点，还省去了消费者与商家安装终端所产生的费用以及刷卡手续费，有着广阔的市场前景。

二维码支付出现时间较早，早期二维码可用于互相扫码添加好友，因为腾讯公司具有多年社交网络领域的客户积累，使得使用二维码的人群基数十分庞大。其后二维码被支付宝和财付通用于扫码支付价款的领域，并在 2013 年正式从线上推广至线下。

二维码支付的安全性一直备受质疑。由于相关二维码支付的技术标准一直未出台，而且二维码支付一直存在安全性门槛低、易复制和被黑客攻击等安全隐患，监管部门一直无法完全放开二维码支付。2014 年 3 月，央行出于安全性问题考虑，曾一度发函叫停二维码面对面支付服务。在此期间，二维码技术经过不断优化及升级，安全性能大幅提升。2016 年 12 月 12 日，中国银联正式发布《中国银联二维码支付安全规范》。

二维码支付业务包括付款扫码和收款扫码。付款扫码是指付款人通过移动终端读取收款人展示的条码完成支付的行为。收款扫码是指收款人通过读取付款人移动终端展示的条码完成支付的行为。

2. NFC 支付

NFC 支付是指使用近距离无线技术，电子设备间无须点对点接触即可传输数据。该项移动支付的技术在于不需要互联网、安全快捷，但是也存在一定缺陷，比如：欠缺场景且产业链较长。

NFC 进入市场的时间晚于二维码支付，在市场占有率方面远远落后于前者。苹果、三星、小米、华为等主流智能手机，2015 年开始都推出了自己的 NFC 支付业务。虽然，在安全性能方面 NFC 采取硬件和软件双重加密，NFC 支付远胜于二维码支付，但是，NFC 支付产业链过长，上游市场芯片供应商纷繁复杂，中游市场的手机厂商又要与银行、消费者和商户多重携手合作，目前在我国实际市场占有率不高，线下应用场景不足。

3. 手机刷卡器支付

手机刷卡器是一种外接读卡器，主要是读取磁条卡信息的工具，提供一插即刷功能，且无刷卡额度限制。只要将它插入智能手机音频孔建立连接后就能使用余额查询、转账汇款、信用卡还款、账单缴费、手机充值、支付宝付款、财付通充值、购买游戏充值卡等众多功能。手机刷卡器支付主要适合现场移动收款和远程支付两种应用场景。

在现场移动收款应用场景下，商户收银员只需在手机上插上刷卡器，即可让用户进行刷卡付费，完成收款。在远程支付应用场景，用户可以在手机上插上刷卡器，直接完成刷卡支付。

拉卡拉是目前中国最大的线下便利支付公司。2012 年，拉卡拉推出手机刷卡器，正式进入移动支付领域。

4. 密码支付

密码支付是移动支付中最为原始的方法，主要由数字以及英文字母构成，该类型密码的缺点在于用户易忘难记。因此，相关用户会采取生日和门牌号等作为密码，造成被黑客盗取及破解的潜在危险。

5. 指纹支付

指纹支付是采用指纹进行识别和支付，最典型的便是苹果的指纹识别和支付技术，Apple Pay 使用指纹识别"Touch ID"来进行支付确认。2015 年 6 月 8 日，微信 6.2 版本推出了"指纹支付"功能。用户开通该功能后，下单后进入支付流程，根据界面提示将手指置于手机指纹识别区，即可实现"秒付"。整个支付流程，无须输入密码。

相比密码支付，该项技术更为安全并且更为方便，避免了忘记密码等情况。但是，近几年伪造指纹的事件频繁发生，使用户对于指纹识别技术也抱有怀疑的态度。

6. 声波支付

声波支付是利用声波的传输，完成两个设备的近场识别。其具体过程是，在第三方支付产品的手机客户端里，内置有"声波支付"功能，用户打开此功能后，用手机传声器对准收款方的传声器，手机会播放一段"咻咻咻"的声音。目前主要用于地铁、商场、校园内的自动售货机等设备，手机不需要联网，卖家需要配备声波接收器。

7. 光子支付

光子支付是通过一束光来实现授权、识别及信息传递的支付技术，它能克服电磁捕获及干扰，每次发射的光都动态变化。在现场实际操作中，用户打开手机闪光灯对着 POS 机上的光子支付感应器照一下，其他环节与刷卡支付无异。

光子支付是平安银行 2015 年推出的移动支付技术，光子支付用户先下载平安银行新版口袋银行的 App 并绑定平安银行卡，点击口袋银行的支付功能，手机对着 POS 机上的光子支付感应器照一下，然后在 POS 机上输入交易金额和密码，验证、打单，即可完成交易。目前市面上大多数 POS 机还不支持"光子支付"，商户如果要配合消费者使用"光子支付"，还需要在 POS 机上升级加贴一枚硬币大小的光子支付感应器。

光子支付并不需要连接网络，实现光子支付也不需要外接任何设备，用户不需要为实现光子支付功能而选配某一款手机，市面上基于 iOS、Android 的主流智能手机，只需要具备闪光灯功能都能支持光子支付。

作为一种新型的移动支付方式，光子支付可以将近百个支付账户绑定于一个"光 ID"，大大减轻钱包的负重，不必带卡就能轻松切换支付账户。而且由于光子支付不需要连接网络，并且支持大部分主流手机，没有 SIM 卡、操作系统等限制，因此对用户来说既随时随地可用，又不会产生额外成本。另外，支持大额支付也是光子支付的特点之一。

8. 语音支付

语音支付起步较晚，目前还没有成熟的体系。谷歌最近正在测试一种名叫"Hands Free"的语音支付系统，这套系统整合了手机蓝牙、GPS 定位、Wi-Fi 等多项技术，当用户结账时只要念出特定语句就可以完成支付。谷歌在美国加利福尼亚州的几家特定餐厅推出了 Hands Free（解放双手）支付功能，用户在餐厅中订购和支付时只需说一声"我用谷歌支付"即可，不用掏出钱包或手机。但是，由于声音相似的比例较高且容易模仿，因此业界对此种类的支付方式仍处于保留状态。

9. 刷脸支付

"刷脸"支付系统是一款基于脸部识别系统的支付平台。支付时只需要面对 POS 机或手机屏幕上的摄像头，系统会自动将消费者面部信息与个人账户相关联，可以在购物后的支付认证阶段通过扫脸取代传统密码。2015 年阿里巴巴了发布支付宝人脸识别技术"Smile to Pay"。

5.1.8 国外移动支付发展概况

由于政策、用户习惯和通信技术的不同，不同国家的移动支付发展状况有所差异。

美国金融市场发达，信用卡普及率非常高，现有信用卡支付体系比较成熟，移动支付很难取代原有的支付方式，PayPal、苹果及三星是移动支付市场的主要推动力。从支付方式看，美国远程支付发展较为成熟，占 90% 以上的市场份额，随着谷歌、苹果等支付产品的不断推出，近场支付在美国也快速发展。美国移动支付从 2012 年进入快速发展期，根据 eMarket 美国移动支付研究报告，2015 年美国移动支付交易量超过 87 亿美元，预计 2019 年超过 2100 亿美元。美国在移动支付技术创新上一直引领潮流，以 Visa 为代表的金融机构和以苹果、谷歌为代表的互联网企业，纷纷在移动支付技术和应用上进行创新，但是长期以来用户养成了刷卡消费习惯，移动支付产业发展得相对比较缓慢。

日本、韩国的移动支付产业繁荣主要得益于成熟强大的通信运营商产业。移动运营商是日本、韩国移动支付产业的主导者。移动支付产业主导企业是三大移动运营商 NTT、DoCoMo、LDDI 和软银，它们早在 2004—2005 年就推出了移动支付业务，如今已经有很大的市场规模。韩国与日本情况类似，其三大移动运营商 SK 电讯、韩国电信和 LGU+ 在 2003—2004 年就推出了移动支付业务。根据韩国银行数据，在 2016 年第二季度，移动支付交易量就比第一季度上涨 53%，韩国目前拥有 11 种移动支付服务，例如 KakaoPay、Naver Pay 和三星支付。

从全球来看，移动支付普及率较高的地区不在日本、韩国和欧美等经济发达地区，而在非洲等经济欠发达地区。由于金融体系不完善，大量居民无法享受正规的金融服务，依托于强大的手机普及率，基于手机的移动支付正成为经济欠发达地区获取金融服务的主要方式。

【拓展阅读】：各国移动支付推进情况

移动互联网的蓬勃兴起让支付方式推陈出新的速度超过了以前数年，出现了爆发式的增长，NFC 支付、mPOS 支付、扫码支付、声波支付、指纹支付、刷脸支付、虹膜支付、光子支付等如雨后春笋般走入我们的经济生活。

在中国，以阿里、腾讯两家互联网巨头企业为代表的线上支付机构，与线下支付霸主的中国银联都在加快移动支付布局。如今，身上不带现金，人们也能正常生活、购物。推进"无现金社会"成为这届"两会"的热议话题，无论普通消费者，还是金融业人士，都认为这将是未来中国金融的发展方向之一。

移动支付也已成为世界各国政府都在大力推行的发展趋势。加拿大、新加坡、欧洲各国纷纷废除大额货币；2016 年，丹麦允许零售商拒绝现金支付，仅接收移动支付和银行卡支付；同年 11 月，印度总理莫迪的废钞令也是政府大力推进移动支付的典型事件。

印度

在 2016 年 11 月，印度总理莫迪突然宣布废除 500 卢比及 1000 卢比纸币的发行和流通后，电子支付产业进入一个特殊的发展阶段，以 Paytm 为代表的新兴电子支付公司和 Visa 这样的信用卡收单巨头在废钞令背景下迎来了机遇。此后推出国家支付钱包（BHIM），如今又推出国家支付二维码，每一个动作都显示出印度政府推行无现金支付的决心。

与商业移动钱包相比，国家支付二维码最大的特别之处就在于用户扫码支付，钱直接从用户的银行账户转账到商家的银行账户，并且目前国家支付二维码已与 16 家银行达成合作，也支持在不同银行和多个账户之间扫码转账。扫码支付无须透露自己的任何信息，也不会保存个人信息，如银行账号或卡号。一旦发生丢失手机的情况，用户可直接联系关联的银行报失，这极大地降低了丢卡、盗刷的概率进而使移动支付变得更加安全。

新加坡

现在，新加坡消费者购物流程是收银员告知消费金额，消费者拿出拥有 Visa payWave

标识的信用卡，在识别设备上轻轻一拍，不需要签字或输入密码，即可带着购物袋和信用卡离开。

通过 Visa payWave 卡片进行的支付属于非触控式支付，消费者在付款时不用将支付卡插入读卡器，只需在收银台的非接触式读卡器的提示下，将卡片置于距离读卡器 4cm 以内距离，读卡器上的显示屏将提示交易信息。据悉，Visa payWave 技术不仅可用于信用卡，同样可用于借记卡、手机或贴片设备上。依赖 payWave 技术，不管是各种卡片还是手机、贴片设备，只需在非接触式读卡器的提示下放置在有效距离内，就可快速完成支付。

Visa 提供的数据显示，2016 年 11 月至 2017 年 1 月，澳大利亚使用 Visa 卡进行现场支付的交易中，这一比例占到近 90%，新西兰比例超过 60%，新加坡则超过 45%。

美国

PayPal 是美国人非常熟悉的一种电子支付方式，相信很多中国的跨境电商卖家都不陌生。PayPal 操作简单，在国外普及与认可程度非常高，有点类似支付宝，目前可以在 190 个国家使用，支持 17 种货币交易，全球用户超过 1.53 亿。

美国人爱用 PayPal 还有其他的原因，他们非常看重自己的信用记录，而考虑到虽然 PayPal 账号是与信用卡相关联的，但拒付和理赔都能做到与信用卡无关。这样做的好处是不会影响到他的银行信用记录。因此在使用 PayPal 收款时同样需要保存好自己交易证据，比如留下双方通信的内容记录以及物流包裹的踪迹编号，防止对方恶意拒付。

然而即便美国用过 PayPal、Apple Pay 等移动支付人越来越多，但并没有成为民众的日常生活习惯。对比微信支付和支付宝线下发展的势头，可以说美国现在的移动支付发展落后中国 2 年以上。

国外诸多引动支付公司布局的招数大同小异，就是不断扩展消费者绑定卡数量和商户网络，但在运营方面基本没有放什么大招，不像国内从打车到各种支付日，简单粗暴但有效培养了用户使用习惯。

（资料来源：未央网，http://www.weiyangx.com/234657.html，2017 年 3 月 13 日）

问题思考：
1. 美国移动支付发展模式与中国存在哪些差异？
2. 印度推出的国家二维码支付有哪些优点？

5.2 移动支付安全与防范

移动支付面临的环境非常复杂，其不仅仅同普通的电子商务安全体系一样存在被外部恶意攻击的可能，而且由于移动支付的参与者存在种种利益方面的冲突，使得一些不诚实的参与者也有向系统发起攻击的可能。同时加上网络和移动环境等差强人意，网络带宽不足，终端计算机能力相对较弱，种种因素为安全的移动支付系统的设计和实施带来了相当大的困难。

导航案例

移动支付带来的新骗局：拿什么拯救你的手机钱包

随着电子商务快速发展，吃饭、打车、购物、看电影、充值、发红包……人们的日常行为已经与移动支付密不可分。与此同时，一些不法分子也瞄准这一新生事物，利用移动支付领域存在的技术漏洞、监管不到位等从事诈骗行为，且作案手段不断翻新，令打击难上加难。

新漏洞滋生新骗局

2016年5月，合肥市李先生收到一条某电商网站的推销短信，是以前浏览过的一家网店，其中液晶电视价格要比之前便宜近千元。"我之前浏览过官网，诈骗分子发来的页面跟官方网站实在太相似了，所以我想都没想就填了账号和密码。"李先生通过手机扫描了店主发来的二维码后，进入一个支付界面，输入银行账号和密码后却显示支付失败，之后却发现自己的银行账号被转走10000余元。

无独有偶。在广西南宁市，有市民反映逛街时，有商家搞活动，说只要下载一个App并捆绑信用卡，之后刷一毛钱即可参加抽奖。按照要求刷完后，这位市民发现信用卡在杭州被盗刷了3200元。

南宁市七星路，一名推销话费充值业务的女孩称，公司为推广微信公众号特意拿出一笔费用，只要扫码关注，就可享受"300元抵500元"的充值优惠。南宁市公安部门民警表示最近已掌握相关情况，并提醒这是个骗局，扫完二维码后，手机会被植入病毒，盗刷与手机绑定的银行卡。

移动支付的高速发展给人们带来前所未有的便捷，也为骗子们开辟了新途径。用户在使用了外观、体验都与正版无异的盗版客户端和网页后，骗子再通过改动原始客户端程序的执行流程，截获用户的账号、密码等隐私数据，这是诈骗分子通行的做法。

信息泄露是滋生诈骗的"温床"。据中国互联网协会发布的《2016中国网民权益保护调查报告》，84%的网民曾亲身感受到因个人信息泄露带来的不良影响。有关人士指出，房产、装修、保险、银行等行业已成为公民个人信息泄露的"重灾区"，形成了"源头泄露—批发商—网络交易平台—中间商—买家"的完整利益链。

除此之外，通过二维码和免费Wi-Fi植入手机木马病毒进行侵害的案例也不在少数。据腾讯移动安全实验室数据显示，腾讯手机管家用户每天有超过2亿次Wi-Fi连接，其中每天约有60万次属于连接具有风险的Wi-Fi。

基于NFC（近距离无线通信）技术的新型支付方式，因其方便、快捷特性，一经推出便受到年轻人的青睐。消费者在购买商品或服务时，通过用事先绑定银行卡的手机与消费POS机轻触，即可完成支付。

"这项新的技术也存在安全漏洞。"马鞍山市公安局雨山分局经侦大队民警何正飞介绍，民警在实际使用中发现，只要随机将一张IC芯片银行卡靠近有NFC功能的智能手机，手机便可以在无须输入密码的情况下"扫"出该卡的4位尾数、卡片余额以及最近10笔交易记录等关键信息，这些信息不仅导致个人银行卡信息泄露，更容易被不法分子所利用。

防骗术：物理隔绝 + 科技武装

不少人谈到自己的被骗经历，都表示以后要加倍小心，甚至有人称再也不用移动支付了，要与网银和移动支付保持距离。生活在湖北省武汉市的周先生就是其中之一。

"平时买东西、打车等都是使用现金，有时不得不用银行卡结账，过后还会尽快到银行修改密码。"周先生说，"现在别人连买菜都不用现金，用手机扫一扫就行了，确实方便，但我不敢用，网络诈骗太可怕了！"

中国工商银行鄂尔多斯分行工作人员张鹏说，经常有客户来咨询手机短信是否为银行发送，担心遇到诈骗。"现在不少客户尤其是老年人都拒绝开通电子银行、手机银行等业务。为避免客户被骗，目前我们已将账户余额变动提醒由过去的通过短信提示，改为通过App提示。"

面对层出不穷的骗局，一些人选择用科技武装自己的手机。山东烟台市民小杨的手机上，装载着好几个与防骗有关的App。由于喜欢网购，移动支付是她消费时的主要支付方式，但面对日益增多的骗局，她也充满警惕。打开她手机里的一个手机管理App，里面过滤了不少电话、短信。她说，其中不少电话是响一声就挂断的，自从安装了这个软件，大部分诈骗电话和短信都被拦截了，省心很多。

专家表示，手机系统版本以及手机上装载的一些杀毒软件和应用软件应及时更新升级，这有利于弥补技术漏洞，挤压不法分子的活动空间。但不少市民认为，骗子都是有备而来，自己却是技术外行，靠提升手机等电子设备的安全性作用有限，为了防骗，什么都得学、都得关注，实在太累了。

专家建议：强化源头保护

有关人士认为，遏制当前新型诈骗多发高发势头，不仅需要提升公民的防骗意识和能力，更需从根源上解决个人信息泄露严重、部门协作机制不健全等问题，不断加大打击力度，提高不法分子的违法成本，为人们的新生活方式提供安全保障。

有关人士建议，应进一步加大对非法获取公民个人信息行为的打击力度。厦门勤贤律师事务所律师曾凌说，要强化源头保护，因工作关系合法掌握公民信息的单位，对于监守自盗的内部人员要进行严惩，同时需及时堵塞信息系统安全漏洞。

腾讯"手机管家"安全专家蔡超维说，移动互联网时代，只要人们与互联网接触，就存在信息泄露的可能。当前无论是政府部门还是企业，都应承担起相应的责任，采取严密措施保护人们的隐私。

专家认为，近期通过的《中华人民共和国网络安全法》聚焦个人信息泄露，不仅明确了网络产品服务提供商、运营者的责任，而且提出严厉打击出售贩卖个人信息的行为，对于保护个人信息安全具有重要意义。

"政府要强化立法，保护用户隐私，并加强对企业的监督。"蔡超维认为，"《网络安全法》的出台可有效加强相关责任主体打击诈骗的动力。对于政府部门、网络服务提供商、运营商和金融部门等责任主体来说，一旦明确其应承担的法律责任，将有助于推动安全体系建设。"

上海交通大学信息安全学院教授陈恭亮建议，有关部门应根据当前新型诈骗新形势，探索出适合互联网特点的证据链搜集系统，应充分利用技术手段，将网络上的证据固定下来，由此作为查处依据。

（资料来源：未央网，http://www.weiyangx.com/229552.html，2017年2月3日）

案例思考：

1. 移动支付面临哪些安全隐患？
2. 如何保证移动支付的安全？

5.2.1 移动支付安全

1. 移动支付安全现状

目前，移动支付是基于手机号上绑定的银行卡、信用卡与商家之间完成或基于手机SIM卡与POS机近距离完成，因此密码破解、信息复制、病毒感染等都有可能对移动支付造成重大的损失。根据易宝支付发布的2017年移动支付安全报告，近7成受访者对移动支付的安全性表示担忧，超过3成的受访者表示，曾有过至少一次的移动支付欺诈经历，社交账号盗用、短信木马链接、钓鱼网站诈骗则是最为常见的诈骗手段，如图5-8所示。移动支付出现安全隐患的原因在于：

（1）手机本身存在安全隐患

移动支付过程中往往容易出现信息泄露，这已成为移动支付发展的一大难题。另外，随着智能手机的普及，手机病毒越来越多，黑客使用病毒盗取用户的手机PIN、网银密码，导致用户账户被盗刷的现象屡见不鲜。

（2）缺乏身份识别

移动支付必须解决的一大问题就是商家和用户合法身份确认。由于移动支付将银行、商家紧密联系，涉及现金转账往来，如何解决合法身份认证就显得尤为重要。

（3）信用体系有待完善

通常，一些小额支付业务可以通过扣除手机话费的方式进行付费交易，于是就可能产生手机话费透支、恶意拖欠等现象。

（4）手机丢失会给移动支付用户带来损失

由于手机携带便捷，使得手机在日常生活中会出现频繁丢失的情况，而移动支付通常是手机卡与银行卡、信用卡相关联，由此可能造成用户在丢失手机后移动支付账户被他人冒用的风险。

另外，移动支付由银行、商家、移动支付服务提供商、认证中心、用户等多元素组成，此系统还与移动网络运营商、移动网络内容服务商、信用卡服务等其他机构产生业务往来，这样一个庞大而复杂的移动支付产业链，其安全问题不仅只涉及其技术本身的安全防范，还会考虑到和其他系统之间信息的安全传递。

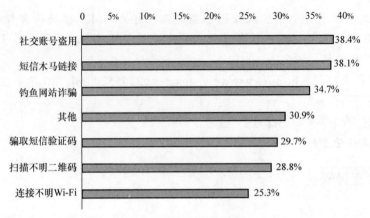

图 5-8 移动支付欺诈类型

2. 移动支付安全问题

移动支付的安全问题主要包括：

（1）移动支付信息的机密性

由于无线网络的开放性，终端设备与 Web 服务器之间传输的交易信息很可能在传输过程中遭到非法攻击，被非法用户获取、修改，如何保证交易信息的安全性和保密性是移动支付的基础。

（2）移动支付信息的完整性

移动支付交易必须保证交易不被破坏或干扰，交易内容在传输过程中需要确认数据信息没有被改变，即信息在交易的处理过程中不能被任意加入、删除或修改。

（3）移动支付多方身份的认证性

移动支付是在支付各方见不到面的情况下，使用移动终端通过移动通信网络进行的交易。移动用户与服务提供商之间不存在固定的物理连接，很难确认彼此的合法身份，只有建立信任关系，才能保证支付全过程的安全进行。

（4）移动支付的不可否认性

移动支付必须是防止发送方或接收方抵赖传输的消息的一种安全服务，即当接收方接收到一条消息后，能够提供足够的证据向第三方证明这条消息的确来自某个发送方，而使得发送方不能抵赖发送过这条消息。同理，当发送一条消息时，发送方有足够的证据证明某个接收方的确已经收到这条消息。

（5）移动支付服务的不可拒绝性

由于移动支付网络中存在拥塞、单点失效、效率和服务质量不高等问题，无法保证授权用户在正常访问信息和资源时不被拒绝，无法保证为移动用户提供稳定的服务。

5.2.2 移动支付安全技术与标准

安全性是影响移动支付业务发展的关键问题。相比有线网络，无线网络没有特定的界限，窃听者无须进行搭线，可以轻易获得无线网络信号。因此，与传统电子商务模式相比，移动商务的安全性更加薄弱。如何保护移动用户的合法信息（账户、密码等）不受侵犯，是一项迫切需要解决的问题。

1. 移动支付安全技术

（1）数据加密技术

加密技术是电子商务采取的主要安全保密措施，是最常用的安全保密手段，利用技术手段把重要的数据变为乱码（加密）传送，到达目的地后再用相同或不同的手段还原（解密）。目前，数据加密技术主要包括对称加密技术和非对称加密技术。

（2）身份认证技术

身份认证技术是在交易过程中确认操作者身份的技术，保证操作者拥有合法身份，通常采用静态密码、短信密码及动态口令等认证方式。在实际使用过程中，不同的安全需求决定不同的认证方式：小额支付通常采用移动电话号码和固定密码认证的方式；大额支付可采用固定密码和动态密码的方式提高安全性；以 WIM 为基础的移动 PKI 认证可以同时满足以上两种要求。

在 PC 互联网时代，U 盾及数字证书是人们在使用支付工具时的首选安全验证方式，但由于其过程过于繁琐，还需要一定的硬件设备与之匹配，所以总体上虽然可靠性足够高，但是消费者持续使用意愿仍然比较低。随着移动时代智能设备的普及，一系列新安全技术手段的应用变为了现实，随机生成的动态验证码、指纹识别等正在逐渐成为人们在支付过程中最为倾向的安全验证途径，图 5-9 是易宝支付调查的用户在支付过程中最倾向的安全验证途径。未来将有可能出现虹膜、声纹识别，或是人工智能等更为复杂的技术手段来为支付安全提供全面保障。

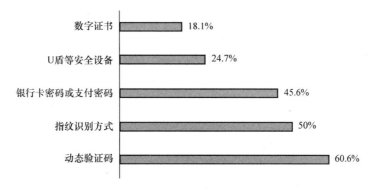

图 5-9 移动支付过程中的用户最倾向的安全验证途径

（3）数字签名技术

数字签名技术是将摘要信息用发送者的私钥加密，与原文一起传送给接收者。接收者只有用发送者的公钥才能解密被加密的摘要信息，然后用 HASH 函数对收到的原文产生一个摘要信息，与解密的摘要信息进行对比。如果相同，则说明收到的信息是完整的，在传输过程中没有被修改，否则说明信息被修改过，因此数字签名技术能够验证信息的完整性。

2. 安全标准

WPKI（Wireless Public Key Infrastructure，无线公开密钥体系）采用公钥基础设施、证书管理策略、软件和硬件等技术，有效地建立了安全有效的无线网络通信环境。WPKI 中使用两个不同的公开密钥：一个用于密钥交换（其证书可用于身份认证），另一个用于数字签名，有效地将身份认证和访问控制分开。

WPKI 架构包括无线终端、注册中心（RA）、证书认证中心（CA）、目录服务器和无线网关等。注册中心负责接受用户对证书颁发、撤销等请求，认证中心负责证书的颁发和管理，证书内容包括使用者的姓名和公开密钥、证书有效期、数字签名等。目录服务器用来存放证书、CRL 等供用户查询、下载。无线网关完成无线和有线环境协议的相互转化。在安全协议 WTLS 中，服务器和客户（如果服务器要求的话）分别利用其公钥证书向对方证明自己的身份。

为了适应无线应用环境，WPKI 对传统的 PKI 进行了相应的优化工作，如采用压缩证书格式，可减少存储容量；采用椭圆曲线算法，可提高运算效率，并在相同的安全强度下减小了密钥长度。

5.2.3 移动支付的风险防范

1. 移动支付的风险

移动支付潜在的风险包括 4 个方面：政策风险、技术风险、法律风险和信誉风险。

（1）政策风险

作为新兴业务，移动支付缺乏行业规范，包括准入政策和监管政策，资源共享、服务质量保证、服务规范等都需要有明确的规定，支付业务才能健康发展。

（2）技术风险

技术风险主要是支付的技术安全风险和技术开展风险。技术安全风险包括两个方面：一是数据传输的安全性风险；二是用户信息的安全性风险。

（3）法律风险

目前，移动支付处于起步阶段，有关法律法规不健全，移动支付涉及的当事人多，法律关系复杂，再加上移动支付使用计算机及通信等先进技术，因此，移动支付过程中可能产生一些法律纠纷。

（4）信誉风险

开展移动支付，服务平台的信誉至关重要。

2. 移动支付的风险防范

下面主要从移动支付的技术风险、法律风险和信誉风险三个方面提出防范措施。

（1）技术风险防范

在技术风险防范方面，要保证数据的保密性和完整性、系统的完整性、用户的身份鉴别、灾难恢复性和操作的不可否认性。针对这些问题，必须对敏感信息进行全程数据安全加密；系统中配备适当的安全措施如防火墙、侵入窃密检测系统、监视控制系统等；对访问系统的用户进行身份鉴别；装备必要的恢复和后备系统；使用数字签名等。

为了防范移动支付的潜在风险，必须建立完善的技术安全机制。

1）移动终端的安全。针对移动终端有可能受到的安全威胁，开发商开发的手机应用程序首先要提交给运营商指定的第三方测试公司进行兼容性测试，保证软件没有病毒和有害代码；测试通过后的软件包经过运营商代理数字签名，提交到应用下载服务器，用户在此下载的软件包是经过数字签名的,保证了软件包在分发过程中不会被更改;开发商可以指定软件包中二进制执行文件等关键的数据文件不可更改,否则将无法启动软件,从而防止文件被外部改动而带来的风险;软件被下载到手机上会生成一个跟卡号相关的签名文件,在每次启动程序的时候,首先要检查当前卡跟签名文件授权的卡是否一致,只有一致后才能正常启动程序。

2)用户与 SP 平台之间的安全通信。用户登录到 SP 平台,处理余额查询、转账、支付等业务,在此过程中用户需要输入卡号、密码等关键信息。要保证这些信息不被窃听和篡改,可以让 SP 平台配置有 CFCA 签发的服务器证书,手机端程序包括 CFCA 的根证书。在用户和 SP 平台之间采用 HTTPS,手机端通过证书对服务端进行身份认证,传输过程使用 HTTPS 进行加密传输,保证数据不会被窃听和篡改。

3)用户与银行系统之间的安全通信。用户与银行公共支付平台之间并不建立直接的数据连接,但是在用户和银行联系系统之间要保证用户密码是端到端安全的,在中间的 SP 平台不能得到用户的密码明文信息。

对于基于 SMS(短消息服务)的移动支付,可以采用的安全措施有:银联系统生成一对 RSA 1024 位密钥。其中,公钥随客户端程序分发到手机上。用户在手机上输入密码后,先用公钥对密码进行加密处理,然后只把加密后的密文随同其他信息一起通过 HTTPS 传送给 SP 平台。SP 平台再按照银行公共支付平台的接口,把支付请求数据发给公共支付平台,其中密码仍然是密文形式。由于 SP 平台没有对应的 RSA 私钥,所以不能通过密文得到用户密码,保证了密码在手机和银联公共支付平台之间端到端的安全。

对于基于 Wap 的移动支付,可以采用的安全措施有:由于 Wap 与后台之间的通信采用 B/S 方式。不能够在客户端对用户密码先进行加密处理,再通过 HTTPS 传输。为了保证用户密码的安全,在银行系统内设置一台代理加密服务器,用来代理客户端进行用户密码的加密工作,手机与代理加密服务器之间使用协议。代理加密服务器使用 RSA 公钥对密码进行加密处理,然后把密码密文以及其他信息通过重定向命令发给用户手机,通知手机把密码密文和其他信息重定向到 SP 平台。SP 平台只能收到密码密文信息,保证了密码在手机和银联公共支付平台之间端到端的安全。

(2)法律风险防范

在法律风险防范方面,首先要充分利用我国现行法律拟定移动支付相关协议,如《合同法》《会计法》《票据法》《支付结算办法》等;其次,在技术安全方面充分利用目前执行的关于信息技术安全方面的行政法规,如《中华人民共和国计算机信息系统安全保护条例》等;最后,银行应注重交易数据的保管,为可能的纠纷或诉讼做必要准备。

(3)信誉风险防范

在信誉风险防范方面,应重点防范操作风险和利用移动支付进行金融欺诈的行为。完善移动支付系统中各相关部门的制度规范,加强人员管理,防范操作风险。随着移动支付业务的不断拓展,应对重点客户加强监控,防范金融欺诈问题的发生。

综上所述,不论是技术风险,还是法律风险和信誉风险,都需要建立完备的机制,并且取得客户的信任,这样才能使移动支付业务得到广泛的认可和接纳。随着 4G 业务的全面推进,网络融合应用服务平台已经搭建,人们对移动支付将变得越来越有信心,移动支付业务最终将全面普及,成为与传统支付并驾齐驱的支付方式。

5.2.4 我国移动支付的安全监管

随着移动支付的发展，近年来监管机构相继推出了各种政策法律，一方面从行业准入、安全监管和业务指导等方面，加强对移动支付行业的监管力度。另一方面，监管部门也出台了大量业务指导细则，为移动支付行业制定统一的技术标准。

2014年3月，中国人民银行出台了《中国人民银行关于手机支付业务发展的指导意见》，其指出二维码支付对于培养社会公众的手机支付习惯、便利小额非现金支付具有一定的积极作用，但是由于没有统一的技术标准及风控体系，暂时在管理制度中不承认其合法性。在监管实践中，将其纳入创新业务，给予一定的观察期。

2015年12月，为规范非银行支付机构网络支付业务，防范支付风险，保护当事人合法权益，中国人民银行制定了《非银行支付机构网络支付业务管理办法》，自2016年7月开始实施，对互联网支付、移动电话支付、固定电话支付、数字电视支付等网络支付业务的非银行机构开展网络支付业务制定了具体的管理办法，确立了坚持支付账户实名制、平衡支付业务安全与效率、保护消费者权益与推动支付创新的监管思路。

2016年12月12日，中国银联正式推出银联二维码支付标准，包括《中国银联二维码支付安全规范》《中国银联二维码支付应用规范》两个规范。《中国银联安全规范》从安全方面对二维码受理设备、手机客户端、后台系统等提出了具体安全要求，确保支付过程中账户信息及支付资金的安全性，对下一步银联及银行设计和开发二维码产品提供了安全相关的标准依据。《二维码支付应用规范》定义了二维码支付的应用场景和基于数字签名的安全机制，提出了适用于金融支付的二维码应用数据元，对下一步银联及银行设计和开发二维码产品中的二维码编码方案提供了可参照的标准依据。

【拓展阅读】：移动支付时代安全风险不小 怎样才能放心支付？

移动支付已成为普惠金融的重要载体，但其中潜藏的安全风险也不容小觑，社交账号盗用、短信木马链接、骗取验证码成为最常见的诈骗手段。

提升移动支付安全性，从制度层面来看，围绕移动支付发布了多项制度，但还是属于部门规章、文件的范畴，没有融入法律体系中去。

电子商务法草案有一节专讲电子支付，其目的就是把电子支付、移动支付方面已经通过相关管理机构初步确立的一些规则上升到法律层面，进一步明确下来。

近日，中国银联《2016移动支付安全调查报告》正式发布。根据调查结论，银联支付安全专家建议，消费者应进一步提升安全支付意识，特别是在岁末年初消费高峰到来之际，更要注意加强支付风险防范。

随着移动互联网发展，移动支付正在为越来越多的人所接受。移动支付前景如何？又面临哪些风险？

便捷性与安全风险并存

近日，中国互联网络信息中心发布的第39次《中国互联网络发展状况统计报告》显示，截至2016年12月，我国网民规模达7.31亿。其中，手机网民6.95亿，增长率连续三年超过10%。

移动互联网的迅速发展，让移动支付的未来看上去一片光明。

"通过今年的调查，我们看到一些新的趋势。"中国银联支付安全专家王宇这样总结道，"一是金融支付与科技创新深度融合，支付产品及场景更加丰富，支付更加简单、安全、方便；二是用户因此对移动支付的接受程度快速提高，移动支付已成为普惠金融的重要载体；三是服务体验不断优化，持卡人支付安全更有保障，自担风险获显著改善。"

《2016移动支付安全调查报告》显示，超过九成的受访者曾使用手机完成付款（在商户现场支付或远程支付）。超过四成的受访者选择"大额支付用卡，小额支付选手机"，这已逐渐成为消费者的日常支付习惯。

"由于移动支付十分便捷，因此未来有极大的发展空间。"中国政法大学金融法研究中心副主任李爱君教授说。

与此同时，移动支付潜藏的安全风险也不容小觑。

调查报告显示，社交账号盗用、短信木马链接、骗取验证码成为最常见的诈骗手段。欺诈手段针对性进一步增强，根据不同人群特点实施差异化的诈骗：85后受访者遭遇盗用社交账号欺诈超九成；40~50岁的消费者遭遇木马链接短信风险逾八成；30~40岁的消费者约六成有被骗取动态验证码和遭遇钓鱼网页等欺诈风险。

"要肯定移动支付的成绩。原来银行动不动就排长队，现在情况有所好转，这就是移动支付带来的改变或者说是功劳。现在不管是支付小额还是大额，通过支付宝、微信、网银App都很方便，所以发展速度非常快。移动支付应用十分广泛，如转账、付款、网购、发红包等。移动支付在给人们带来便利的同时，也带来了安全问题、欺诈问题、个人信息被窃取问题等。"中国电子商务协会政策法律委员会副主任阿拉木斯说。

便捷安全之间寻找平衡

《中国互联网络发展状况统计报告》分析称，网络支付企业大力培育市场促使线下支付场景极大丰富，网民在饭馆、超市、便利店等线下实体店使用移动网络支付工具习惯初步养成，网民在线下实体店使用手机支付结算的比例超过50.3%，出门"无钱包"时代悄然开启。

"移动支付的安全风险目前主要包括技术风险和操作风险。"李爱君说。

阿拉木斯认为，防范移动支付风险，在某种程度上面临着矛盾。"对于防范安全风险来说，有一个度。如果移动支付密码设置极其复杂，确实很安全，但会影响用户操作。现在移动支付涉及不少密码，所以不可能设置得非常复杂。这样一来，又可能会使得密码容易被猜出来"。

《2016移动支付安全调查报告》显示，64%的被调查者曾使用手机号码同时注册多个账户，包括金融类账户、社交类账户和消费类账户等，其中遭遇过电信诈骗并发生损失的比例过半，高于整体平均水平。用手机同时注册金融类账户及其他账户，如发生信息泄露，不法分子更易接管金融支付账户盗取资金。

"有的专家曾经认为，要采用特别安全的密码，但是这可能会有一定局限性。比如银行给的U盾，这是非常安全的，但是在手机上不能使用。对于普通用户来说，安全当然很重要，但是便捷性其实也很重要，需要在二者之间找到一个平衡。移动支付最好能做到很方便，也相对很安全。普通用户需要这种日常的'傻瓜式'使用。"阿拉木斯说，"移动支付要尽量采用一些新技术。比如原来银行卡被盗刷，升级到芯片卡之后，盗刷现象就大为减少。所以，技术升级之后，安全状况与过去相比，就不可同日而语了。"

对于移动支付来说，新技术在不断投入应用，比如刷脸支付。早在2015年，蚂蚁金服官方微博就曾发出消息，阿里巴巴董事局主席马云在汉诺威CeBIT展开幕式上，向德国总理默克尔与中国国务院副总理马凯演示了蚂蚁金服的Smile to Pay扫脸技术。

"过去移动支付主要还是账号、密码这种方式，最多就是往你手机上发一个验证码，让你再次输入。但是手机如果丢失的话，就可能会带来较大财产损失。现在已经有了刷脸的技术。刷脸这项技术远比我们想象中严谨，还是很靠谱的，能够规避很多风险。还有指纹识别技术，可以组合起来应用。未来移动支付的发展方向肯定是将安全和便捷结合起来。如果技术上弄得特别复杂，老百姓用起来很不方便，即使再安全也失去意义了。"阿拉木斯说。

规则需上升到法律层面

根据调查结论，银联支付安全专家建议，消费者应进一步提升安全支付意识，特别是在岁末年初消费高峰到来之际，更要注意加强支付风险防范，并提出建议：金融网站减少使用手机号码注册账号；关注最新防范电信网络诈骗知识，提高应对欺诈能力；选择安全性高的支付产品，降低移动支付风险；积极应对欺诈，主动联系银行并报案。

"提升移动支付安全性，还是要靠由掌握技术并有动力的机构或个人等主体。因此需要给予掌握技术的主体提升移动支付安全性的激励，这样的激励包括主动型激励机制和被动型激励机制。主动型激励是经营主体的市场竞争机制，被动型激励机制是从制度层面给掌握技术主体设定承担由于技术原因造成客户的损害赔偿责任机制。"李爱君说。

"从制度层面来看，近些年来央行做了很多工作。最早应该是从2005年支付指引一号令的颁布，围绕移动支付发布了多项制度，但还是属于部门规章、文件的范畴，没有融入法律体系中。只是一些法律层级较低的部门规章和文件，这样的话确实就带来一些问题。"阿拉木斯说。

据了解，在电子商务法草案中设立了电子支付专节。有消息称，草案规定，电子支付服务提供者提供的服务不符合国家有关金融信息安全管理要求，造成电子支付服务接受者损失的，应当承担返还资金、补充差额、赔偿应偿利息损失的责任。电子支付服务提供者发现支付指令未经授权，应当立即采取措施防止损失扩大，否则对损失扩大部分承担责任……

"电子商务法草案有一节是专讲电子支付的。电子支付当然涵盖移动支付，其目的就是把电子支付、移动支付方面已经通过相关管理机构初步确立的一些规则上升到法律层面，进一步明确下来。但是草案内容向社会公开之后，我们感觉到社会上还是有些人不太理解。有些人觉得电子商务法没必要设立电子支付这一节。如果电子商务法不设立电子支付这一节的话，那么我们真要等到出台一部电子支付法吗？为此专门设立法律，几年内是不太可能的。目前能够看到的最实际的关于电子支付的法律规定，就是电子商务法中的相关内容。对此，应该说前期已经反复多次调研、讨论、征求意见。如果电子支付领域基本的法律关系不能得到确立、规范，肯定还是有问题的。"阿拉木斯说。

（资料来源：未央网，http://www.weiyangx.com/229334.html，2017年1月29日）

问题思考：
1. 移动支付的安全性和便捷性之间存在什么关系？
2. 如何提升移动支付的安全性？

【实训项目】

任务1：下载工商银行、招商银行等商业银行的手机银行，体验其移动支付业务，比较其功能。

任务2：下载中国电信、中国移动或中国联通的电子钱包，体验其移动支付业务，比较其功能。

任务3：使用微信、支付宝、百度钱包等第三方平台完成移动支付，比较各自优点、不足、安全性和使用场景。

任务4：使用具有NFC功能的手机，在线下通过NFC完成支付，体验NFC支付，分析其优点、不足、安全性和使用场景。

任务5：通过一款购物类移动App进行购物支付，查看其提供的支付方式，分析比较每一种支付方式的特点。

任务6：分析任务5中所使用移动App支付系统的风险及安全技术。

参考文献

[1] 鲁耀斌，邓朝华，陈致豫. 移动商务的应用模式与采纳研究[M]. 北京：科学出版社，2008.
[2] 周建良，等. 移动商务[M]. 北京：电子工业出版社，2008.
[3] 崔媛媛. 移动支付业务现状与发展分析[J]. 移动通信，2007,31（6）:30-33.
[4] 岳云康. 我国电子商务环境下的移动支付问题研究[J]. 中国流通经济，2008,22（1）:40-43.
[5] 周苏，王文，王硕苹. 移动商务[M]. 北京：中国铁道出版社，2012.
[6] 柯林，白勇军. 移动商务理论与实践[M]. 北京：北京大学出版社，2013.
[7] 李必云，石俊萍. 基于WPKI的移动商务研究[J]. 计算机与现代化，2010（3）:20-23.
[8] 单美静. 移动支付之安全问题研究[J]. 电信科学，2010（11）:141-143.
[9] 柯新生. 网络支付与结算[M]. 北京：电子工业出版社，2009.
[10] 蔡元萍. 网上支付与结算[M]. 大连：东北财经大学出版社，2010.
[11] 张卓其. 网上支付与网络金融业务[M]. 大连：东北财经大学出版社，2002.
[12] 帅青红. 网上支付与电子银行[M]. 大连：东北财经大学出版社，2009.
[13] 中国电信移动支付研究组. 走进移动支付：开启物联网时代的商务之门. 北京：电子工业出版社，2012.

第 6 章
新媒体营销

Chapter 6

【本章内容】
- 微信两种营销方式。
- 微信营销应用案例。
- 微博导航案例。
- 微博的 7 个营销功能。
- 微博营销应用案例。
- 微信、微博营销综合案例。
- LBS 营销的概念。
- LBS 营销的应用案例。
- 二维码营销的概念。
- 二维码营销的案例。
- App 品牌营销的概念。
- App 品牌营销的案例。

【教学重点】
- 微信朋友圈营销方式、微店营销方式。
- 微博时间营销、微博口碑营销、微博危机公关、微博的精确营销。
- LBS、二维码、App 品牌营销方式。

【教学难点】
- 微店营销方式。
- 微博精准营销。

◇ 导航案例

大数据时代移动营销趋势

如果说电子商务对实体店生存构成巨大挑战,那么移动商务则正在改变整个市场营销的生态。随着智能手机、平板电脑等移动设备的不断普及,移动化已成为主导未来的营销格局的重要因素之一。根据 CNNIC 发布的《第 34 次中国互联网络发展状况统计报告》数据显示,截至 2014 年 6 月,我国网民规模达 6.32 亿人,手机网民规模达 5.27 亿人,手机上网的网民比例为 83.4%,手机上网比例首超传统 PC 上网比例(80.9%)。

新媒体营销

在 Web2.0 带来的技术变革中,营销思维也发生了巨大的改变,新媒体营销就是这场变革中的主要营销思潮。新媒体营销是指利用新媒体平台进行营销的模式,这种营销模式与传统的电子商务营销模式相比更加注重营销的体验性、互动性、差异性、创造性和关联性。微信和微博是新媒体营销中的两大主流平台,这两个新媒体营销平台也发展得较为成熟。微信和微博营销是以"社交"作为其营销的基础,通过"社交"进行客户管理、商品发布、信息发布等营销内容。在新媒体营销发展的大趋势下,新媒体平台自身也在不断发展,微信和微博也在不断为个人用户、企业用户提供新的营销功能和工具。

LBS 营销

LBS 移动营销是人、位置、移动媒体三者的结合。比方说百度地图和麦当劳联合推出的樱花甜筒跑酷活动。打开百度地图,或是使用"附近""搜索"功能,会看到一个漂浮在地图上的甜筒标识。这是百度地图结合 LBS 大数据分析和智能推送技术,对麦当劳甜品站周边 3km 以内的用户进行匹配,挑选部分用户推送了"樱花甜筒跑酷 0 元抢"的优惠信息。用户在规定时间内跑到麦当劳甜品站,就可以免费领取樱花甜筒。这种两家企业结合自身优势推广的活动,很快引起了"樱花风暴",实现了共赢。

App 营销

现阶段移动互联网流量主要由各种 App 产生,App 产生的流量占 70% 以上,App 的数量(iOS 和 Android 版)都在百万个以上,App 已经成为移动营销的主要形式。易观智库监测数据显示,移动 App 广告占比逐年加大,2013 年占比 22.4%,2014 年移动 App 广告占比将达 28.6%,2016 年预计达 30.8%,仅次于移动搜索。智能手机和平板电脑的 App 分为两种,一是线下安装,二是用户主动下载。无论是线下安装还是用户主动下载的 App,都需要增强用户体验,提供奖励优惠,激励用户参与,建立情景消费联想。

二维码营销

二维码营销是以二维码为入口的整体互联网商业营销服务,打通商户线上线下发展瓶颈。将企业的视频、文字、图片、促销活动、链接等植入一个二维码,再选择投放到名片、报刊、展会名录、户外、宣传单、公交站牌、网站、地铁墙壁、公交车身等。用户通过手机扫描即可随时随地体验浏览、查询、支付等,达到企业宣传、产品展示、活动促销、客户服务等效果。星巴克等商店利用二维码简化与顾客互动的方式,顾客不用再大排长龙等待付款,而只需把预付费卡和手机应用绑定,就可以更快捷地完成支付,还能更多地了解产品和商店的信息。

案例思考:
1. 移动营销有哪些方式?
2. 移动营销能取代传统的市场营销吗?
3. 我国移动营销快速发展的原因有哪些?

6.1 微信营销

◆ 导航案例

案例 微媒体微信关键词+陪聊式营销

据了解,微媒体微信公众号是最早一批注册并实现官方认证的公众账号,从开始到现在,一直专注于新媒体营销思想、方案、案例、工具,传播微博营销知识,分享微博营销成功案例。作为该账号的杀手锏,微媒体(www.vmeti.com)关键词搜索功能不得不提,如图6-1所示。

图6-1 微媒体

例行推送消息

从注册成功至今,微媒体一直坚持每天推送微博、微信等移动互联网最为鲜活的方法论,这个也是众多微信公众平台在做的。用户通过订阅该账号来获取信息知识,微信公众号每天只能推送一条信息,但一条微信不能满足所有人的口味,有的订阅者希望看营销案例,而有些或许只是想要了解新媒体现状,面对需求多样的订阅者,微媒体给出的答案是关键词搜索,即订阅者可以通过发送自己关注话题的关键词例如"营销案例""微博"等,就可以接收到推送的相关信息。

接受用户"调戏"

微媒体公众号(weimeiti)目前已经实现与订阅用户趣味互动问答的"调戏"功能。比如,当用户发送"你好"时,小微就会认为,该用户希望与他聊天!就会自动回复"请输入关键词开始搜索",然后继续与用户聊天。

把网站搬到微信上来

微媒体是一个新媒体网站,网站上具有许多新媒体营销的案例。而每天推送的消息又不一定是用户所需要的。所以，微媒体的做法就是在微信上实现精准的订阅回复。当用户发送"微信营销""微博案例"这类关键词时，就可以得到网站上新媒体营销的经典案例。这些文章不是随机回复的，而是按照发布时间、阅读次数等参数进行筛选。这样就保证了是用户需要的最新、最权威的文章。回复后的文章还可以发送给朋友，分享到朋友圈、微博上。

6.1.1 微信的概念

微信是腾讯公司于 2011 年 1 月 21 日推出的一个为智能终端提供即时通信服务的免费应用程序，微信支持跨通信运营商、跨操作系统平台通过网络快速发送免费语音短信、视频、图片和文字，同时也可以使用通过共享流媒体内容的资料和基于位置的社交插件"摇一摇""漂流瓶""朋友圈""公众平台""语音记事本"等服务插件。如果说微博侧重于信息的分享，那么微信就更侧重于互动，而且与微博相比，微信推出的服务功能更贴合手机用户的网络信息互动需求，也符合当下电子商务时代的新发展——移动商务。

企业使用微信作为营销推广渠道，企业可以实现以下 3 种功能：

1. 信息分享推广

微信作为一个推广平台，首先就是企业的信息发布，企业可以在自己的微信上发布信息，吸引客户阅读或分享企业信息。

2. 即时的文字或语音互动

微信的主要功能是作为一个在线交流工具，企业可以在线文字回复或使用语音与客户进行互动。

3. 商品发布

微信还有一个功能"微店"，企业可以发布一些商品到自己的微店中，微信用户可以点击企业微店浏览企业的商品和服务信息，这种推广方式在当前的淘宝店铺推广中运用较多。

微信作为一种社交软件，越来越多地在企业的营销推广中发挥重要的作用。从以社交功能为主到加入移动商务，微信购物也被大众慢慢接受，在本任务中，我们将了解微信的电子商务营销方式，并通过一个淘宝店铺的微信营销案例，学习如何使用微信进行营销推广。

6.1.2 微信的两种基本营销方式

1. 朋友圈营销

微信朋友圈是微信的功能之一，在微信朋友圈里，用户可以看到自己所有微信好友所发布和分享的信息，同时还可以在好友所发布和分享的信息下面进行评论。微信朋友圈是基于用户微信好友所建立的，形成了一个好友之间信息了解、互动的关系圈，所以称为"朋友圈"，如图 6-2 所示。

朋友圈营销，是指企业在自己的微信上发布销售信息，该条信息就会出现在企业所有好友的朋友圈中，好友在查看自己的微信好友圈时就会看到该条销售信息。

图 6-2 微信朋友圈

2. 微店营销

微信中的另一个重要功能就是商品销售,企业可以在自己的微信上开通微店,在微店中展示自己的一些商品,用户可以在微信上点击购买直接支付购买商品,如图 6-3 所示。

图 6-3 企业微店

6.1.3 微信公众号营销

1. 微信公众号简介

微信公众号是腾讯公司推出的一项微信服务项目，是一个主要面向名人、政府、媒体、企业等机构的合作推广业务。公众号账号与 QQ 账号互通，通过公众号，企业或个人可以在微信平台上实现和特定群体的文字、图片、语音、视频的全方位沟通、互动，形成了一种主流的线上线下微信互动营销方式。微信号目前分为三种不同类别：服务号、订阅号和企业号。

（1）服务号

服务号是为企业或组织提供业务服务与客户管理的一种公共号，帮助企业快速实现全新的公共服务号平台。公众平台服务号旨在为用户提供服务。服务号有以下功能和特点，如图 6-4 所示。

1）1 个月（自然月）内仅可以发送 4 条群发消息。

2）发给订阅用户（粉丝）的消息，会显示在对方的聊天列表中。

3）服务号会在订阅用户（粉丝）的通讯录中。通讯录中有一个服务号的文件夹，点开可以查看所有服务号。

4）服务号无须认证即可使用自定义菜单。

图 6-4 服务号

（2）订阅号

订阅号旨在为媒体和个人提供一种新的信息传播方式，构建与读者之间更好的沟通与管理模式。订阅号有以下功能与特点，如图 6-5 所示。

1）每天（24 小时内）可以发送 1 条群发消息。

2）发给订阅用户（粉丝）的消息，将会显示在对方的"订阅号"文件夹中。点击两次才可以打开。

3）在订阅用户（粉丝）的通讯录中，订阅号将被放入订阅号文件夹中。

4）订阅号通过认证之后可使用自定义菜单功能。

注意：在微信4.5版本之前申请的订阅号可以有一次机会升级到服务号，新注册的微信公众平台账号在注册到第四步的时候有一个选择类型让你选择订阅号或服务号，这个一旦选择就不可以改变了，一定要确定好，作为企业推荐选择服务号，因为后期对服务号腾讯会有一些高级接口开放，企业可以更好地利用公众平台服务你的客户。个人申请，只能申请订阅号。

（3）企业号

公众平台企业号，是公众平台的一种账号类型，旨在帮助企业、政府机关、学校、医院等事业单位和非政府组织建立与员工、上下游合作伙伴及内部IT系统间的连接，并能有效地简化管理流程、提高信息的沟通和协同效率、提升对一线员工的服务及管理能力，如图6-6和图6-7所示。

图6-5　订阅号

图6-6　企业号

图6-7　麦当劳微信企业号

2. 企业的微信公众号营销

企业使用微信公众号作为营销工具，可以根据自身营销需要，在公众号平台上注册订阅号、服务号或企业号作为自己的微信账号。企业使用微信公众号营销一般有以下5种情况：

（1）作为移动营销平台

1）可以实现销售引导，及时快捷地把产品或服务信息送达粉丝促成交易，缩短营销周期。

2）可以实现品牌传播，通过微信，粉丝不仅可以接受品牌信息，还可更方便地参与品牌互动活动，增加互动，从而深化品牌传播。

3）可以实现活动促销的最大曝光，能及时有效地把企业最新的促销活动告知粉丝用户，降低企业营销成本。

4）可以实现O2O营销的闭环，线上与线下营销的互通是必然趋势，而微信为二者的结合提供了更便利的通道。

（2）消费者调研的平台

1）企业自主调研。产品调研是每个企业制订经营策略非常重要的环节，在传统的企业产品调研中，有些公司有专门的产品研发部门来负责产品调研工作，或者通过第三方公司进行问卷调研或电话调研，这种调研方式不仅成本高，而且数据不精准。现在，企业通过微信可以直接与客户进行交流，不仅可以自主接触，更省去大笔经费。

2）用户体验调研。移动互联网带来了体验经济时代，用户体验将成为企业的核心竞争力，它包括产品体验、服务体验、品牌体验、物流体验等各个环节，而这些环节都可以通过微信粉丝实时反馈，这将非常有利于企业做好运营调整。

（3）客户关系管理（CRM）

企业使用微信作为客户关系管理的一项辅助工具，能帮助企业从客户服务和管理中发掘出更多的客户价值。CRM的核心是通过自动化分析来实现市场营销、销售管理和客户服务，从而降低营销成本、缩短营销周期、提高用户满意度。企业通过微信与客户沟通可以实时、免费触达用户，这就缩短了营销周期并降低了营销成本，与邮件和短信相比不仅更快，也更省钱。微信作为用户天然的沟通工具，极大地方便了用户与企业沟通的体验和成本，特别是将微信与企业原有的CRM系统结合实现多人人工接入，提高客户服务的满意度。

（4）移动官方网站

PC时代企业需要官网提供信息查询，移动互联网时代企业官方网站的作用还是非常重要的。移动互联网时代用户不再需要通过搜索引擎或输入网址来访问企业官网，只需记住企业昵称搜索微信公众号就可以获得企业介绍、产品服务、联系方式等信息，也可以通过微信登录企业官网。例如，用户关注了顺丰快递微信账号，即可微信查询快递状态，而不需要登录网站查询，节省了用户在手机与PC端的切换时间，提升了用户体验。微信成为承载移动官网很重要的一个信息入口。

（5）移动电商渠道

电子商务未来的零售一定是全渠道，企业需要尽可能让消费者随时随地方便购买到产品。例如，用户在玩微信时突然想买一件衣服，那么他就可以不用退出微信而直接在微信上实现某品牌服装的下单购买。用户不需要下载服装企业的App或跳转到天猫等购买平台，这就大大提高了用户消费的体验度。所以，微信公众平台可以成为企业移动电商的渠道之一，实现用户选择下单、支付交易、物流查询、客户服务等完善的客户体验环节。

3. 微信公众号营销与 App 营销

微信公众号正逐渐发展成为企业营销推广的一项重要工具。与微信公众号相比，App 客户端也是企业营销推广的另一种重要工具。随着智能手机和 iPad 等移动终端设备的普及，App 客户端逐渐成为人们上网、购物的一种主要方式，而目前国内各大电商，均拥有了自己的 App 客户端。那么接下来我们对这两种营销推广工具进行比较，在比较过程中加深对这两种工具的了解。

（1）营销手段对比

1）微信推广：微博推广、微信朋友圈推广、传统互联网推广、软文平媒、地面媒体推广、电视传媒推广、促销活动推广。

2）App 推广：微博推广、微信朋友圈推广、传统互联网推广、软文平媒、地面媒体推广、电视传媒推广、促销活动推广。

总结：两种产品的推广手段、推广方式基本相同，2012 年时，App 客户端在各大媒体出现的频次非常高，到 2013 年，微信的普及以及微信公众号的发布，目前各大媒体见到的更多广告词是"扫描二维码，关注××微信账号，获取更多优惠信息"。相比较 App 客户端而言，微信公众号营销还属于一个新鲜的营销概念，所以发展速度较快，企业关注度较高。

（2）导入用户对比

1）微信导入用户：微信作为一个即时通信工具已被广大用户接受，很多手机在出厂前就已经预装了微信客户端，扫描二维码与在微信加好友中直接搜索成为主要导入用户的两种方式。

2）App 用户导入：用户手机中使用的 App 大多属于原生 App。原生 App 中有一部分是用户购买手机时手机中自带的，这类 App 产品更多的是针对个人用户。大部分 App 则是需要用户自行下载，下载 App 的主要方式有：扫描二维码，从 App Store 或安卓市场下载，点击 App 的下载链接地址。

总结：两种产品的用户导入手段，微信会更简单直接一点，尤其目前市场将二维码"神话"的大背景下，微信公众号的用户导入更多的是基于微信的品牌以及微信本身的市场宣传力度；App 应用在导入用户的环节上的一大缺点就是用户手机空间问题，如果用户手机桌面的空间已经很有限了，再让用户为单独一个企业的 App 预留一个位置花费的成本非常高，各大市场更多地以用户的喜好来推荐产品，所以本环节微信导入用户的优势比较明显。

（3）用户使用习惯养成对比

1）微信公众号用户：微信作为一个统一的平台，所有的公众号界面基本上是统一的，所以用户只要会使用微信的基本功能就可以熟练地与公众号进行互动。例如，用户不需要跳出微信，只需要在微信搜索界面搜索企业微信号就可以了解企业信息、进入企业网站。

2）App 客户端用户：App 的界面、功能、用户交互相对复杂，每一个 App 都是一个独立的个体，需要用户前期花费大量的时间学习如何使用 App。

总结：微信公众号在培养用户的使用习惯的投入基本为 0，App 则需要前期引导用户如何玩转 App。比较而言，微信公众号的用户使用习惯养成要优于 App。

（4）用户卸载对比

1）微信公众号卸载：微信公众号卸载简单，只需要进入到相应账号取消关注即可。

2）App 卸载：App 的卸载苹果手机直接长按住图标点叉即可卸载，Android 手机则需要进入到相应设备管理器中进行删除，用户也可以在 PC 端借助 91 助手、360 手机助手将应用删除。

总结：两款产品的卸载都比较简单。

微信公众平台作为微信商业化的试验点，第一步是成功的，企业的关注度非常高，并且催生了一批围绕微信公众号维护的公司，但是随着市场的降温，用户的活跃度还有待检验。

微信平台化的概念可以定义为一个大卖场，由腾讯制订规则，然后在这个生态链上的各个环节都可以得到自己的价值（企业增加收入，用户方面享受优惠等）；App 则像是一个专卖店，规则、平台都由企业自己设置，企业营销推广的自由度较高。各个企业可以根据自身的需求和条件来选择微信公众平台或 App 客户端，就目前的移动营销市场来看，其中大品牌选择 App 较多，中小企业在发展前期选择微信公众平台的较多。

对于企业来说，用户才是营销推广中最重要的因素，企业使用微信公众平台，那么就需要依靠微信原有的用户资源来拓展自己的市场，而且还必须遵守腾讯公司制订的平台使用规则，这对企业来说是一大限制，所以企业对于 App 的重视程度还是很高。降低 App 的开发成本、增加 App 用户数量、提高 App 的客户体验度，这几个问题是企业使用 App 获得成功的关键。

【拓展阅读】：某淘宝店铺的微信营销过程

淘宝店铺 A 是一家女装和女性饰品、化妆品销售店铺，2013 年 10 月，店主小李开通了自己的微信，小李打算通过微信来对自己店铺的商品进行营销推广。

1. 添加微信好友

小李在开通微信后就需要添加自己的微信好友，点击微信设置页面的"朋友们"选项，选择"添加朋友"，如图 6-8 所示。

图 6-8　添加微信好友

点击"添加朋友",就会进入到添加方式选择页面,如图6-9所示。

添加朋友页面,可以选择手动搜索号码添加好友,还可以通过扫描二维码添加好友,也可以直接从自己的QQ好友和手机通讯录里面导入好友。小李选择通过搜索号码添加好友,小李输入好友微信号码后就看到了好友信息,点击"添加到通讯录",这样一个好友就添加好了,如图6-10所示。

图6-9　添加朋友方式选择

图6-10　添加到通讯录

小李又通过QQ通讯录和手机通讯录添加了134个好友到自己的微信中。

2. 发布软文

小李通过微信信息发布功能发布了一些产品的介绍、推荐文字和图片。在微信中如果只是发布产品销售信息,这样会使客户感到厌烦,所以小李在发信息时,会把产品介绍融入一些故事和散文、心情文字中,这样不仅增加了客户信息阅读的趣味性,而且不会使客户对微信销售感到反感,客户在阅读这些软文时也会看到介绍的一些产品信息,如图6-11所示。

3. 发布试用照片

不管是在网店还是在微信上进行产品销售,客户对企业的信任度与企业的销量有很大的关系。客户越信任企业和企业的产品,就越可能购买,发布试用照片或者试用感受说明,都会增加客户信任度。

小李在自己的微信上发布了一款化妆品的试用照片和试用感受,想通过这些试用来增加客户对自己产品的信任度,从而吸引客户进行购买,如图6-12所示。

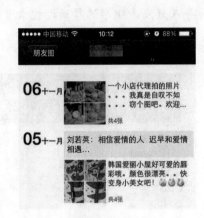

图 6-11 微信软文

图 6-12 试用报告

4. 开通微店

2014年5月,小李在微信上开通了自己的微店,在微店上传了淘宝店铺的部分商品,微信客户可以在微店上直接点击相应商品并进行购买,如图 6-13 所示。

5. 举办微信活动

小李在微信上还会定期举办一些抽奖活动。首先,举办抽奖活动,可以使微信好友互相传播分享,吸引更多的微信客户添加自己为好友,这样可以扩大自己的微信营销覆盖面。其次,举办微信抽奖活动还可以提高现有微信客户的忠诚度,吸引这部分客户参加抽奖。最后,举办微信抽奖活动,还可以增加客户对自己的关注度,这样就会提高客户的商品购买可能性,如图 6-14 所示。

图 6-13 微店

图 6-14 微信活动

通过以上 5 个微信营销步骤，小李的微信营销活动就完成了。经过一个月的微信营销推广，小李的产品销量比以前增长了很多。在今后的营销中，小李还需要不断重复这 5 个步骤。添加更多的微信好友、每天更新微信发布信息、发布试用报告、定期举办一些微信活动、不断完善微店的商品，这就是微信营销推广的主要内容。

以上的微信营销案例向我们介绍了一个完整的微信营销过程，从添加微信好友、软文推广、朋友圈推广，到开通微店、微信活动的举办，这些都是微信营销的基本内容。

通过学习该案例，同学们需要培养以下 4 种能力：

1. 微信软文推广能力。
2. 微信朋友圈推广能力。
3. 微店开通能力。
4. 微信活动举办能力。

6.2 微博营销

◇ 导航案例

案例：51 信用卡管家植入营销

51 信用卡管家最开始的名字叫 51 账单。这个应用在短短 50 小时之内，只花了 150 元，获得 500 万次曝光，App 排名 TOP40，这是如何做到的？

"看了闺蜜的手机，瞬间想嫁人了。这是她老公出差前帮她设置的。"出自于 51 账单一名爱妻达人@谭理想的手笔，在策划时，艺术创作源自生活。他老婆怀孕了。策划好后，Icon 放淘宝左边还是右边，也让 51 账单的 CEO 孙海涛纠结了半天。

创意结束以后，找到@最风尚的一个小编，他看了之后建议我们想省钱让下面一小号转发看看效果。如果有个 60 多转发就不错了。结果发布出去几分钟后，就 200 转发量了，小编很激动。于是孙海涛立刻开始造势投入，立刻号召全公司同事来转发。孙海涛向 QQ 上 500 个好友一个个发转发邀请和链接。一直到草根大号@冷笑话精选转发，瞬间就有 2000 多转发，引爆点终于来了，如图 6-15 所示。

很快孙海涛又进行一个策划，就是按照桌面的图标的各类应用虚构了一个貌似他们自己的转发内容是"有我＋鼓掌"。其实一个小技巧，没想到很多人误以为真，大家都在转发。这个帖就转发@51 账单有 3 万次，后来淘宝也转了，支付宝也转了，金山电池也转了，京东商城也转了，连新浪微博 iPhone 客户端也转了。成了互联网上知名官方微博参与度最高最默契的案例了。网友戏称："官

图 6-15　51 信用卡管家页面

皮集体卖萌"。最高潮的内容是网友制作的，他虚构了一个"@中国移动：没我+哭泣"，这个又激发了无数好事者来嘲笑移动。"我要是中国联通，我也会转的。"

整个活动，所有转发的大号粉丝加起来肯定过2亿了。一共有30万左右的转发水平，估算下至少有500万的曝光率。

案例点评：这个案例给大家的第一个启示是，一定要能制造出直指人心的优秀创意。第二个启示是，一旦微博运营者发现一个可以引爆流行的机会时，应该立刻乘胜追击；从战役上的胜利转换成整个战争的胜利。所以孙海涛整个团队，在QQ上一个个去找朋友点评转发，是非常必要和有用的。这可以引爆更大的流行。

后续发展：微博的长尾效应依旧发挥，51账单一度在App Store生活排行第37位，没有刷榜，只花了150元，其中一度由于账单解析服务器并发量过多，几近休克。后来孙海涛发文和大家分享这个营销的案例。51账单在孙海涛的带领下成为创业公司不烧钱、拼脑筋的一个典范。现在51账单更名为51信用卡管家，向着更高的目标迈进。

6.2.1 微博的概念

微博可以理解为"微型博客"或"一句话博客"。用户可以通过网页、Wap页面、手机客户端、手机短信、彩信发布消息或上传图片到微博。用户可以将看到的、听到的、想到的事情写成一句话，或发一张图片，通过电脑或手机随时随地分享给朋友，一起分享、讨论，还可以关注朋友，即时看到朋友们发布的信息。

目前国内的主要微博有新浪微博、腾讯微博，其中新浪微博的用户最多。新浪微博是一个由新浪网推出、提供微型博客服务的类社交网站。2014年3月27日，新浪微博正式更名为"微博"，拿掉"新浪"两个字之后的"微博"在架构上成为独立公司，与新浪网一起构成新浪公司的重要两极，微博于2014年4月17日在美国纳斯达克正式挂牌上市。

6.2.2 微博的7个营销功能

1. 新品发布

企业在新产品上市之前可以在企业微博上发布新品预告，吸引微博好友点击查看，提高企业新品知名度，为企业新品上市进行预热。在企业新品上市时，企业微博可以同步发布新品的销售情况，企业的这种微博新品信息宣传，可以扩大产品的知名度、提高微博网友的关注度，为企业新品的销售打下基础。

2. 促销

企业在做产品促销活动时，可以在企业微博上发布产品促销信息和商品链接，企业微博好友在查看微博信息时，就会看到企业发布的促销信息。在微博上发布促销信息，可以让更多的人知道企业的促销信息，扩大信息的覆盖人群，这样会吸引更多的潜在客户。

3. CRM

CRM即客户关系管理，企业开通微博除了可以进行产品营销外，还可以管理客户关系。企业可以通过自己的微博账号，添加企业客户的微博为好友，通过评论和私信与客户进行交流和互动，这也是维护客户关系的一种方式。随着微博的发展，越来越多的企业都采用微博来进行客户关系管理。

4. 时间营销

在不同的时间点，微博用户的阅读偏好也不相同。企业要想使自己所发布的微博信息获得较高的阅读量，就需要了解微博客户阅读时间习惯和阅读内容习惯。

阅读时间习惯，是指客户一般都喜欢在什么时间查看微博信息。据统计，每天的22：00—24：00是用户微博浏览最活跃的时间，而这个时间一般都是晚上睡觉前，微博用户在这个时间都会打开微博浏览信息。知道活跃时间是很重要的，但是也要知道什么时间发布什么样的内容会引起企业的微博好友注意。举例说，上午8—9点你发一些140字饱满的内容会容易被阅读，而晚上下班时间再发满满的文字估计就没人会看了。因为这个时候很多人劳累了一天就不想再去阅读过多的文字了。

5. 精确营销

企业微博营销的最终目标是销售产品或服务，所以微博营销的基础也就是粉丝。因此企业需要的是有可能成为企业目标客户的那些有效粉丝，要想有着较高的转化率，就要学会实现精准营销。

企业微博可以通过以下3点来进行精确营销：

（1）寻找目标用户

1）通过客户标签查找目标客户。微博用户一般都是根据自己的喜好和特点来贴上标签，这些标签代表粉丝的特点。企业根据自身产品的特点来查找有这些标签的用户，再去关注这些用户。

2）通过微博话题查找目标客户。微博上的话题是通过"#话题名称#"来实现的，所以我们可以通过微博搜索直接找到参与某个话题讨论的人群。例如，运动产品销售企业就可以寻找"#NBA#""#足球#"这些话题，这些话题的参与用户都是企业的潜在客户。

3）利用微吧寻找目标客户。微吧是一群人具有共同的特点或共同的爱好的微博用户，聚集在一起的一个互动交流群。例如，卖茶叶的企业就可以搜索和饮茶有关的微吧，关注这些微吧，这些微吧里面的用户都是自己的潜在用户。

（2）让这些用户成为企业的粉丝

在找到企业的目标客户后，就需要让这些用户去关注自己，成为自己的粉丝，这时就可以点击"求关注"或者发送私信让这些目标客户也关注自己，如图6-16所示。

图 6-16　添加微博好友

（3）做好微博内容，实现成功营销

在获得了大量的粉丝后，就该想办法去把这些粉丝变为自己的客户，向他们宣传自己的品牌。

企业在用微博发布营销信息的时候要注意技巧，将广告巧妙地加入到一些有价值的内容中去，这样不会引起粉丝的反感。还可以定期策划一些有奖活动来提高微博的人气，奖品要吸引粉丝，充分调动粉丝的积极性。在活动的过程中积极与粉丝之间互动，增加粉丝对企业的好感，提高粉丝的黏性。只要充分利用好这些粉丝，转化率还是很高的，可以将营销的效果最大化。

6. 口碑营销

微博的主要功能之一就是分享即转载功能，微博用户可以分享其他人发布的微博，同一条微博，第一个人转载，假如这个人有100个好友，那么100个人都会看到该微博，第二个人转载，假如这个人有300个好友，那么这300个人都会看到该微博，所以微博的曝光度是随着转载的人数呈几何指数增长的。

企业使用微博作为口碑营销的工具，就需要使自己的微博内容具有吸引力，这样才可以促使用户分享。一般企业微博推广营销活动有两种形式：第一种是吸引新粉丝的活动，形式一般是有奖转发、砸金蛋、大转盘等；第二种是互动性非常强的活动，比如一些征集类型的活动。

7. 危机公关

在微博时代，如何做好危机公关？

首先，微博给企业公关带来了以下3点挑战：

1）危机的源头无处不在。微博彻底消除了信息门槛，人人都可以在网站上发布、分享信息，并积极地进行互动交流。这都给危机的发生和快速发展提供了机会。

2）负面信息的传播更快速。有注意力才有价值。伴随着人人都是自媒体的时代的来临，好消息通常不能吸引注意力，而能够吸引注意力的往往是坏消息。

3）"扩音器"作用明显。"微博或论坛曝光—网民关注—传统媒体报道—网络转载—网民议论放大—更多媒体关注—更多社会关注—事件升级，掀起高潮"，这种令人恐怖的裂变效应，往往使企业措手不及。

面对微博时代的公关危机，企业可以通过以下3点来解决公关危机。

1）抢占社会化媒体阵地，建立危机的防火墙。首先要建立危机公关体系，从危机的预防、处理到从危机中恢复，都应有体系、流程和制度作为保证。

2）要做好舆情监测工作，确保在第一时间发现危机源头，了解危机动向，对热点进行识别，通过分类、聚类分析，判断其倾向和趋势。

3）主动、系统、全面地进行传播，积极承担社会责任，润物细无声，潜移默化地树立正面形象。

【拓展阅读】：某电商企业的微博营销

1. 管理企业微博客户

某电商企业是一家电子商务运营服务商，2012年3月，该企业在新浪上开通了自己的企业微博，开通企业微博后的第一步，就需要为自己的微博添加好友，有了好友，企业发布的信息才会被别人看到。

添加微博好友，首先在微博首页的搜索栏搜索自己想要关注的微博用户名称，如图6-17所示。

图6-17 好友搜索

点击微博用户名就可以进入到该用户的微博页面，如图6-18所示，点击"关注"就可以添加该用户为自己的微博好友了。

图6-18 添加好友

2. 发布信息

2014年6月，该企业打算举办一期电子商务技术交流夏令营，企业的活动举办工作人员打算在企业微博上发布这条活动信息，工作人员首先需要登录企业微博，在企业微博首页的发布栏输入活动内容"最新一期的电子商务技术交流夏令营快要开始啦，想要参加的赶快报名哦"，写好活动内容后点击"发布"，这样一条企业信息就发布成功了，所有的粉丝都会看到这条信息，如图6-19所示。

图6-19 企业微博

3. 发起活动

企业还可以通过微博进行客户的信息收集，企业通过发起一些微博活动，使企业的微博粉丝参与该活动，这样企业就可以收集到客户的反馈信息。

2014年9月，该企业的管理人员想要了解用户对企业产品的使用情况和满意度，打算在企业微博上发起一个产品调查投票活动。企业工作人员首先需要登录企业微博，在企业微博首页中，选择"投票"这个选项，在标题栏输入投票活动的标题"您更喜欢商派的哪一款产品？"，在投票选项中输入5个公司产品的名称，在"单选/多选"项里选择单选，最后点击"发起"（图6-20），这样一个企业发起的投票活动就建立好了，所有的企业微博粉丝都会看到该投票活动，用户可以在企业发布的这个活动上直接勾选自己喜欢的产品，这样一个关于用户对企业产品的使用信息就收集好了。

案例分析：

上述案例包含了微博营销的两个主要内容：发布信息和发起活动。发布信息是微博营销的主要内容，起到企业信息、新闻的传播功能。而发布活动则是主要体现了微博的用户体验，通过吸引微博好友参加活动，来达到企业微博营销的目的。与微信营销相比，微博营销主要侧重于信息的传播，而微信营销则是侧重于用户体验。

通过以上案例，同学们需要培养以下2种能力：

1. 微博基本功能的熟练操作能力。
2. 微博7个营销功能的使用能力。

图 6-20　创建微博活动——投票

【拓展阅读】：微信、微博营销综合案例

康师傅的双 V 营销

微博诞生以来，运营的策略和模式日益成熟，从最初摸爬滚打、误打误撞的探索状态，已经向着理性和成熟的方向迈进，建立了一套相对成熟的营销体系，但也由此产生了的官微运营同质化的问题。

在新媒体环境下，康师傅突破了以往常见的运营模式，在双V（微博、微信）时代实现了营销策略的突破。康师傅品牌旗下的香辣牛肉面就是很好的个案代表，它首次尝试卡通化的拟人定位，同时为辅助传播建立了卡通账号矩阵：卤蛋和香肠等矩阵，以一种全新的微博矩阵形式打造了一个丰满的官微人物形象，在微博成立的几个月内，短时间就受到了消费者的围观、追捧和"调戏"，如图6-21所示。

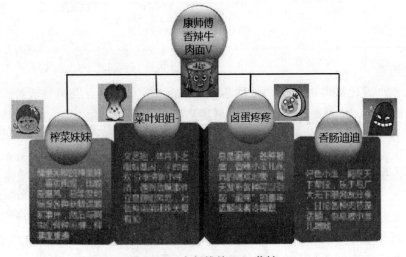

图 6-21　康师傅的双 V 营销

这是一桶二次元的方便面？

康师傅主页君的人格定位源自于对产品的认知和对消费者的洞察。因其香辣的特殊味感赋予了品牌热情和活力的性格特征，同时购买方便面的消费者主要动机分为两类：要么忙得要死、要么懒得要命。于是运营团队将康师傅主页君的人格画像定位为一个具有轻微分裂的双子座卡通形象——香辣小宝，简单来讲它是个有阳光活力、无厘头，一般很忙、偶尔很宅，就像你自己或你的好朋友，是消费者二次元镜像的卡通人物，以此拉近与消费者之间的距离，给消费者在微博上关注一桶方便面的理由！如图6-22所示。

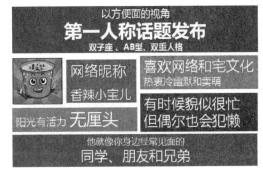

图6-22 卡通形象特点

他的小伙伴是从哪来的？

方便面是一种关注度很低的产品，单纯地设定卡通形象的拟人化定位很难在同类产品甚至整个微博营销环境中脱颖而出，于是运营团队必须从概念上打破这种官微只有一个账号的限制。首先从消费者的食用习惯入手，发现很多人吃方便面都喜欢加配菜，比如卤蛋、香肠、蔬菜和榨菜之类，于是就大胆设想，香辣小宝可以和这些配菜形成一个类似于"复仇者联盟"的群体效应。四个子账号与主账号"香辣小宝儿"合力组成"香辣好伙伴"，共同实现了营销效果的最大化。同时结合子账号不同的特征，同样赋予其生动的人物特性和风格，并在视觉效果上与"香辣小宝儿"保持一致。各个账号联动配合，在微博平台进行互动趣味调侃，极大地丰富了单一账号传播效果。同时，多角度的布点设线，也在很大程度上提高了监测范围和力度，为企业官方账号的运营起到了一定的促进作用，如图6-23所示。

a)

b)

图6-23 康师傅微博

多账号运营的执行压力大吗？

无论是采取什么样的定位，微信营销始终都是内容为王，但多账号的运营管理确实给运营团队增加了一定量的执行压力。但从另外一个角度，由于各个账号的角色定位不同，在发布内容的取材上，给了更多的创意发散空间。尤其在适当的时间，抓住适当的机会，配合适当的文案，往往给内容带来更多意外的惊喜，如图6-24所示。

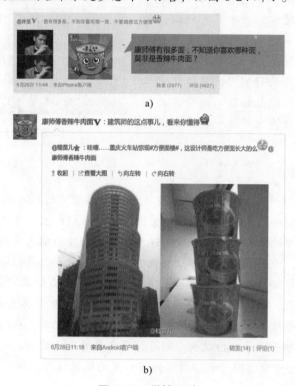

图 6-24　微博互动

为了更加抓住消费者的碎片化时间，@康师傅香辣牛肉面 在开通微博平台的官方账号后，同时也在微信公众平台驻足。这种想法源于运营团队发现方便面的食用方法的特别之处，它为品牌与消费者的沟通提供了一个良好的契机，就是在等待泡面泡好的5分钟，如果能够以好玩有趣的互动形式，抓住消费者的兴趣点和猎奇心，这无聊的、等待的、短暂的、碎片化的5分钟一样能发挥很大的价值！于是运营人员首先建立了"关键词引导+人工化客户"的互动管理模式，随时接受消费者的调侃，当然也包括咨询、建议和投诉，如图6-25所示。

除了日常的互动和服务，你们在微信上有更多的互动方式可以分享吗？

微信时代的到来，为企业在社交媒体上的互动提供了更多元化的形式，它并不仅仅局限于文字和图片的单一形

图 6-25　微信互动

式,语音及其他形式的玩法产生了更多具有创意性和传播价值的微信互动,如图6-26所示。

其次,微信互动需要高效的引导,因此自定义所推送的菜单栏必须在具有趣味性的同时给消费者更多的选择空间,让每一级的关键词可以触发更多的互动环节。

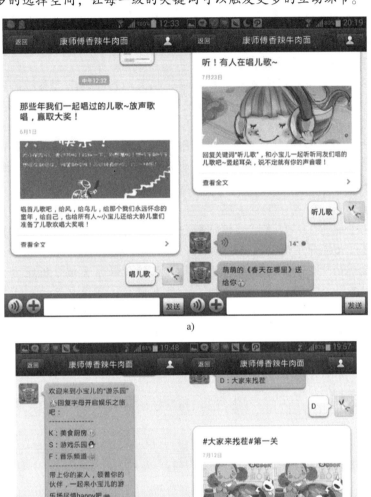

a)

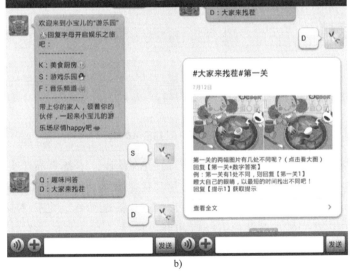

b)

图6-26 微信互动

在客户预算允许的情况下,运营团队也会尝试以结合第三方数据接口的形式发散更多形式的创意,更加完善消费者在微信环境下的用户体验,运营团队曾在康师傅香辣牛肉面的微信中开发过一款简单的手机游戏,作为一次简单的试水创意,但是最后所收获的互动效果也是超过预期的。

该账号从诞生到运营的6个月时间，粉丝从0增至45万，保持了很高的活跃率，赢得了大量忠实"泡友"的喜爱，如果你也喜欢香辣小宝，不妨试着去调戏它一下。

案例分析：

在上述案例中，康师傅的双V营销，充分发挥了微博和微信两种新媒体营销工具的营销效果。具体来说有以下3点：

1. 微博营销中的热门话题制造

康师傅在微博营销中，经常发布一些调侃、搞笑的内容，或者参与微博热门话题引起微博好友讨论，这样的行为可以吸引微博好友的注意力，并且提升微博热度。

2. 多账号拟人互动

微博营销中，内容和传播是最重要的两个要素。康师傅在运营账号上，采用了多个子账号，并且给予这些账号拟人化，各个账号的角色定位不同，在发布内容的取材上，给了更多的创意发散空间。

3. 微信互动服务

康师傅微信营销中，不仅有"关键词引导＋人工化"的客户互动，还引入音乐、游戏等互动模式，这大大提升了用户的使用体验。

通过上述案例的学习，同学们要注意培养自己的新媒体营销分析能力。而对新媒体营销的分析包括以下4个方面：①信息传播；②信息内容；③用户互动；④用户体验度。在上述案例中，康师傅的双V营销中，话题制造属于信息内容的优化，多账号拟人互动和转发属于信息传播优化，微信的"关键词引导＋人工化"属于用户互动优化，而微信中的音乐和游戏属于用户体验度优化。

6.3 LBS营销

导航案例

美团完善LBS功能

为了更好地满足用户需求，美团借助地图的LBS属性，不断完善"生活服务"的概念。通过LBS定位，以行业为类别，以距离、销量、优惠程度为搜索条件，便能及时在美团上查找到附近的生活服务及消费信息。凭借团购＋LBS筛选功能，定位不同商家的地址和优惠程度，保证用户在产生需求时就能第一时间解决问题。

比如，一个人想和朋友去咖啡厅喝下午茶时，可以知道附近有哪些咖啡店；当他想看电影的时候，可以知道附近有哪些电影院；当他到了一座新城市想住宿的时候，就能方便快捷地找到酒店。美团LBS可以切实解决每个用户周边的生活需求，如图6-27所示。

图 6-27　美团

LBS（地理位置服务）概念

LBS 的全称是 "Location Based Service"，也就是基于位置的服务。LBS 可以单独通过移动基站、Wi-Fi 或 GPS 来获取方位，还可以通过这些方式的组合来获取位置，它是在地图平台的支持下，为用户提供相应服务的一种增值业务。通俗地讲，就是无论你走到哪个地方，都可以有效地获得周边的各类服务信息。不管是生活、工作还是出行，一切信息尽被 LBS 囊括。

LBS 通过电信移动运营商的无线通信网络或外部定位方式，获取移动终端用户的位置信息，在 GIS（Geographic Information System，地理信息系统）平台的支持下，为用户提供相应服务的一种增值业务。它包括两方面，一方面是确定移动终端所在的位置，另一方面是为移动终端的用户提供各种与位置相关的服务。如一个上海的移动终端用户打开移动终端上的定位系统后，整个上海市范围内都能找到用户当前位置所处的 1km 范围内的餐厅、宾馆、影院、图书馆、加油站等的名称和地址。总之，LBS 就是借助互联网或无线网络，在固定用户和移动用户之间进行定位和服务，如图 6-28 所示。

LBS 总体由移动通信网络和计算机网络组合而成，通过网关实现两个网络的交互。移动

图 6-28　LBS

终端的用户使用移动终端通过移动通信网络发出请求和定位,经过网关传递给 LBS 服务平台;服务平台根据用户请求和用户当前所处的位置进行处理,同时将结果通过网关返回给用户。

移动终端包括移动电话、平板电脑、个人数字助理(Personal Digital Assistant,PDA)、手持计算机(Pocket PC)等。服务平台主要包括定位服务器(Location Server)、Web 服务器(Web Server)和 LDAP(Lightweight Directory Access Protocol)服务器。

1. LBS 对定位的要求

LBS 对定位的要求:一是精准度要高,二是覆盖范围要广。

移动终端定位需要根据用户服务不同需求提供不同的精度服务,而且可以提供给用户选择精度的权利。例如美国 FCC 推出的定位精度在 50m 以内的概率为 67%,定位精度在 150m 以内的概率为 95%。定位精度一方面与采用的定位技术有关,另外还取决于提供业务的外部环境,包括无线电传播环境、基站的密度和地理位置,以及定位所用的设备等。

LBS 定位要求包括室内在内的覆盖范围足够大,当用户在室内使用定位功能时,必须保证定位功能能覆盖到每个角落。根据覆盖率的范围,一般分为三种覆盖率的定位服务:提供漫游网络服务、整个本地网服务、部分本地网服务。影响本地网络或漫游网络中的服务的因素除了覆盖率外,还有网络结构和动态变化的环境因素。

2. LBS 主要模式

(1)休闲娱乐的签到模式

地理位置签到是指可以将地理位置信息同时签到到多个地理位置服务的网站。曾经风靡一时的抢车位、偷菜、好友买卖等应用火遍各个领域。签到是基于用户的心理满足感与成就感发展起来的,一旦用户对这种感觉失去了兴趣或觉得很麻烦,那 LBS 签到价值就会大打折扣了。

(2)生活服务与分享模式

生活服务类的网站有很多,很多用户一般都有自己偏爱的几个应用网站,很多人出门购物就餐都会打开随身携带的移动终端看应用上别人分享的附近的餐馆哪家有美味,哪家商场有优惠等。LBS 生活服务与分享模式这种搜索服务还提供一些附近哪里有车位,哪里有公共洗手间等这类的实用信息。生活服务信息最关键的一点是实用。

(3)即时推送模式

Push 是指将经过整理的信息资源通过服务器定向将信息实时送达移动终端的服务。这种通过检测用户位置向用户主动发送 Push 信息的方式是用户通过安装某一客户端,该客户端会根据用户的地理位置,给用户推送附近的优惠券信息。

【拓展阅读】 当陌陌遇上 LBS

作为一款基于地理位置的移动社交工具,陌陌可以让我们认识周围任意范围内的陌生人。那么,在众多陌生人交友 App 中,陌陌为何能脱颖而出?陌陌一直以 LBS 作为功能项的核心,坚持移动语音聊天工具+定位查找陌生人,将"以距离迎合心理"这一核心做到极致,勇敢地做邂逅陌生人的聊天工具。任何人都可以通过陌陌随意地与身边人交流,这大大降低了社交门槛,也使得陌陌的用户量剧增。而陌陌也因此获得阿里的投资青睐,在短短的 4 年时间内成功上市。

"地理位置服务、围绕地理位置可以做些什么",是陌陌最核心的理念之一。为了更好地让用户进行实时互动,陌陌创建了"到店通"这个 LBS 移动广告平台。客户端首屏有一个群组、游戏,以及附近达人的用户推荐区域,商家可以将自己的店铺信息,包括图片、文字、电话、地理位置在该区域展示。"到店通"的广告投放完全是基于地理位置,以由近到远为原则进行精准投放,这种广告营销模式吸引了许多商家用陌陌进行推广,也使得陌陌逐渐成为具有 LBS 营销价值的平台,如图 6-29 所示。

图 6-29 陌陌

地图 App 与 LBS

正可谓,得入口者得天下。据 2015 年百度 Q3 财报显示,百度地图现在每天接受定位请求达 230 亿次,月活量用户超 3.26 亿,遥遥领先地图市场,成为用户的主流选择。

2015 年中,百度地图决定将为全行业的企业进行地理标签,确保移动导航服务。任何企业都能在百度地图上标注企业信息,当网民在百度地图搜索时即可看到该企业展示的基本信息,如企业名称、地址、联系方式、交通等。2015 年第三季度,百度地图以 70.7% 的活跃用户覆盖率领跑中国手机地图市场,成为当之无愧的地图老大。无论是在移动端还是 PC 端,位置服务已经成为百度地图的亮点之一,百度地图也与宝马、比亚迪等品牌联手,为车载导航提供出行路线规划或生活信息查找,令汽车也和手机、平板电脑一样,成为一个智能终端。百度地图愈发成为百度同阿里(高德地图)和腾讯(腾讯地图)之间竞争的利器,如图 6-30 所示。

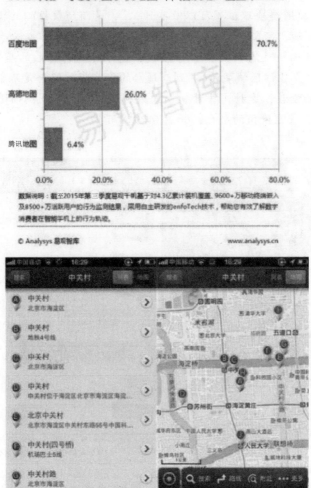

图 6-30 移动地图 App

6.4 二维码营销

随着移动互联网技术的不断革新,传统快消品企业的营销理念也在日新月异地发生变化,近年来兴起的二维码营销技术,渐渐开始风靡整个快消品行业。据统计,目前中国的智能手机用户已经突破 6 亿,二维码营销时代的到来,已经成为不可违逆的潮流。在本节中,我们将了解二维码营销的概念和基本模式。

◇ 导航案例

案例:特易购(Tesco)公司重新创造购物体验

在韩国,零售巨人特易购(Tesco)公司在熙熙攘攘的地铁站里推出了"移动超级市场",消费者能够迅速地扫描选购需要的商品。晚上,当他们回到家中时,这些货物早已送达,凭借这一举措,特易购迅速成为韩国在线零售业务的领跑者。而这种营销方式目前也为国内的综合性购物网站"一号店"所学习,在北京和上海的地铁和公交站点进行小范围的推广,如图6-31所示。

图 6-31 特易购

6.4.1 二维码营销的概念

二维码营销是指通过对二维码图案的传播,引导消费者扫描二维码,来推广相关的产品信息、商家推广活动,刺激消费者进行购买行为的新型营销方式。拍摄二维码后,常见的营销互动类型有视频、电商、订阅信息、社交媒体、商店地址等。

二维码营销的核心功能就是将企业的视频、文字、图片、促销活动、链接等植入一个二维码,再选择投放到名片、报刊、展会名录、户外、宣传单、公交站牌、网站、地铁墙壁、公交车身等。当企业需要更改内容信息时,只需在系统后台更改即可,无须重新制作投放。方便企业随时调整营销策略,帮助企业以最小投入获得最大回报。用户通过手机扫描即可随时随地体验浏览、查询、支付等,达到企业宣传、产品展示、活动促销、客户服务等效果。

6.4.2 二维码营销模式

二维码营销模式主要有以下4种:

1)在线下扫码获取信息,在手机上支付,通过快递送达消费者,线下到线上(移动互联网)。相关产品:快拍购物,手机淘宝。

快拍购物如图6-32所示。

快拍购物是一款手机端的购物比价应用,通过扫描商品上的条形码识别商品的名称、价格等信息。在购物时做到货比三家,防止欺诈现象发生。安装快拍购物App后只要拿出手机轻轻一扫,商品条码对应的商品价格、厂家、商店位置立即呈现,轻松选择最近最便宜的购物点或在线网店,体验一站式移动购物带来的便利!有了它,多家著名网店所有商品价格尽收其中!坐享火拼低价带来的快乐!

① 扫描商品条码，查看商品信息进行商品价格比较。

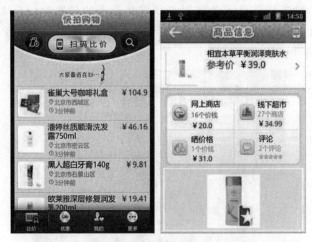

图 6-32　快拍购物

② 选择商品，填写收货地址，如图 6-33 所示。
③ 完成支付，商品通过物流送达消费者，如图 6-34 所示。

图 6-33　填写收货信息

图 6-34　完成支付

2）在线下扫码获取信息，在手机上支付，再到线下来接受服务，线下到线上再到线下。相关产品：快拍二维码。

快拍二维码是一款手机二维码和一维码扫码解码应用，通过调用手机镜头的照相功能，用软件快速扫描识别出条形码和二维码内的信息。用户通过扫描二维码了解商品信息和完成商品的手机支付。

① 线下手机扫描商品条码，查看商品信息，如图 6-35 所示。

图 6-35 手机扫码查看商品信息

② 手机扫描支付,用户获得商品,如图 6-36 所示。

图 6-36 手机扫码支付

3)线下广告,商家通过在线下发布二维码,在二维码中设置广告信息,用户扫描二维码即可了解广告详情。例如二维码广告,如图 6-37 所示。

图 6-37 二维码广告

4）线下虚拟商店，1号店的地铁虚拟商店、京东的楼宇框架广告牌，在每个商品旁附上二维码，消费者可选择看中的商品并直接扫码购买，如图6-38所示。

图6-38　1号店虚拟商店

【拓展阅读】：《最美的》街头巨型创意二维码

2013年"十一"期间，微博、微信上关于"沈阳中街惊现巨型二维码"的话题，被广泛转发、讨论。原来在沈阳中街步行街和朝阳街路口的楼上，高挂一幅巨型二维码，扫描之后，进入一个名为《最美的》的手机风尚杂志，杂志以分享关于旅行、美食、热点话题等具有十足风尚感的文章，受到用户欢迎，据了解，仅"十一长假"期间，已有近万用户通过扫描二维码关注《最美的》杂志。相对其他传统营销方式，这种互动式的新兴媒体营销方式，无疑是将来营销的主流，如图6-39所示。

图6-39　《最美的》杂志街头巨型二维码创意

美诺财富币创意二维码

在 2012 年广州网货交易会上,美诺彩妆带来一场精彩刺激的"抢钱"活动。为抓住分销商心理诉求,美诺彩妆展现奇思妙想——现场发钱,不过,发的不是人民币,而是独创的美诺财富币。美诺财富币将美诺元素和创意二维码融合到美诺财富币,持有美诺财富币不仅可以享受分销支持优惠,用手机扫描、收藏美诺二维码,即可获取百元美诺彩妆淘宝天猫商城的兑换券,还可以在广交会现场登录美诺天猫商城,了解美诺彩妆品牌、产品等详细信息,方便快捷,如图 6-40 所示。

图 6-40　美诺财富币二维码创意

Emart 超市隐形二维码

超市在中午的时候,人流量和销售量总是很低,于是韩国 Emart 超市别出心裁,在户外设置了一个非常有创意的 QR 二维码装置,在正常情况下,扫描不出这个 QR 二维码链接,只有在正午时分,当阳光照射到它上面产生相应投影后,这个 QR 二维码才会正常显现。而此时用智能手机扫描这个 QR 二维码,可获得超市的优惠券,如果在线购买商品,只需等超市物流人员送到用户方便的地址即可,如图 6-41 所示。

图 6-41　Emart 超市隐形二维码

在未来,二维码能做的会更多,比如匆忙上班的路上拿出手机拍个二维码,来到办公室前美味的早餐已等在桌上;下班回家,链接手机二维码,便能在家中试穿最新上市的时尚服饰;出外旅行不再需要导游,拍下二维码便能穿越时空,感受动态现场讲解……

6.5 App 品牌营销

◇ 导航案例

美柚：App 事件营销

曾经，微博上有关"姨妈假"的话题异常火爆，事件源于厦门互联网企业美柚所推出的一项"奇葩福利"——女员工可向公司请"姨妈假"。此事经媒体报道、微博爆料后迅速蹿红，很多用户发表微博讨论与"姨妈假"相关的话题。基于该背景，美柚 App 趁势推出了"我要姨妈假"的微博话题，引发大量网友的吐槽与热议。2014 年 5 月 5 日，#我要姨妈假#在当日微博热门榜排名进入前 3，后续发酵的相关话题#奇葩福利#、#大姨妈假#、#别人的福利#也相继进入热门榜，话题#奇葩福利#更登上了话题榜榜首，成为 2014 年 5 月 6 日的最热门话题，如图 6-42 所示。

图 6-42 美柚 App

1. 抓住用户痛点

这次的热点事件源于一个女性难以启齿的话题——月经，而这也首次让月经成为全社会关注的话题。虽然说月经对女性而言再正常不过，但在此期间女性会有一些不适和反常的症状，例如情绪波动较大、易烦躁、易动怒，甚至痛经等。因此，为她们注入更多的"关爱"和"正能量"成为本次热点事件的重要主题。

对于该不该放"姨妈假"，之前在"两会"时代表提议为女员工增加这项福利，也有一些外资企业已经事实上已经开始为女员工放"姨妈假"，但绝大部分女性依然未能享受该项福利，网络上对此次事件的热议也合情合理。抛开"姨妈假"事件本身来说，我们应该考虑一个本质问题，话题发起的时候用户是否广泛关注，是否存在社会争议，这是事件本身能否形成效应的关键。

2. 做好粉丝互动

对于#我要姨妈假#这一正能量的话题，实际上这符合女性用户的利益诉求，这也意味着，一旦话题推出，很多女性用户会第一时间站出来参与讨论，证言#我要姨妈假#，并成为产品粉丝。铁杆粉丝的声音在同一个时间段内形成密集讨论，快速营造了单一时间点的热度，成为引爆话题的核心群体。

粉丝互动这点不得不提到小米、美图的粉丝运营，在新品发布、话题营销中，都能很好地带着粉丝一起玩儿，这不正是"粉丝经济"的本质么？品牌每次做活动，不妨想想忠实用户是谁，在哪里，如何调动他们参与活动，不要就只知道找大号转发，其他就别无他法了。

3. 匹配产品特性

微博上热点天天有，从"马航事件"到"文章事件"再到最近的"李小璐事件"，我们一次又一次体会到了热点事件的轰动效应，以及网友广泛存在的"猎奇""围观"的心理。当某一话题一旦形成强烈的互动气氛，必然会吸引更多人来转发评论。在这个过程中，企业可以针对性地做品牌传播与口碑营销，让用户在热点事件的互动中深入体会企业的产品和服务。也就是说，并非所有热点都可用于营销，营销的本质在于产品和服务的推广，因此，热点事件必须和需推广的内容有一定的关联，只有这样，才能将热点事件与营销诉求完美融合，以达到完美的营销目的。

在本次案例中，有关"姨妈假"的话题与相关产品有着极大的关联，借助这一热点事件去制造话题，引导用户关注、讨论，这本身也是对其产品理念的一种诠释和传播。加之引出了"让全社会都来关注女性"，"首次推动姨妈假"自然成为全社会讨论的热点。

类似的案例在其他手机App上也有体现，比如前不久点心移动针对"地球一小时"推出了营销策划活动，也取得了圆满成功。因为点心移动倡导的手机节能理念与地球一小时的宗旨不谋而合，这让网友能够很自然地通过地球一小时去关注手机节能方面的话题，最终成为点心移动的潜在用户。

总之，移动App营销一定要找准用户的诉求点，并结合热点事件来做营销，这样可以迅速获取关注度，达到"事半功倍"的效果，当然，其中可以有一些大胆、逆天的想法和策划，只要传递的是"正能量"，对品牌有正面的导向作用，就值得放手一试。

6.5.1 App的概念

App指的是智能手机的第三方应用程序，是英文Application的简称。目前经常使用的手机里的各种App应用软件有微信、淘宝、支付宝、贴吧等。目前比较著名的App商店有苹果公司的iTunes商店里面的App Store，Android的Google Play Store，诺基亚的Ovistore，还有BlackBerry用户的BlackBerry App World。

随着移动互联网的兴起，越来越多的互联网企业、电商平台将App作为销售的主战场之一。原因不仅仅是App给手机电商带来的流量远远超过了传统互联网（PC端）的流量，更重要的是由于手机移动终端的便捷，为企业积累了更多的用户，更有一些用户体验不错的App使得用户的忠诚度、活跃度都得到了很大程度的提升，从而为企业的创收和未来的发展起到了关键性的作用。

6.5.2　App 营销的概念

App 营销即应用程序营销，是指通过定制手机软件、SNS 及社区等平台上运行的应用程序来开展的营销活动的总称。App 营销是 Wap 营销发展到一定阶段的产物，二者都来源于企业对移动营销的重视，App 营销正是在 Wap 营销基础上开创了移动营销的新时代。

与传统移动媒体营销相比，App 营销拥有无可比拟的优势。在信息的传播方式上，传统移动媒体主要是以短信形式为主，让消费者被动地接收产品或品牌信息，而 App 营销是企业将产品或品牌信息植于应用制作，通过用户自身主动下载，在使用应用的过程中实现信息传播。在传播内容上，传统移动媒体传播的产品或品牌信息只是在字面上做文章，用户对产品或品牌不能产生全面的感知，而 App 中则可以包含图片、视频诸多元素，用户可以全方位地感受产品或品牌。在用户行为上，用户应用传统移动媒体是被动地单向接受信息，往往容易产生反方面的效果，而 App 营销是依靠用户自己下载并可进行互动，更加容易达到传播效果。App 营销是当今不可逆转的趋势，未来 App 有望成为企业品牌的标配。

6.5.3　App 品牌营销的概念

让消费者进一步了解品牌或产品，建立起品牌与消费者的情感关联，是企业 App 营销的核心所在。在这个需要越来越基于消费者的情感、信任基础上开展营销活动的时代，利用品牌 App 传递品牌理念，深化品牌形象，树立品牌口碑，帮助品牌和产品认知的提升，搭建起品牌与消费者间沟通的桥梁，无疑是企业营销者的明智之举。

同时，企业可以通过推出为消费者提供主动便捷服务的 App 来为消费者创造价值，提升品牌的亲和力，树立品牌的良好口碑，在使用户通过 App 实现某种功能与支持的同时，融入品牌或产品元素，与推广品牌与产品有机结合，让品牌 App 成为消费者接触品牌与产品的最前端，与品牌其他"营""销"渠道有机结合，才能最终实现促成产品销售的目的。

6.5.4　App 营销的线上推广渠道

1. 基础上线渠道

各大下载市场、应用商店、大平台、下载站的覆盖安卓版本的发布渠道：推广的第一步是要上线，这是最基础的。无须砸钱，只需最大范围地覆盖。

下载市场：安卓、机锋、安智、应用汇、91、木蚂蚁、N 多、优亿、安机、飞流等。

应用商店：Google 商店、HTC 商城、历趣、十字猫、开奇、爱米、我查查、魅族商店、联想开发者社区、Oppo 应用商店等。

大平台：MM 社区、沃商店、天翼空间、华为智汇云、腾讯应用中心等。

客户端：豌豆荚手机精灵、91 手机助手、360 软件管家等。

Wap 站：泡椒、天网、乐讯、宜搜等。

Web 下载站：天空、华军、非凡、绿软等。

iOS 版本发布渠道：App Store、91 助手、pp 助手、网易应用中心、同步推、快用苹果助手、itools、限时免费大全。

2. 运营商渠道推广

中国移动、中国电信、中国联通的用户基数较大，可以将产品预装到运营商的商店，借助于第三方没有的能力，如果是好的产品，还可以得到其补助和扶植。市场部门要有专门的渠道专员负责与运营商沟通合作，出方案进行项目跟踪。

3. 第三方商店

由于进入早，用户积累多，第三方商店成为很多App流量入口，全国有近百家第三方应用商店。渠道专员要准备大量素材、测试等与应用市场对接。各应用市场规则不一，如何与应用市场负责人沟通，积累经验与技巧至关重要。在资金充足的情况下，可以投放一些广告位及推荐等。

4. 手机厂商商店

大厂家都在自己品牌的手机里预装商店，如联想乐商店，HTC市场，Oppo nearme，魅族市场，moto智件园等。渠道部门需要较多运营专员来跟手机厂商商店接触。

5. 社交平台推广

目前主流的智能手机社交平台，潜在用户明确，能很快地推广产品。这类推广基本采用合作分成方式，合作方法多样。业内公司有微云、九城、腾讯、新浪等。

【拓展阅读】：天天P图——全民cos武媚娘

在还没有《花千骨》更没有《芈月传》的年初，最火的电视剧恐怕就是范冰冰主演的《武媚娘传奇》了，这部被剪得只剩下大头照的剧引来众多粉丝追捧，而剧中有精致的妆容可以看，天天P图就是抓住了"娘娘的妆"，只要上传头像，即可1秒变娘娘。这次营销事件使天天P图在极短时间内冲上了我国、越南等亚太区App榜单头名，如图6-43所示。

图6-43 天天P图App

【实训项目】

1. 请使用微信，在微信上开通一个微店，并在微店中上传至少5件商品。

2. 请在微信朋友圈中发起一项抽奖活动，活动内容自定，要求活动参与人数在5人或5人以上。

3. 请使用微博，利用微博精准营销功能，找出至少5位对同一商品感兴趣的微博用户，并添加好友。

4. 请在微博上发起一项投票活动，活动内容自定，要求活动的参与人数在10人或10人以上。

5. 案例分析：

阅读以下案例，请从下4个方面对案例进行分析：①信息传播；②信息内容；③用户互动；④用户体验度。

华美食品：会说话的月饼，首创"四微立体式营销"。

华美食品在临近中秋之际，用微信、微博、微视"三微"办了一场促销活动——华美"会说话的月饼"！

华美"会说话的月饼"玩法：

1）用户购买华美月饼，扫描二维码，进入华美微信服务号活动主页面。

2）定制祝福：拍摄微视频短片，录制并上传祝福视频，复制微视频祝福链接，输入华美月饼独有的祝福编码，提交。

3）分享祝福到朋友圈，就有机会抽取华美食品提供的万元钻戒、iPhone5S、名牌手表、华美月饼等丰厚奖品。而收到月饼礼物，同样扫描二维码即可查看祝福视频。

华美"会说话的月饼"活动，在网络上掀起一场前所未有的浪潮，越来越多的普通用户也加入到了月饼送祝福活动的热潮中。全新的祝福方式，广受年轻人喜爱支持。更是吸引了网络红人参与，如《天天向上》阿毛以及微博红人 @ 回忆专用小马甲 等人，也是大力支持华美"会说话的月饼"微活动。

月饼原本就是节令性食品，如今华美"会说话的月饼"凭一次全新的创意祝福方式，以及过硬的品质与服务，创造了一场前所未有的销售高峰。这与华美食品的营销新法有着密不可分的联系，即企业互联网思维技术的运用。

参 考 文 献

[1] 程小永，李国建，程永东，等. 微信与微博营销 [M]. 北京：机械工业出版社，2013.

[2] 方建华. 微信营销与运营解密 [M]. 北京：机械工业出版社，2013.

[3] 王易. 微信电商 [M]. 北京：电子工业出版社，2014.

[4] 徐志斌. 社交红利 [M]. 北京：北京联合出版社，2013.

[5] 张波.O2O 移动互联网时代的商业革命 [M]. 北京：机械工业出版社，2013.

[6] 苏高. 赢在移动端 [M]. 北京：人民邮电出版社，2015.

第 7 章
移动商务未来应用

Chapter 7

【本章内容】
- 移动商务 3.0 运营模式。
- 移动商务在医疗产业中的应用。
- 移动商务在教育产业中的应用。
- 移动商务在游戏产业中的应用。
- 网红经济模式。
- 共享经济模式。
- 新零售模式。

【教学重点】
- 移动商务在医疗产业的应用。
- 移动商务在教育产业的应用。
- 移动商务在游戏产业的应用。

【教学难点】
- 移动商务的运营模式。

✧ 案例导航

新移动电商"411 抢货节"迎开门红

在 2017 年的"411 抢货节"上,商品交易规模再创新高。众多的商家品牌和商品品类同时开抢,在抢购活动开始 10 分钟后,根据后台的数据统计,已有 411 个订单,活动进行 10 小时后,订单数量超过 411 万。

"411抢货节"如此受移动用户的追捧，源于该活动的几大特色：

特色一：让利优惠幅度大。活动的主办方和各个品牌合作，推出了3亿让利这样的优惠幅度，消费者可以享受更多的消费优惠。在活动的前期，主办方通过电视广告、墙面广告、网络广告等方式，对活动进行了大量的宣传。通过"3亿优惠"这样的口号，吸引了大批消费者在活动前期对它的关注。

特色二：优惠券抢购。主办方在网络平台上推出了优惠券抢购活动，消费者可以在网站上抢购优惠券。优惠券的提前抢购，在一定程度上实现了需求的聚合。消费者抢购优惠券，在活动当天不仅可以享受商家折扣，还可以叠加使用优惠券，消费者对本次活动的期待值也不断提升。

特色三：参与商家多，产品品类丰富。"411抢货节"由移动电商龙头企业梵大集团牵头，聚合了很多优秀品牌，参与商家和产品众多。

在举办活动之前，举办方对移动销售市场进行了大量的分析和调查，移动终端的普及和移动商务的发展给企业创造了巨大的商业机会。举办方还对消费者进行了调研，发现消费者对移动端的让利抢购活动接受程度较高，人们更倾向于移动端的消费而不是PC端。

"411抢货节"自2016年举办至今，获得了很多移动电商企业和移动消费用户的喜爱。每年一次的移动销售狂欢不仅为用户带来了实惠，还为很多移动电商提供了商机。

案例思考：

1. "抢货节"属于什么电商模式？
2. 移动电商企业的运营与传统电商企业的运营有什么不同？

7.1 移动商务3.0运营模式

7.1.1 移动商务现状与发展趋势

1. 移动商务发展现状

移动商务是指利用手机、平板电脑和掌上电脑等无线终端从事的商务活动。它是基于互联网、移动通信技术、短距离通信技术等信息处理技术的结合，使在任何时间、地点进行的多种商务活动，都能实现线上线下的购物交易、各种方式的在线支付和其他商业活动、交易活动、金融活动及其他综合性服务活动等。

移动商务以移动终端为载体，当前的移动终端已经不仅仅是一个通信工具，还是移动银行和POS机，用户能根据自己的需求在移动终端上不限时间和地点随时进行电子商务交易和办理银行业务。

2017年我国国内PC端的电子商务用户数量逐渐趋于稳定，移动商务用户数量呈迅速增长趋势。

随着移动端用户量的高速增长，各类手机App、移动营销开始不断抢占移动市场，移动消费成为另一种重要消费渠道。2017年，我国移动消费成交额约8300亿元，同比增长58%。尤其是每年几大电商网站的购物节，移动端的消费金额呈现爆发式增长，例如2017年淘宝"双十一"移动端成交金额为63.7亿元，京东"6.18购物节"移动端订单占26.8%。

2. 移动商务发展趋势

（1）更加智能化

随着科技的发展，智能终端和网络技术的科技水平不断提高，移动商务企业会开发出更为智能的终端设备和更智能的应用程序。智能化的发展为企业创造更多的商机，也为用户带来更高质量的购物体验。在未来的移动商务发展中，企业的营销手段也更加智能，通过精准的数据分析，挖掘用户的需求并进行精准营销，在销售的同时为社会发展带来更多的改变。

（2）和线下实体商店高度融合发展

移动商务在发展的过程中，实体商店的作用也不容小觑。在移动O2O模式中，实体商店实现了线上线下的融合，不仅扩宽了店铺的销售渠道，降低了店铺销售的店面成本，还为客户带来更便利的购物体验。线下在开拓线上渠道，另一方面，线上也在拓展线下渠道，例如很多传统电商企业纷纷在线下开设自己的体验店和实体销售店铺，实现线上与线下的融合。

（3）个性化

个性化是移动电商发展的一大趋势。移动电商企业越来越注重营销的精准性，精准性就要求对用户的个性进行分析，从用户的数据分析出用户的消费需求和消费习惯，从而为用户推送符合用户需求的商品。社交电商的发展也要求移动电商具备个性化，移动端的社交平台一直是各大电商企业的竞争目标，网络社交的发展让用户更多地体现出来个性化而不是共性，在网络社交方面，人们可以展示自己的个性、追求自己的个性，消费者的个性化追求就成为企业营销的目标，满足用户的个性需求，为用户提供个性化的服务，获取更多的价值。

（4）粉丝化

在传统电商模式中，企业通过商品吸引客户消费，给客户提供导航和搜索服务，帮助客户进行购买。在电商的发展趋势中，这种PC端的电商将逐渐被移动电商所取代。在移动电商中，单纯的商品推广难以吸引用户的兴趣，用户更容易被内容和社交所引导。粉丝就是企业的忠实拥护者，粉丝的口碑和推荐有时会比企业的广告更有用。因此，移动营销呈现粉丝化趋势，企业通过吸引、维护一批粉丝，粉丝再帮助企业进行宣传，忠实的粉丝在移动电商中的作用更大。

（5）碎片化

移动电商带给用户最大的好处就是便利，用户可以随时随地进行网络购物。在繁忙的工作生活中，用户可以利用碎片化的时间通过手机等其他移动智能终端进行购物，这就是碎片化。碎片化购物在移动电商交易中占有很大比例，在未来，这一比例还会逐渐上升。

7.1.2 移动商务运营模式与特点

模式一：移动门户网站模式

门户网站是指提供服务和信息的网站。移动用户打开手机，通过无线网络打开网站页面，从这些门户网站上查看信息，或通过这些网站的网址导航进入其他网站。

特点：移动门户的最大的特点是其兼容性和灵活性。不同的用户终端、网站协议、网络标准都可以通过门户网站接入。移动门户网站自身的盈利来源于广告。

模式二：内容提供商模式

内容提供商指信息、服务等内容的提供商，它们通过向用户定期提供新闻、信息、知识等方式向用户收取费用。不同的内容提供商收费的标准也不一样，有按时间收费的，有按页数收费的，有按课程收费的等。

特点：内容提供商最大的特点是其往往采用与门户网站或其他战略联盟合作的方式运行，其工作的主要关注点在内容的质量上面，把营销、市场、交易等交给其合作伙伴。虽然这样的做法可以让内容提供商避免了很多问题，但是过度对合作伙伴的依赖也会引发其他危机。

模式三：移动运营商模式

移动运营商往往具有一个集安全、浏览、消费、支付为一体的业务平台，方便移动用户接入网络。在该平台上，用户、商家、银行等多方可以实现信息交换。例如中国移动的移动梦网，在移动梦网上有 600 多家服务提供商，为客户提供超过 7 万种业务。移动运营商是移动商务产业价值链上的枢纽，链接了服务提供商、内容提供商、移动网络提供商和用户之间的价值传递。

特点：移动运营商的最大特点是拥有主动权。移动运营商控制着平台，可以自主选择内容提供商，也可以自主设计提供内容，吸引用户。

模式四：移动商务 O2O 模式

O2O（Online To Offline）是指线上与线下的结合，将线上的信息和线下的消费连接起来。O2O 最典型的模式就是团购，消费者在移动端进行线上的团购并支付，线下再去消费；消费者也可以在手机上进行信息查询和筛选，再到门店进行消费，最后用手机进行买单，例如大众点评。O2O 把线下的商务机会和互联网联合在一起，扩大了线下企业的销售渠道，也为消费者提供更优质的线下体验提供了帮助。

特点：O2O 模式的特点是可以实现用户的全程分析。从用户的线上信息选择，到进店消费评价，对整个过程中的每一项数据进行分析，这可以帮助企业不断调整其营销策略。

7.1.3 移动商务运营模式与传统电子商务运营模式的对比

传统电子商务与移动商务的比较见表 7.1。

表 7-1 传统电子商务与移动商务的比较

比较项目	传统电子商务	移动商务
交易限交制	传统电子商务用户只能坐在计算机前进行上网和网络购物，由于计算机和网线固定的限制，用户不能随意移动，所以用户网络消费的时间和地点都被限制	在移动商务中，随时随地使用移动设备进行消费不需要再通过 PC 端。移动设备的便携、移动网络的全覆盖让随时随地购物成为可能
使用设备	PC、有线网络	移动智能终端、无线网络
操作功能	传统电子商务网页浏览、购物、视频、音频等	移动商务的操作功能包含了传统电子商务的全部功能，除此之外还包括二维码扫描、条码扫描、语言识别、视频、人脸识别等功能
使用技术	传统电子商务使用的技术有 Web 浏览技术、安全技术、电子支付技术、EDI 技术等	移动商务使用的技术有移动设备制造、移动网络、移动通信等
应用范围	根据数据统计，PC 端的电子商务用户数据趋于平稳，增长速度缓慢	移动设备的成本要低于 PC 端设备的成本，移动设备的普及范围更广

7.1.4 移动商务的应用——医疗行业的案例分析

1. 移动医疗发展现状及影响

（1）发展现状

从 2011 年中国移动医疗的概念首次被提出，至今经过 7 年多的发展，中国移动医疗电商建设的速度将不断加快，进入飞速增长期。预计到 2018 年我国移动医疗市场规模将达到 125.3 亿元。移动医疗的市场规模巨大，一些互联网企业和医疗服务企业纷纷建立了自己的移动医疗 App。

在我国当前的移动医疗市场上，有上百种医疗 App，比较知名的有以下 5 种：

- 医患交互类。建立医患交互渠道，通过移动互联网实现医患的远程沟通，为患者提供信息咨询、疾病诊治、健康服务，例如春雨掌上医生、5U 家庭医生等。
- 提供网上挂号服务。挂号业务是目前市场上很多医疗 App 的主流业务模式，用户通过在 App 上就可以实现自助挂号，节省了用户排队的时间和精力，也缓解了医院门诊大厅人满为患的问题，例如微医。
- 专业辅助类。专业辅助类一般是针对医院和医生，对医生工作进行辅助。借助 CDSS 系统技术，集合了医学检测、临床评估、药品查询、医学计算等功能，帮助医生进行快速查询和科学决策，提高医生的工作效率，例如全科医生等。
- 用药指导类。用药指导类 App 可以向用户提供药品信息查询、服用指导、真假鉴定等服务，用户可以通过手机 App 了解到相关药品的信息，例如家庭用药助手等。
- 综合服务类。通过建立医药平台，为用户提供医药产品服务，例如阿里旗下的"阿里健康"、京东旗下的"京东医药"、腾讯旗下的"腾爱医生"，这些医药平台往往包含了药品、挂号、问诊、健康服务等多项功能，形成综合平台。

（2）影响

移动医疗发展至今，对用户、医院/医生、医疗行业都产生重大的影响：

- 对用户的影响。用户是移动医疗最直接的使用者，移动医疗节省了用户挂号、就诊的时间和精力，用户不需要再去医院门诊排队挂号；用户可以通过手机 App 与医生进行在线交流，方便自己就医，省去路途麻烦；医院通过移动智能设备，例如智能手环，可以监测患者的身体信息，对用户的健康关注更及时；用户还可以通过移动医疗 App 获取健康知识，掌握一些保健技能。
- 对医院/医生的影响。移动医疗对医生和医院来说有以下影响：增加医患沟通，移动医疗为医生和患者之间提供了更多的沟通方式，例如在线交流、患者评价等；简化流程，医院通过与医疗 App 合作或者建立自己的 App，可以实现预约、挂号、缴费、信息查询等功能，简化医院就诊流程，缓解医院排队、拥挤等状况 。
- 对医疗行业的影响。移动医疗的出现，是互联网+医疗的飞跃，对传统的医疗行业造成了冲击。在新的移动医疗模式的促进下，医疗行业的发展渠道增加，信息更为开放，促使医疗企业提供以客户体验为中心的业务模式，也会促进医疗服务质量和态度的提升。

2. 医疗电商的市场分析

截至目前，我国的移动互联网用户已达 13.7 亿户，居世界第一位。庞大的用户数量为移动医疗的发展提供了人群基础。并且，随着科技的发展，我国大部分医院都实现了数字化管理，医护人员对智能设备的接受度较高，医护人员的智能电话普及度也较高，这些都为移动医疗的开展奠定了基础。

其次，随着经济的发展，人们的物质生活水平提高，医疗健康观念也发生了较大的转变，对医疗健康的投入意愿也进一步提高；人口老龄化还产生了更大的老年人医疗保健服务需求，家庭医生缺口增大；慢性病发病人数增加，人们对医疗卫生服务的便捷性也有了更高的要求。这些都为移动医疗的发展提供了巨大的市场潜力。移动医疗的出现，不仅可以实现在线就医买药，还节省了排队挂号看病的时间。

目前，我国的移动医疗行业还处于起步阶段，一些老牌的互联网企业和新兴的电商医疗企业纷纷投资移动医疗，从2011年至今，我国市场出现了2000多个移动医疗App，参与者众多，参与者质量也参差不齐。在市场竞争上面，尚未形成稳定的竞争环境，没有出现比较明显的成熟企业和商业模式，都处于探索和发展时期。

未来，移动医疗的发展会更加迅速。在"互联网+"的大环境的带动下，会有更多的医疗器械生产商、医生、医院、电子商务企业、医疗机构加入到移动医疗的大军中来，移动医疗在为它们带来收益的同时，也会对整个医疗系统带来较大的改变，为用户提供更便捷、优质的医疗服务。

3. 医疗电商的业务分析

移动医疗是"互联网+"医疗模式的发展，用户通过使用手机App，就可以实现问诊、挂号、信息查询等服务。移动医疗作为一种新的医疗模式和商务模式，改变了传统的就医模式，还为用户提供了更丰富、便捷的健康服务。

微医网原名挂号网，成立于2010年，这家从挂号起家的公司，历经电话呼叫中心、PC端网站、移动端App的发展，微医网首先打通了医院和医生环节，与全国上千家医院合作，用户在微医App上就可以实现挂号，线下再去就诊，另外微医网还邀请了上万名医生，形成庞大的医疗资源库。这些医生和医院资源是吸引用户的关键点。微医App就是微医网移动医疗业务的主要渠道。

接下来以微医App为例来介绍移动医疗的业务。

微医App分为用户版和医生版，这里主要介绍用户版。微医用户版主要包括以下5种功能：

（1）寻医指导

用户打开App，通过"附近医院"和"健康自诊"获得寻医指导帮助，如图7-1所示。

● 附近医院。有些用户在发生疾病时，不知道应该去哪个医院，微医App通过手机定位技术，用户可以搜索自己附近的医院，实现就近就医，也可以通过搜索功能，搜索医院，并查询医院的位置和交通信息。

● 健康自诊。有些用户在就医时不太清楚自己应该挂什么科室，健康自诊功能为用户提供初步的诊断导引，让用户了解自身的情况，并了解应该挂什么科室，节省进医院咨询、排队的时间。

第 7 章 移动商务未来应用

图 7-1 寻医指导

（2）患者问诊

微医 App 提供 3 种在线问诊模式，如图 7-2 所示。

● 极速问诊。极速问诊是根据用户和科室医生的匹配，快速为用户联系在线的医生，为患者提供问诊服务。极速问诊会向用户收取一定的费用。

● 专家问诊。用户选择专家，通过图文或视频通话的形式，向专家进行问诊。专家问诊也会向用户收取一定的费用。

● 免费咨询。用户描述自己的问题和想要获得的帮助并提交，在提交后等待医生的回答。

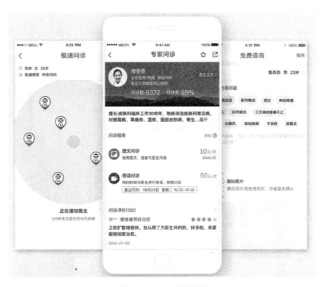

图 7-2 患者问诊

（3）预约挂号

预约挂号是微医网的主要业务之一。用户只需在手机上选择医院—科室—就诊时间，就可以完成预约,在 App 上预约后,按约定时间到医院就医即可,实现线上预约付费、线下就医的结合,如图 7-3 所示。

图 7-3　预约挂号

(4)微医讲堂

微医网与相关医院和医生合作,通过视频、图文信息等为用户免费提供比较全面的健康知识讲座,用户可以免费观看,如图 7-4 所示。

图 7-4　微医讲堂

（5）医言堂

医言堂是通过医生发帖的形式，向用户讲解相关的健康知识。用户可以通过浏览医生的发帖，了解健康知识，如图 7-5 所示。

图 7-5　医言堂

4. 应用前景

据专业数据机构预测，2018 年全球移动医疗市场规模将达到 230 亿美元。从当前移动医疗的发展形势来看，移动医疗未来的发展前景存在以下 3 个方面：

（1）O2O 深度融合

移动医疗现在的经营模式主要为线上的服务和线下的挂号，其中线上的信息查询和远程问诊是其主要的盈利来源。而线下的服务以挂号为主，其他功能还很少。线上的功能开发已经到了一个瓶颈期，线上线下的融合将是移动医疗的一大发展突破，例如衔接挂号、导诊、信息记录、支付等全环节的医疗服务，把线上的操作和线下的体验结合起来。

建立线下诊所也是移动医疗 O2O 模式的一种融合，通过建立诊所，把在线导诊、线下治疗、费用支付连接起来，为用户提供全环节的就医服务。

（2）模式更新

国外的移动医疗产业发展较早，我国的医疗企业可以参照国外的发展模式，对自己的经营进行模式更新。例如美国凯撒医疗就把医疗服务和保险结为一体，推出了自己的医疗服务产品，用户可以根据自己选择的保险享受不同的医疗服务，在这种模式下，能很好地把保险业务融入了医疗服务中。

（3）技术发展

近年来，随着科技的发展，越来越多的新技术的出现，给移动医疗的发展提供了更多可能。例如 AI 技术、大数据技术、VR 技术、可穿戴设备等，在这些技术的普及下，未来的移动医疗的应用场景也在不断扩大。未来，医生的在线问诊将会和用户的实时身体数据信息链接在一起，为用户提供更高质量的远程医疗服务。

7.1.5 移动商务的应用——教育行业的案例分析

1. 传统教育产业链

传统教育产业链包括三个层次如图 7-6 所示：

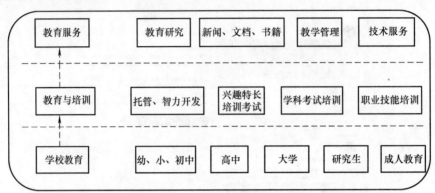

图 7-6　传统教育产业链

1）下游：传统教育产业链的下游，也是教育产业的基础是学校教育，包括幼儿园、小学、初中、高中、大学、研究生、成人教育。

2）中游：中游是教育产业的核心，是在基础教育之上产生的各类教育培训企业，包括托管、智力开发、兴趣特长培训考试、学科考试培训、职业技能培训等。

3）上游：上游是对下游和中游提供服务的一些产业，包括教育研究、新闻、文档、书籍、教学管理、考试管理等。

在教育产业链中，教育产业是依托传统教育而发展起来的，其对传统教育的依附性较大，从客户和课程设置上都在很大程度上取决于传统教育的情况。从用户角度来看，参加教育培训的成本较高，在众多的教育培训课程中选择和比较也是一件比较耗时、耗力的事。

2. 移动教育发展现状

移动教育是指基于移动设备和移动网络技术的教育模式，移动教育包括了两方面：设备的移动，即通过移动设备进行学习；人员的移动，即学习人员是可以随时随地接受教育，不是传统教育中必须在教室接受教育。

目前市场上的移动教育商业模式主要有以下 4 种：

1）网校平台模式。例如沪江网校 App、新东方 App 等，这些网校平台为用户提供在线辅导、微课、直播课堂等产品，把知识碎片化，满足学生多元化的个性需求。

2）O2O 模式。建立一个中介教育资源匹配平台，把学生的知识需求和教师资源进行匹配，找到相匹配的教师信息。这种模式一般只针对本地，将教师和学生匹配好后，再进行线下的辅导。

3）教学管理平台模式。针对传统教育中的各阶段学校，建立教育教学管理体系。

4）工具类应用模式。例如作业帮，给学生提供作业信息查询和辅导，这种工具类的应用通过建立数据库，给用户提供查询问答服务。

移动教育是"互联网+"教育的一次飞跃，通过移动技术和设备，随时随地可以学习知识，这对学生、家长、老师、学校等多方面的教育参与者都产生了较大的影响。

1）对学生的影响。学习时间和地点灵活，不需要再按照固定时间和地点进行学习，节省更多的时间和精力；还可以在 App 上灵活选择自己喜欢的课程，很多移动教育 App 提供丰富的课程资源供学生选择；在学习过程中，对于稍复杂需要做笔记的地方可以暂停下来理解或是做笔记，对于没听懂的部分可以选择重听，完全解决了在教室上课没有时间思考和做笔记的问题。

2）对家长的影响。家长可以通过手机 App 查看孩子的学习过程和学习成果。

3）对老师的影响。老师可以通过移动 App 实现在线远程教学，还可以通过微课的形式设置课程，使教学更加便捷。

4）对学校的影响。学校使用移动教育，可以实现教育教学的移动化管理，例如在移动端实现学生点名、信息查询等功能。

3. 移动教育的市场分析

移动教育是在教育电商上发展起来的一种新模式，其用户大都是共同的，或者从教育电商转移过来的，据统计，2017 年我国的教育电商企业有 2400~2500 家，拥有数十万门在线教育课程，用户达到近亿人次。移动教育出现后，BAT、网易、新东方、好未来、沪江等企业都纷纷推出了自己的移动教育品牌。

（1）产品分析

当前，移动教育产品针对不同的学龄阶段，分为学前启蒙、K12 应试、高等教育、职业培训、语言学习、素质教育六类，如图 7-7 所示。在这些产品品类中，工具型产品下载数量最多，最受用户的欢迎。

2017年中国移动教育的主要细分领域及热门产品类型

领域	学前启蒙	K12应试	高等教育	职业培训	语言学习	素质教育
内涵	婴幼童智力启蒙及行为训练（6岁以前）	中小学生提分辅导（6~18岁）	专科及以上学历教育，含留学	职业考试辅导及技能训练	语言能力提升训练（全年龄段）	兴趣素质培养（全年龄段）
当前热门产品	内容型 育儿知识/资讯 社区型 家园共育	工具型 搜题答疑 服务型 教育信息化	内容型 & 工具型 考研托福雅思	内容型 会计考试 IT培训 医考 …	工具型 词典 口语练习	内容型 少儿编程 美术等

图 7-7 移动教育产品分析

（2）产业链分析

在移动教育产业中，产业链包括四个环节：技术/设备提供商、产品提供商、分发推广商和用户，如图 7-8 所示。

图 7-8　移动教育产业链分析

（3）应用场景分析

当前，移动教育产品的主要应用场景有过程辅导、获取知识、吸收简单片段知识、吸收复杂系统知识。这四种应用场景中，过程辅导应用发展得最为成熟，例如家校沟通、搜课选课、支付费用、信息化平台等；获取资料应用发展得相对成熟，包括下载资源、搜题答疑、上传作用、查询翻译等；吸收简单片段知识应用还处于发展期，成熟产品较少，例如观看视频、口语对话、学习启蒙知识等；吸收复杂系统知识的应用暂时还没有成熟的应用，如图 7-9 所示。

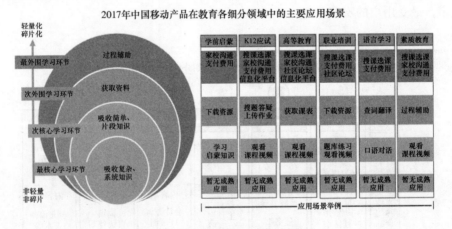

图 7-9　移动教育应用场景分析

（4）流量占比分析

在移动教育的四种应用场景中，每种场景的应用在移动用户流量占比中，过程辅导应用占移动教育用户流量的 80%，获取资料应用占移动教育用户流量的 60%，吸收简单片段知识应用占移动教育用户流量的 30%，而吸收复杂系统知识应用占移动教育用户流量的比例小于 5%，如图 7-10 所示。

第 7 章　移动商务未来应用　191

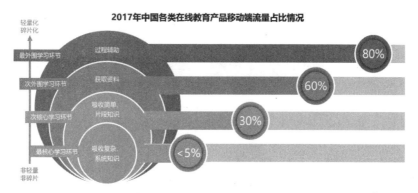

图 7-10　移动教育流量占比分析

4．移动教育的技术

目前，移动教育使用的主要技术有 AI 技术、HTML5、视频技术等。下面通过移动教育 App "小伴龙"来了解这 3 种技术在移动教育中的使用。

小伴龙 App 是一个面向 0~8 岁儿童的陪伴式早教应用，于 2012 年正式上线，小伴龙 App 在技术上有以下 3 个特点：

1）利用 HTML5 实现 PC 端和移动端兼容切换，并且用户在观看视频、游戏操作时，有更好的视觉体验，操作也更加流畅，如图 7-11 所示。

2）利用 AI 技术，实现虚拟陪伴。小伴龙以场景地图为框架，让"小伴龙"和儿童通过人机对话和操作互动实现密集互动，提升内容场景参与感，同时达到陪伴效果，如图 7-12 所示。

图 7-11　HTML5 技术的应用

图 7-12　AI 技术的应用

3）利用视频技术，实现视频播放和互动。小伴龙通过视频技术为用户提供丰富的视频资料和直播课堂，用户通过选择和点击即可看到这些视频资源，如图 7-13 所示。

图 7-13 视频技术的应用

5. 应用前景

移动教育是"互联网+"教育的发展，是网络教育的升级，也是教育产业的发展趋势。未来，移动教育的发展具有以下趋势。

（1）O2O 在线教育平台兴起

在当前的网络教育市场上，教育资源非常丰富，参与商家众多。B2C 式的发展遭遇瓶颈，例如资源分配不均、家校信息沟通不畅、缺乏监管机制等。为解决这种困境，部分企业开始探索新的运营模式，O2O 在线教育平台由此出现。虽然移动教育 O2O 模式现在采用企业较少，但是从目前的市场情况来看，O2O 将是移动教育的另一发展方向。

（2）移动教育 App 将会越来越多

移动 App 在使用上操作简单，兼容性强、功能多，成为现在移动用户主要的移动电商参与渠道，在移动教育中，为了保证学习效率和体验度的提高，越来越多的企业采用 App 与用户进行交流，未来，移动教育 App 会越来越多。

（3）市场细分明显

在移动教育发展的初期，产品划分并不细致，通常是采用产品大类，例如作业辅导、在线课程、知识查询等。在未来产品市场会更加细分，企业会设计出更加细分的产品供不同需求的用户选择，例如学前启蒙、高考提分、技能培训等。另外，社会分工也在不断日益精细化，人们的需求场景也会随之变得细化，未来移动教育市场的细分会更加明显。

（4）合作发展

移动互联时代，企业间的竞争激烈程度不言而喻，这种竞争不仅来自同行，更有来自其他行业的转型竞争。随着竞争的加剧，更多的在线教育企业会寻求合作，谋求共同发展。作为企业来说，应该以更开放的心态和更长远的眼光，增强借力合作。这种合作是多样化的，可以是同类企业之间用户共享，可以是不同行业之间资源的置换，也可以是资本的跨界投入等。

总之,移动教育发展的总体趋势会不断趋于完善,为用户提供更优质的教育体验。这对进入企业的要求也会不断提高,在巨大的竞争压力下,企业也会不断创新营销模式和产品,对教育行业产生积极的影响。

7.1.6 移动商务的应用——游戏行业的案例分析

1. 传统游戏产业

传统网络游戏产业链由游戏开发商、游戏运营商、游戏渠道商、互联网接入提供商、支付服务商构成,如图 7-14 所示。

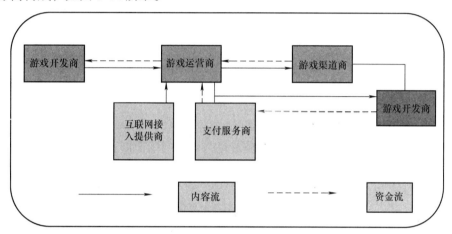

图 7-14 传统网络游戏产业链

1)网络游戏开发商是游戏的制作者,它负责设计、研发、制作网络游戏。当然,在研发之前,游戏开发商还会自己或者委托专门的商家对市场和用户需求进行调研。

2)网络游戏运营商是负责游戏的营销、维护、客户管理的企业,在开发商把游戏制作出来后,运营商需要对游戏进行推广,吸引用户注册,并收集数据,对游戏运营情况进行分析,及时向开发商反馈信息。很多运营商还会搭建自己的游戏商城,出售游戏相关产品。

3)网络游戏渠道商是指通过一定渠道对网络游戏进行推广的企业。例如 App 市场、手机助手、迅雷、豌豆荚等,它们会通过 App 向用户推荐游戏信息,吸引用户下载安装。

4)支付服务商是给运营商提供支付结算服务的商家,运营商在运营中会和游戏用户产生交易,用户需要支付费用给运营商,支付服务商负责提供支付接口、支付安全、支付结算等服务。例如支付宝、微信钱包、网银等。

5)互联网接入提供商是为企业和用户提供网络接入服务的商家,除了网络接入服务,它们还会提供服务器租赁、网络设备出售等业务。例如中国移动、中国联通、吉网、地方有线、中国电信等。

2. 移动游戏电商发展现状

随着移动互联网渗透率的提高和智能手机的普及,我国手机游戏的市场规模进入快速增长阶段。根据数据显示,2016 年我国移动游戏行业收入规模达到 783.2 亿元,同比增长 88.7%。预计到 2017 年底,我国移动游戏市场将突破千亿。虽然增速较 2016 年有所放缓,但市场仍然处于高速增长阶段，如图 7-15 所示。

图 7-15　移动游戏市场发展

随着游戏市场的成熟，游戏用户的数量不断趋于稳定，每年的数量增长速度逐渐下滑。从图 7-16 中可以看出，2015—2018 年，游戏用户数量的同比增速在不断下降。数据统计表明游戏市场的人口规模趋于稳定。在规模趋于稳定的情况下，企业要提高自己的市场销售，可以从游戏内容着手，通过提供高品质的游戏内容吸引客户。

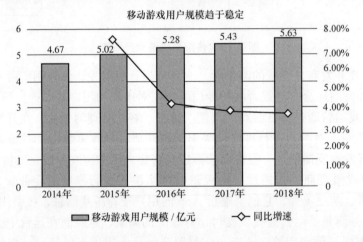

图 7-16　移动游戏用户规模

3. 移动游戏电商的市场分析

截至 2017 年末，我国网络游戏商家数量超过 5000 家，但是在众多游戏商家中，规模较大的商家数量很少，大部分商家都属于中小型，目前的游戏市场形成了"企业多、规模小"的局面。移动端游戏用户数量的增长和网页游戏规模的稳定，让很多企业看到了移动游戏市场的巨大发展空间，很多游戏商家都开始转战移动市场，如图 7-17 所示。

在移动游戏产品中，目前市场上的产品集中在益智类、策略类、动作类、模拟类、角色扮演类、冒险类、卡牌类、体育类、赛车类等类型。

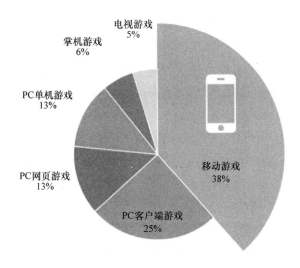

图 7-17 移动游戏占比

【拓展阅读】

PC 热门独立游戏转战移动端缘何命运各不同?

在游戏市场中,很多移动游戏企业是由传统的 PC 端游戏转移来的,但是在转移的过程中,有的企业成功了,有的企业却失败了,甚至还失去了自己在 PC 端的市场。

当前,摆在游戏开发商面前的一大问题就是到底要专注于 PC 市场,还是跟随潮流,转战移动市场。

对于一些在 PC 端已有较大知名度和用户市场的企业来说,移植移动端是开拓经营渠道的一种方式,也能获得更多的收益,实现 PC 端和移动端的双向运行。但是在实际情况中,很多在 PC 端有较高人气的企业转战移动端却没有达到预期的目标。

根据海外调研公司 IHS Markit 所发布的报告,当前全球智能连接消费类设备(含 PC、游戏主机、手机、平板电脑以及其他智能家电等)当中,智能手机和平板电脑占比已超过 60%,超越了 PC。而未来几年全球移动设备数量还将进一步增长,2020 年全球智能手机保有量将达 60 亿部。很显然,移动端已成为当前全球最重要的游戏设备平台——无论是对各类氪金网游,竞技手游,还是形形色色的独立游戏来说,都是如此。

尽管独立游戏以及独立游戏开发者越来越离不开移动端,但这并不表示,将已经在 PC/Console 平台上成型的独立游戏作品移植到移动端就一定能够成功。

实际上,游戏在不同平台之间的移植并不容易。将在 PC 端运行良好的游戏移到移动端上,还要使用不同的 API,而且还要保证在不同的移动系统和设备基础上能够流畅运行,这些都是企业需要面对的问题。

如在 PC 端销量突破百万,全球好评如潮,斩获 Game Spot 最佳剧本、Metacritic 最佳游戏等一系列奖项的经典独立游戏《To the Moon》,凭借着此前积累的声望,其移动版上架 App Store 时获得 110 个国家首页大图 Banner 推荐,然而,其最终销量却十分惨淡,在中国、美国等主要移动游戏市场甚至都未能杀入付费榜前 20。其移动端销量不佳的原因显然要归结于其纯剧情玩法和"纯爱故事"的题材类型,实在是和移动端游戏市场的喜好有些落差。

案例思考:
1. 某些PC端游戏转战移动端为什么会遭遇失败?
2. 新兴的移动游戏要如何面对PC端游戏转战的市场竞争?

4. 应用前景

(1) 移动游戏内容精品化

近年来移动游戏市场的竞争不断加剧,各种类型和品质的游戏层出不穷,这里面有很多游戏属于"模仿型",单纯模仿比较热门的游戏,有些甚至相似度高达90%。很多企业在游戏业高利润的诱惑下加入到移动游戏产业中来,但是其本身缺乏技术和创新,这样的企业很快就会被市场淘汰掉。精品化是当前游戏市场的一个发展趋势,游戏内容越来越精美,游戏设计越来越创新,优质的游戏会保留和发展,那些劣质的游戏会被淘汰,这也是一个行业发展成熟的标志。

(2) 研运一体化

研运一体化是指游戏的研发和运营产业进行联合,实现产业价值链的最大化。在移动游戏的发展初期,企业要想获得高用户规模通常是通过运营商推广和运营来进行的,研发企业和运营商联系并不紧密,这样有利于市场分工,但是对游戏的发展有一定的阻碍作用。运营商直接面向客户,它获取的信息可以帮助研发者更好地调整产品,实现针对客户的精准营销。在未来,移动游戏会逐渐呈现研运的一体化,实现产业联合。

(3) 跨终端、跨平台发展

很多游戏玩家不限于移动端,他们也会在PC端进行游戏操作,在未来智能设备会更多样化,例如VR眼镜、智能手环等,这些设备是否支持跨设备的游戏操作,是商家发展的一个方向。另外,现有的操作系统有iOS、Android系统等,游戏在不同系统中的转换和兼容也是游戏体验提升的发展趋势。

◇ 案例导航

社交电商——新兴商业模式

从微商的快速发展,到各类社交电商企业的出现,社交化已成为移动电商的一大主要趋势。

在2017年,我国的社交电商实现了爆发性的增长,前有微店、拍拍等先行者抢占市场,后有各大电商巨头的联合布局,社交电商市场的竞争逐渐白热化。微信小程序的开发,又为社交电商提供了新的商机。

以贝贝网为例,贝贝网在前期已有自己的微信公众号,公众号的粉丝已经超过3000万,庞大的粉丝群与足以媲美一线公众号大咖。在2017年,贝贝网有了自己的微信小程序"贝贝拼团",并且在上线3个月的时间,小程序的使用用户超过了5000万,跃居零售榜第二,小程序总榜第一。

随着新兴商业模式的出现,消费者的消费习惯逐渐开始改变,零售业的产业运营也开始改革,在未来,新兴商业模式将会成为经济发展新的驱动力。

案例思考：

除了社交电商，你还知道哪些新兴商业模式？

7.2 移动商务衍生新兴商业模式

近年来，随着移动商务的飞速发展，传统的商业模式已经不能适应现在的发展需求，急需一种新兴商业模式的出现，目前最具代表性的新兴商业模式有网红经济模式、共享经济模式、新零售经济模式等。

7.2.1 网红经济模式

随着互联网的飞速发展和普及，在给人们生活带来极大便利的同时，也给普通老百姓提供了一个展示自我的平台，一批网络红人就应运而生。粉丝众多的网络红人已经不再是单纯的网络群体，由于他们拥有巨大的影响力和吸引力，已经成为公司和个人目标，进而在商业资本的运作下网红经济模式最终得以产生。

网红经济是一种以网络红人为核心，利用网络红人的人气和吸引力，有导向性地引导粉丝进行选款和视觉推广，在社交媒体上聚集人气，依托庞大的粉丝群体进行定向营销，从而将粉丝转化为购买力的一个过程。

根据网红直播平台和方式的不同，网红经济可以分为四种类型。

● 第一种是利用自媒体或者相关的视频网站，发布或转发一些内容，根据他们发布相关作品的粉丝量和访问量进行热度评估。比如最为典型的 papi 酱，最初就是以上传原创短视频方式开始，短短一年时间粉丝量达到 900 万，平台估值超过 1 亿。这种网红经济模式主要特点之一是与广告进行合作。

● 第二种是以网络电商的商品发布与销售为主体的，其评价标准主要是店铺的产品销售数量的多少，适用较多为服装、护肤和化妆品领域。

● 第三种就是网络直播红人。他们依据网络直播平台来吸引粉丝关注，目前主要集中在娱乐领域，网红依据自身特点，主打"个性经济"，例如电竞游戏直播、生活直播等。

● 第四种网络经济模式，可以称为网红孵化器，主要是进行网红的包装和培养，弥补网红自身能力和运营等方面的不足，例如网红莉家、榴莲家等。

自 2003 年开始，90 后一代的崛起更加注重个性化，加上人们价值观和审美方面的变化，给网红经济的衍生提供了良好的社会环境。微博、微信等社交媒体的诞生，让营销进入自媒体时代。越来越多的人开始关注博客和享受互联网带来的便利，他们根据不同的喜好关注不同的博主，并且进行留言和互动，网红便开始采用类似"买家秀"的方式获取关注度，进而通过人数众多的粉丝赚取一定的"广告费"。根据第一财经商业数据中心发布的《2017 中国电商红人大数据报告》，预计 2017 年红人产业产值接近 580 亿元人民币，包括红人相关的商品销售额、营销收入以及其他环节收入。该数字远超 2016 年中国电影 460 亿元的票房金额。

《2017 中国电商红人大数据报告》显示，目前 23~28 岁的职场新人是网红店铺最主要的消费人群，占到消费人数的 49%，此外，95 后、00 后约占消费群总人数的 17%。

地域分配上，北京、上海、杭州成为对网红最买账的前三城市，二线城市的粉丝们曾买下网红店铺一半的商品，四川、湖北等内陆省份，对于网红的追捧也是名列前茅。网红经济的高速发展有以下 4 点原因：

1. 日趋激烈的竞争提供了生存土壤

以前淘宝卖家最主要的营销方式是通过打折促销，以其价格优势来获取顾客，进而优化 SEO 搜索，让顾客在购买商品时更加便捷和高效。但是随着顾客需求的增加和个性化的提升，这种模式已不能满足顾客需求。传统电商红利期已过，卖家之间的竞争更加残酷和激烈，既要面对成千上万的商家竞争，也要面对产品同质化的竞争，而且需要满足的是需求更加个性化的顾客。

2. 从消费性价比到消费认同

网络消费最主要的优势就在于价格，因为顾客购买商品其中一个主要的参照标准就是价格的高低，性价比最高的销售量大，但是性价比低的淹没在十亿级的 SKU 里。这种导向性的消费模式已经不能完全适应当前消费者的需求，网红的出现正好弥补这一不足。网红通过展示消费者所认同的生活方式、生活场景，引起粉丝的认同获得订单。网红经济本质上就是一种社交导购、内容导购，通过内容的展示获得喜欢这些内容和喜欢这个人的受众的购买。

3. 大众消费到个性消费的时代环境

现代的消费者在消费时越来越追求个性化，而不是大众化的商品。在当今，制造业的发展，已经给社会生产出来足够的大众化消费品，人们在基本物质需求满足之后，会继续追求精神上的满足。而追求个性化就是消费者满足自己精神需求的一种表现。个性化也是这个时代的一种发展必然。网红经济就是一种个性化表现，人们追求新事物，在网红们的带动下消费那些满足自己需求的商品。

4. 娱乐上的多元化与视频直播技术发展

当然，网红经济的发展依赖于视频直播技术的发展，正是这种技术在各个领域的推广和应用，给网红经济发展奠定了坚实的基础。包括当下流行的秒拍、抖音等短视频的应用，极大地促使该经济模式的发展和推广。

7.2.2 共享经济的运行

共享经济，是指基于移动互联网，人们可以实现某件物品使用权的转移，是一种新型的经济模式。在这种模式下，企业通过提供商品，向用户收取使用费用盈利。这种模式能够实现资源的有效利用，极大地提高了资源的利用效率，并且在环保、生活便利、减轻社会压力等方面做出了贡献。目前，共享经济涉及了交通工具、雨伞、洗衣、美妆、健身、图书阅览等方面。

【参考案例】

（1）案例 1：摩拜单车

摩拜单车是一种基于手机 App 的共享单车，解决了人们出行最后一公里的问题。它的无桩停放为使用者带来了极大的便利。人们只需打开手机 App，扫码即可开锁，锁车停止计费。在日常繁忙的工作生活中，为人们解决了出行问题，还是一种环保低碳的出行方式。

正是由于摩拜单车鲜明的产品服务特色和便捷的使用流程,一经推出就获得极大的成功。据统计,截至2017年6月,摩拜单车拥有大约1亿注册用户,他们每天在约500万辆智能单车上完成共2500万次骑行。

(2)案例2:无人超市

无人超市也叫作无营业员超市,客户在超市购物后可以通过智能设备实现自助付费,而不是传统的排队、通过收银员进行付费。2016年底,亚马逊宣布推出Amazon Go的概念店,提出通过用户扫描进店,自动结款,免去顾客排队、支付操作,为"无人零售"这个概念打下了基础。到2017年,我国相继诞生了一批无人便利店、无人超市。缤果盒子、F5未来商店、take go无人店、24爱购、便利蜂、京东无人超市等纷纷涌现。下面以京东无人超市为例介绍无人超市的购物流程。

第一步:进入

首先扫描二维码登录或注册京东账号,然后进行人脸扫描,用户手机会自动接收到一个二维码,在入口处扫描该二维码,即可进店购物,如图7-18所示。

图7-18 无人超市

第二步:选购

用户可以随意拿起任何一样商品,或者在餐饮区点单。这和日常购物并没有什么区别,直到用户离店,如图7-19所示。

图7-19 商品标签

第三步：支付

在进店时用户已经经过扫码和人脸识别，在付款时，就无须再使用手机。离店前，用户不需要扫描商品或手机，只需要通过结算门，就可以通过扫脸完成付款。客户在通过结算门时，感应器就会快速扫描客户，完成扣款，并且提醒客户消费了多少金额，如图7-20所示。

图7-20　无人超市结算区

7.2.3　新零售模式

新零售是在2016年提出的一个零售概念，也是电子商务发展的下一阶段。新零售是指企业通过运用大数据、AI、VR等先进技术，以互联网为依托，对企业的采购、生产、销售、物流、用户体验等环节进行升级改造，把线上销售、线上体验、物流服务三者进行深度融合的一种零售模式。这种融合为企业大大降低库存，甚至消灭库存。

新零售有以下4个特点：

1）渠道一体化。新零售倡导全渠道的融合，把各类采购、销售、推广渠道进行融合，实现数据共享。

2）经营数字化。新零售借助大数据技术，实现全经营环节的数据化管理，提升营销的质量和管理的科学性。

3）卖场智能化。新零售为客户打造更科技化、更优质的购物体验，比如设置电子标签、智能货架等，提升客户在卖场的消费体验。

4）商品社会化。结合现代物流，实现去库存，商品共享，降低销售成本，更新销售模式。

实训项目

任务1：下载微医App，体验其移动医疗业务。

任务2：下载作业帮或小伴龙App，体验其移动教育业务，比较其功能。

任务3：下载王者荣耀、天天爱消除App，比较其业务和功能。

任务4：找到一家网红经济企业或卖家，分析其经营模式。

任务5：下载共享单车App，分析其经营和盈利模式。

参 考 文 献

[1] 鲁耀斌, 邓朝华, 陈致豫. 移动商务的应用模式与采纳研究 [M]. 北京: 科学出版社, 2008.
[2] 周建良, 等. 移动商务 [M]. 北京: 电子工业出版社, 2008
[3] 王晨, 刘男. 互联网＋教育: 移动互联网时代的教育大变革 [J]. 移动通信, 2007,31(6):30-33.
[4] 岳云康. 我国电子商务环境下的移动支付问题研究 [J]. 中国流通经济, 2008,22(1):40-43.
[5] 周苏, 王文, 王硕苹. 移动商务 [M]. 北京: 中国铁道出版社, 2012.
[6] 柯林, 白勇军. 移动商务理论与实践 [M]. 北京: 北京大学出版社, 2013.
[7] 李必云, 石俊萍. 基于 WPKI 的移动商务研究 [J]. 计算机与现代化, 2010(3):20-23.
[8] 赵衡, 孙雯艺. 移动医疗: 下一个互联网金矿 [M]. 北京: 机械工业出版社, 2017.